2024

Abitur

Original-Prüfungsaufgaben
mit Lösungen

Gymnasium · Baden-Württemberg

Deutsch LF

STARK

21. neu bearbeitete und ergänzte Auflage
www.stark-verlag.de

Inhaltsverzeichnis

* Diese Aufgabe ist eine offizielle Beispielaufgabe für die Abiturprüfung ab 2024.

* Diese Aufgabe ist eine offizielle Beispielaufgabe für die Abiturprüfung ab 2024.

Abiturprüfungsaufgaben 2023

Sobald die Original-Prüfungsaufgaben 2023 freigegeben sind, können Sie sie als PDF auf der Plattform *MyStark* herunterladen (Zugangscode vgl. Innenseite des Umschlags).

Autorinnen und Autoren

Florian Andelfinger	Abiturlösung 2020/5
Dr. Martin Brück	Hinweise und Tipps
Christian Heigel	Übungsaufgabe 1, Abiturlösung 2021/III A
Peter Lippert	Abiturlösung 2022/III B
Rainer Maria Meinicke	Abiturlösung 2022/III A
Dr. Stefan Metzger	Übungsaufgabe 5; Abiturlösung 2022/II B
Claudia Mutter	Übungsaufgaben 2 und 4
Ralf Rettich	Übungsaufgabe 3
Dr. Birgit Schillinger	Abiturlösung 2021/III B
Dr. Ulrich Vormbaum	Übungsaufgabe 6
Dr. Gwendolyn Whittaker	Abiturlösungen 2020/3, 2021/II A und 2022/II A

Vorwort

Liebe Abiturientinnen und Abiturienten,

der vorliegende Band hilft Ihnen bei der gezielten und optimalen Vorbereitung auf die **schriftliche Abiturprüfung 2024** im Fach **Deutsch**.

Das einführende Kapitel „**Hinweise und Tipps**" …

- informiert Sie über die offiziellen Vorgaben und macht Sie mit den zur Wahl gestellten Aufgabenarten vertraut.
- liefert praktische Tipps, wie Sie bei der Bearbeitung der Aufgaben am besten vorgehen, und enthält eine Liste mit gängigen Operatoren.

Der anschließende **Trainingsteil** …

- bietet Ihnen **Übungsaufgaben** im Stil der Prüfung zu den Pflichtlektüren und zu den Rahmenthemen.
- enthält eine Auswahl von **Original-Prüfungsaufgaben** aus den **Jahren 2020 bis 2022**, die Ihnen zeigen, was im Abitur auf Sie zukommt.
- führt Ihnen anhand von **ausformulierten Lösungen** unserer Autorinnen und Autoren vor Augen, wie ein mustergültiger Aufsatz geschrieben sein könnte.

Lernen Sie gerne am PC, Tablet oder Smartphone? Auf der **Plattform MyStark** haben Sie Zugriff auf:

- aktuelle **Original-Prüfungsaufgaben 2023** mit Lösungsvorschlägen
- ein **interaktives Grundlagentraining** zur Analyse von literarischen und pragmatischen Texten
- **Erklärvideos** zur Veranschaulichung der Textanalyse

Sollten nach Erscheinen dieses Bandes noch wichtige Änderungen in der Abiturprüfung 2024 vom Kultusministerium bekannt gegeben werden, finden Sie aktuelle Informationen dazu im Internet unter: *www.stark-verlag.de/mystark*

Wir wünschen Ihnen eine effektive Abiturvorbereitung und eine erfolgreiche Prüfung!

Die Autorinnen und Autoren sowie der Verlag

Hinweise zu den digitalen Zusätzen

Auf alle digitalen Zusätze können Sie online über die Plattform **MyStark** zugreifen. Ihren persönlichen Zugangscode finden Sie auf der Umschlaginnenseite.

PDF der Original-Prüfungsaufgaben 2023

Sobald die Original-Prüfungsaufgaben 2023 freigegeben sind, können Sie sie als PDF auf der Plattform MyStark herunterladen. Die entsprechende Datei finden Sie auf MyStark im Bereich „Dokumente“.

Erklärvideos

Mehr Sicherheit im Umgang mit Texten: **Erklärvideos** veranschaulichen, auf welche Aspekte bei der Erschließung litererarischer und pragmatischer Texte zu achten ist.

Folgende Erklärvideos sind enthalten:

- Epische Texte analysieren
- Lyrische Texte analysieren
- Sachtexte analysieren

Interaktives Grundlagentraining

Das Online-Training **stärkt Ihre Kompetenzen** im Umgang mit verschiedenartigen Texten. Alle Aufgaben können direkt am PC oder Tablet bearbeitet werden. Sie erhalten dann sofort eine Rückmeldung zu Ihren Antworten.

Unter anderem werden diese Fertigkeiten durch kleinschrittige und abwechslungsreiche Aufgaben trainiert:

- Inhalt und Struktur von Texten herausarbeiten (Sachtexte, literarische Texte)
- sprachlich-stilistische Gestaltungsmittel bzw. die Leserlenkung untersuchen
- Figuren charakterisieren
- Motive und Themen analysieren
- Deutungsansätze entwickeln

HINWEISE UND TIPPS

Hinweise und Tipps zur schriftlichen Abiturprüfung

1 Grundlagen

1.1 Vorgaben für das Zentralabitur Deutsch 2024

Die schriftlichen Abituraufgaben richten sich in Inhalt und Aufbau nach:

- dem Bildungsplan für die Kursstufe des Gymnasiums in Baden-Württemberg (2016), veröffentlicht vom Ministerium für Kultus, Jugend und Sport Baden-Württemberg in: www.bildungsplaene-bw.de;
- den bundesweit verbindlichen „Bildungsstandards im Fach Deutsch für die Allgemeine Hochschulreife“ (Beschluss der Kultusministerkonferenz vom 18. 10. 2012);
- den für die Literarische Erörterung bundesweit gültigen Pflichtlektüren, die vom IQB (Institut für Qualitätsentwicklung im Bildungswesen) festgelegt werden;
- dem Erlass des Kultusministeriums zu Prüfungsformaten und Aufgabenarten in der schriftlichen Abiturprüfung Deutsch (Leistungsfach) 2024 an allgemein bildenden Schulen.

1.2 Anzahl der Prüfungsaufgaben, Zeitrahmen und Hilfsmittel

Für die Abiturprüfung im Leistungsfach Deutsch müssen Sie sich auf **acht Aufgaben** vorbereiten, von den Ihnen jedoch nur **vier Aufgaben** vorgelegt werden. Die Auswahl wird durch die Abiturkommission oder an der Schule durch die Kurslehrerinnen und Kurslehrer vorgenommen. **Sie wählen eine der vier Aufgaben** zur schriftlichen Bearbeitung **aus**. Zur Vorbereitung der Endfassung des Aufsatzes (weißes Papier) kann ein Entwurf (grünes Papier) konzipiert werden, der abgegeben werden muss, aber nicht in die Bewertung einbezogen wird. Wenn der Aufsatz aus Zeitgründen nicht fertiggestellt werden kann, ist es nur dann möglich, Teile des Entwurfs zu berücksichtigen, wenn diese ausformuliert, gut lesbar und deutlich markiert sind.

Die **Arbeitszeit** beträgt 315 Minuten einschließlich der Vorbereitungszeit (Textauswahl, Konzeptarbeit). **Hilfsmittel** in Form unkommentierter Ausgaben der zwei Pflichtlektüren werden nur für die Bearbeitung der Aufgaben I A und I B zur Verfügung gestellt. Im Unterricht verwendete bzw. eigene Ausgaben der Pflichtlektüren dürfen nicht benutzt werden. Aktuelle Ausgaben eines Rechtschreibwerks werden bereitgestellt.

Die Pflichtlektüren, Georg Büchners Drama „**Woyzeck**" und Juli Zehs Roman „**Corpus Delicti**", sind der Aufgabenart I A bzw. I B zugeordnet (vgl. S. VI f.).

Der Mensch als Kreatur: Büchner, Woyzeck (1836)

Im Mittelpunkt von Büchners Drama steht der einfache Soldat Woyzeck, der mit seiner Geliebten Marie ein uneheliches Kind hat. Er sorgt für beide, indem er sich – über seinen **Dienst beim Hauptmann** hinaus – dem Militärarzt für **medizinische Experimente** zur Verfügung stellt. Dies wiederum führt zur physischen wie auch psychischen Zerrüttung Woyzecks und hat Auswirkungen auf seine Beziehung zu Marie, deren sexuelle Bedürfnisse sie in die Arme des Tambourmajors treiben.

mühsames Leben des Soldaten Woyzeck

Woyzeck ist nicht in der Lage, sich gegen den Rivalen zur Wehr zu setzen, der ihn öffentlich demütigt. Die **Ermordung Maries** kann daher als Ersatzhandlung verstanden werden, mit der er allerdings die Person, die den Sinn seines Lebens verbürgt, selbst aus der Welt schafft. In den letzten Szenen versucht Woyzeck, die Mordwaffe – ein Messer – zu entsorgen. Das Drama hat einen **offenen Schluss**, da es von Büchner nicht mehr abgeschlossen werden konnte.

Mord an Marie als Verzweiflungstat

Büchner wurde zu seinem Theaterstück durch einen historischen Fall und die damit verbundene **Frage nach der Schuldfähigkeit** des Mörders Woyzeck angeregt. Er zeigt Woyzeck als einen Menschen, der durch die sozialen Verhältnisse zur „Kreatur" herabgewürdigt wird und daher weder über einen freien Willen noch über selbstbestimmtes und verantwortliches Handeln verfügen kann. **Fremdbestimmt durch Rolle und sozialen Status** sind im Grunde alle Figuren des Dramas, das sich schon dadurch von früheren und zu Büchners Zeit üblichen Theatertexten unterscheidet. Hinzu kommt die **Modernität seiner Form:** Zumeist sehr kurze Szenen bringen charakteristische Situationen in den Blick, die der Zuschauer mosaikartig zu einem Gesamtbild des Lebens von Woyzeck zusammensetzen muss.

Frage nach Fremd- und Selbstbestimmung

„Woyzeck" als modernes Drama

Bild: „Woyzeck" am Deutschen Theater Berlin 2009, © Braun / drama-berlin.de

Der Mensch in einer Gesundheitsdiktatur: Zeh, Corpus Delicti (2009)

Gesundheit als absoluter Wert

Juli Zehs Roman spielt „in der Mitte des Jahrhunderts" (S. 11), in der die Gesundheit seiner Bürgerinnen und Bürger zum obersten Ziel des Staates geworden ist. **Gesundheit** ist aber kein politisches Angebot mehr, sondern eine Bürgerpflicht, deren Befolgung penibel kontrolliert wird. Dieses Vorgehen wird schlicht als **METHODE** bezeichnet – die dahinterstehenden Akteure bleiben anonym. Der Roman erzählt, wie die zunächst **unkritische, methodenfreundliche Protagonistin Mia Holl**, eine Biologin, nach und nach in Opposition zum Methodenstaat gerät und schließlich als angebliche Terroristin bestraft wird.

Wandlung von Mia Holl

Schicksal von Mias Bruder Moritz

Ausschlaggebend für diese Eskalation ist der **Selbstmord von Mias Bruder Moritz**, der im Unterschied zu seiner Schwester die staatliche Politik nicht akzeptiert und ein Leben als Außenseiter führt. Moritz wird aufgrund einer **DNA-Analyse** der Mord an einer jungen Frau vorgeworfen, was er mit Nachdruck von sich weist und schließlich nicht verkraftet. Erst nach seinem Tod zeigt sich, dass der tatsächliche Mörder eine Person ist, die Moritz wegen einer Leukämie-Erkrankung Stammzellen gespendet hatte, was zwangsläufig zur Übernahme der DNA führt.

folgenschwerer Justizirrtum

Mias Kritik an der METHODE

Aufgrund dieses Irrtums und der tragischen Folgen wird Mia, die bisher nur durch kleinere Verfehlungen aufgefallen ist, zur **Staatsfeindin** und veröffentlicht ein politisches Bekenntnis. Sie wird verhaftet, als Anführerin einer – vermutlich fiktiven – Widerstandsgruppe gefoltert und **zum Einfrieren verurteilt**. Um zu verhindern, dass aus Mia, deren Fall von öffentlichem Interesse ist, eine Märtyrerin wird, erfolgt die **Begnadigung**. Es wird nun darum gehen, sie zu resozialisieren, d. h. aus ihr wiederum eine konforme Staatsbürgerin zu machen.

„Corpus Delicti" am Rheinisches Landestheater Neuss 2016, Björn Hickmann / stage picture

3 Übersicht über Aufgabenarten und Themenfelder

3.1 Aufgabenarten

Die bundesweit gültigen „Bildungsstandards im Fach Deutsch für die Allgemeine Hochschulreife“ unterscheiden drei wesentliche fachspezifische Erschließungsformen von Texten: **Interpretation, Analyse und Erörterung** sowie **materialgestütztes Schreiben**, d. h. das Verfassen eines Textes auf der Basis themenspezifischer, den Schülerinnen und Schülern zusammen mit der Aufgabe vorzulegender Materialien (Texte, Schaubilder, Grafiken, Statistiken). Es ergibt sich folgendes Gesamtbild:

Textbezogenes Schreiben				**Materialgestütztes Schreiben**	
Interpretation literarischer Texte	Analyse pragmatischer Texte	Erörterung literarischer Texte	Erörterung pragmatischer Texte	Informierende Texte	Argumentierende Texte
Aufgabenarten II A und II B	Aufgabenart III A Schwerpunkt Analyse	Aufgabenarten I A bzw. I B	Aufgabenart III B Schwerpunkt Erörterung	Aufgabenart IV A Materialgestütztes Verfassen eines informierenden Textes	Aufgabenart IV B Materialgestütztes Verfassen eines argumentierenden Textes (Kommentar)

In der schriftlichen Abiturprüfung werden aus dem folgenden Aufgabenspektrum **vier Aufgaben** vorgelegt:

Aufgabe I A		**Aufgabe I B**
Erörterung eines literarischen Textes (Büchner, „Woyzeck“)	**oder**	Erörterung eines literarischen Textes (Zeh, „Corpus Delicti“)
Aufgabe II A		**Aufgabe II B**
Interpretation eines Kurzprosatextes	**oder**	Interpretation eines Gedichts *oder* Gedichtvergleich
Aufgabe III A		**Aufgabe III B**
Analyse eines pragmatischen Textes	**oder**	Erörterung eines pragmatischen Textes
Aufgabe IV A		**Aufgabe IV B**
Materialgestütztes Verfassen eines informierenden Textes	**oder**	Materialgestütztes Verfassen eines argumentierenden Textes (Kommentar)

3.2 Themenfelder

Neben Pflichtlektüren und Aufgabenarten zählen zwei Themenfelder zu den Vorgaben der schriftlichen Abiturprüfung im Leistungsfach Deutsch. Es handelt sich dabei um ein **literarisches und ein sprachliches Themenfeld**. Die den beiden Themenfeldern zugrunde gelegten Schwerpunkte sind im Unterricht verbindlich zu behandeln:

Themenfeld Literatur (Kompetenzbereich *Texte und Medien)*
Umbrüche in der deutschsprachigen Literatur um 1900

- Spiegelung kulturgeschichtlicher Entwicklungen in der Literatur
- literaturgeschichtliche Strömungen zwischen Naturalismus und Expressionismus im Überblick
- neue Formen des Erzählens und des lyrischen Sprechens
- zentrale Themen und Motive

Themenfeld Sprache (Kompetenzbereich *Sprache und Sprachgebrauch reflektieren*)
Sprache in politisch-gesellschaftlichen Verwendungszusammenhängen

- politisch-gesellschaftliche Kommunikation zwischen Verständigung und Strategie
- sprachliche Merkmale politisch-gesellschaftlicher Kommunikation
- schriftlicher und mündlicher Sprachgebrauch politisch-gesellschaftlicher Kommunikation in unterschiedlichen Medien

Das im Unterricht erworbene Wissen zu den beiden Themenfeldern kann in die Bearbeitung der **Aufgabenarten** II A, II B, III A, III B, IV A und IV B eingebracht werden. Ist dies der Fall, findet sich das Themenfeld auf dem Aufgabenblatt und im Anschluss an die Aufgabenstellung erfolgt der Hinweis: *Bitte beachten Sie, dass die Bearbeitung der Aufgabenstellung die Bezugnahme auf das Themenfeld erfordert.* Für die Literarische Erörterung der beiden Pflichtlektüren (Aufgaben I A und I B) besteht kein Themenfeldbezug.

Gegenstand der Abiturprüfung ist **jeweils eines der beiden Themenfelder**. Die Lehrkräfte werden nicht darüber in Kenntnis gesetzt, welches Themenfeld in der Prüfung zur Geltung kommt und welche Aufgabenarten davon betroffen sind. Diese Informationen stehen Ihnen bei der Vorbereitung also nicht zur Verfügung. Man kann zwar davon ausgehen, dass sich das literarische Themenfeld besonders für Aufgaben, die literarische Texte zum Gegenstand haben, eignet (vgl. II A und II B, S. VII ff.). Andererseits könnte eine Aufgabenstellung zum Materialgestützten Informieren (vgl. IV A, S. XIV f.) verlangen, die Epoche des Expressionismus darzustellen; umgekehrt wäre denkbar, dass Kenntnisse aus dem sprachlichen Themenfeld der Interpretation eines Kurzprosatextes, der sprachliche Manipulation thematisiert, zugutekommen.

Wie und an welchen Stellen des Aufsatzes Themenfeldwissen eingebracht werden kann, ist nicht festgelegt. Enge Vorgaben dieser Art wären nicht sinnvoll, da die konkrete Umsetzung von der Aufgabenart und den spezifischen Anforderungen der jeweiligen Aufgabe abhängt. Nehmen wir als **Beispiel** den **Gedichtvergleich** (vgl. II B, S. X f.): Die erste Teilaufgabe verlangt eine genaue Interpretation des zentralen Gedichts, wobei Merkmale des „lyrischen Sprechens“ von Bedeutung sind, die z. B. als charakteristisch für die entsprechende Epoche ausgewiesen werden könnten. Im Rahmen der zweiten Teilaufgabe wird ein Vergleichsgedicht unter einem bestimmten Aspekt – z. B. Erfahrung der Großstadt – herangezogen, sodass bei der vergleichenden Deutung auf „kulturgeschichtliche Entwicklungen" und deren literarische Verarbeitung zurückgegriffen werden kann. Auch in einem Schlussteil wäre es denkbar, die Ergebnisse der Interpretation durch Wissen aus der Beschäftigung mit dem Themenfeld zu vertiefen.

4 Die Aufgabenarten im Detail

4.1 Erörterung eines literarischen Textes (Aufgaben I A und B)

Grundlage für die Bearbeitung ist die Kenntnis der jeweiligen Pflichtlektüren: Georg Büchner, „**Woyzeck**" und Juli Zeh, „**Corpus Delicti**". Die Aufgabe bezieht sich auf **eine der beiden Pflichtlektüren**.

Ein Textauszug aus dem literarischen Werk wird nicht vorgelegt. Die Prüfungsaufgabe basiert auf einem **Außentext**, etwa im Umfang der Textvorlage bei der Analyse bzw. Erörterung pragmatischer Texte. Die **Textvorlage lässt sich auf das zu erörternde Werk beziehen**. Hierbei kann es sich z. B. um eine Interpretation, eine Literatur- oder Theaterkritik oder einen wissenschaftlichen Aufsatz handeln. Aus dem Außentext muss sich eine oder müssen sich mehrere **strittige Thesen** zu „Woyzeck" oder „Corpus Delicti" ableiten lassen. So können bestimmte Figurenkonzepte (z. B. Held und Antiheld) oder Gattungsfragen (z. B. Utopie und Dystopie) im Mittelpunkt der Erörterung stehen. Die präzise **Kenntnis des Inhalts** und das **Wissen um formale und sprachliche Eigenschaften des Werks** sind gefordert.

Die **Aufgabenstellung ist zweiteilig:** Teilaufgabe 1 verlangt eine pointierte **Zusammenfassung des Außentextes**, welche die strittige These (bzw. mehrere Thesen) klar herausarbeitet. Im Erörterungsteil (Teilaufgabe 2), der den Schwerpunkt des Aufsatzes bildet, erfolgt eine **Auseinandersetzung mit der These bzw. den Thesen des Außentextes anhand des literarischen Werks**.

Zur Illustration zunächst **zwei Beispiele** zu Büchners Drama: Im Außentext (ca. 500 Wörter) wird die These entfaltet, dass „Woyzeck" ein „revolutionäres Drama" sei, also zur „Veränderung der bestehenden sozialen Verhältnisse" aufrufe. Die These muss zunächst **in ihrem Begründungszusammenhang** aus dem Text abgeleitet und dargestellt werden (Teilaufgabe 1). Danach ist sie unter Heranziehung des Dramas und **im Unterricht erworbener Kenntnisse** zu den dramatischen Gattungen zu erörtern. Die Aufgabenstellung könnte wie folgt formuliert sein:

- *Arbeiten Sie die wesentlichen Aussagen des Textes heraus. (ca. 30 %)*
- *Setzen Sie sich mit der Position des Verfassers auseinander. (ca. 70 %)*

Die Prozentangaben dienen der **Gewichtung** der Teilaufgaben bei der Bewertung des Aufsatzes und sind als Orientierung, nicht als mathematisch exakte Vorgaben zu verstehen. Es sind auch andere Gewichtungen (z. B. 40 % / 60 %) möglich. Diese Angaben finden sich bei allen zweiteiligen Aufgabenstellungen, also auch bei II B, III A, III B.

Bei schwierigen Außentexten kann Teilaufgabe 2 einen **Hinweis auf den Schwerpunkt der Erörterung** enthalten, sodass Schülerinnen und Schüler, die Teilaufgabe 1 nicht angemessen bearbeiten konnten, die notwendigen Voraussetzungen für die Erörterung haben. Wird im Außentext z. B. die These vertreten, nicht nur Woyzeck, sondern auch der Hauptmann sei eine fremdbestimmte Figur, so könnte Teilaufgabe 2 lauten:

- *Erörtern Sie, inwieweit die Ausführungen des Verfassers zur Vergleichbarkeit Woyzecks und des Hauptmanns den beiden Figuren gerecht werden.*

In einem literaturkritischen Text aus einer Zeitung könnte der Autorin des Romans „Corpus Delicti" vorgeworfen werden, dass der literarische Text zu stark auf eine Botschaft an den Leser festgelegt sei, was zu einer allzu schematischen Gestaltung von Handlung und Figuren führe. Hier könnte die Aufgabenstellung lauten:

- *Stellen Sie dar, welche Einwände der Verfasser gegen Juli Zehs Roman erhebt und wie er seine Auffassung begründet.*
- *Erörtern Sie die Position des Verfassers anhand Ihrer Lektüreerfahrungen.*

Aufgabenart I A und I B	
1. Zusammenfassung Außentext - Bezug zu Werk a oder b - knappe Zusammenfassung der zentralen These(n)	**2. Erörterung** - Auseinandersetzung mit These(n) des Außentextes - anhand von Werk a oder b - Erörterung: Gründe für und gegen Gültigkeit der These(n) - Einbringen der Lektürekenntnisse

4.2 Interpretation eines Kurzprosatextes (Aufgabe II A)

Für die **Interpretation** gelten die üblichen Regeln. Die Vorlage wird nach inhaltlichen, sprachlichen und formalen Aspekten ausgewertet, die in eine – diese Schwerpunkte verbindende – Deutung eingehen:

- Die Berücksichtigung sprachlicher Merkmale gehört zwingend zu einer Interpretation; inwieweit formale Eigenschaften der Textgestaltung (Erzählweise, szenische Gestaltung, Satire, Parabel usw.) eine – womöglich gar zentrale – Rolle spielen, ist von der besonderen Qualität beziehungsweise Vielschichtigkeit (Komplexität) des zu behandelnden Werks abhängig.

- Bei der Durchführung der Interpretation ist auf ein **systematisches Vorgehen** sowie auf **Anschaulichkeit** zu achten. Das setzt voraus, dass Sie sich beim Verfassen des Aufsatzes über die Zielrichtung Ihrer Interpretation im Klaren sind und einen für den Leser durchschaubaren Aufbau Ihrer Arbeit konzipieren. Dabei sollten Sie eine **integrative Darstellung sprachlicher und formaler Gestaltungsmerkmale** vornehmen, da nur so deren Funktion und Sinn vermittelt werden können.
- Anschaulichkeit wird durch gezieltes und **korrektes Zitieren** (v. a. der Kernstellen) und **Verweise** (Zeilenangaben) gewährleistet. Zitate sind funktionslos, wenn sie lediglich als schmückendes Beiwerk auftreten; sie müssen vielmehr **als Belege für Interpretationsthesen** bzw. als auszuwertendes Material in den Gang der Untersuchung eingebaut werden. Beliebiges oder unkommentiertes Zitieren, das Zitieren ganzer Textblöcke oder ganze Zitatreihen ziehen den Aufsatz unnötig in die Länge und führen anstelle von Anschaulichkeit zu Unübersichtlichkeit.

Wird der Aufgabe ein **Themenfeld** zugeordnet (z. B. *Umbrüche in der deutschsprachigen Literatur um 1900*), so werden Prosatexte aus diesem Zeitraum ausgewählt. Ist dies nicht der Fall, handelt es sich in aller Regel um **Texte aus dem 20. und 21. Jahrhundert** einschließlich der Gegenwartsliteratur.

- Die **Aufgabenstellung** lautet in der Regel: *Interpretieren Sie diesen Text/diese Geschichte,* kann aber auch lenkende Bearbeitungshinweise enthalten, z. B.: *Beachten Sie dabei, welche Auffassung vom Künstler die Geschichte vermittelt* oder: *Gehen Sie dabei auf die Erzählperspektive ein.* In beiden Fällen müssen die **Ergebnisse schlüssig** und **nachvollziehbar anhand des Textes entwickelt** werden.
- Unverzichtbar ist eine **knappe Einleitung**, die den Gegenstand der Interpretation (Titel, Erscheinungsjahr, Autor, Gattung) bestimmt und über die Thematik informiert. Möglich wäre aber auch die Formulierung erster **Lektüreeindrücke** oder einer **Hypothese**, die den Leitfaden der Interpretation bilden bzw. durch diese überprüft werden könnte. Im Anschluss an die Einleitung sind unterschiedliche Vorgehensweisen denkbar.
- Eine kurze **Zusammenfassung des Inhalts** kann – als erste Orientierung – der **Interpretation** vorangestellt werden, die dann Schwerpunkte setzt und den funktionalen **Zusammenhang zwischen Inhalt und Gestaltung** herausarbeitet. Alternativ hierzu können **Textwiedergabe und Interpretation** auch miteinander verbunden werden. Dies setzt eine übersichtliche Gliederung des Textes voraus, auf die dann entlang der einzelnen Phasen bzw. Abschnitte Bezug genommen wird, wobei der äußere und innere Zusammenhang der Teile, also die Kohärenz des erzählten Geschehens, nicht verloren gehen darf.
- **Schwerpunkte der Interpretation** können nicht schematisch aufgeführt werden, sondern richten sich nach Inhalt und Gestaltung des jeweiligen Prosatextes. Neben **Personen** und Beziehungen zwischen Personen (z. B. Konflikten) kann dem **Schauplatz** (literarische Topografie) oder der Gestaltung der **Zeit** (Dehnung und Raffung), dem **inneren Geschehen** (Gedanken, Gefühle) oder sonstigen Elementen (Wettersymbolik, Farbsymbolik usw.) besondere Bedeutung zukommen.

- Unabhängig von inhaltlichen und gestalterischen Eigenschaften dieser Art müssen **Merkmale der Sprache** – sowohl des Erzählers, ggf. auch der Figuren – und der **Erzählweise** in die Interpretation einbezogen werden. Die besondere Erzählweise ergibt sich aus der Perspektive des Erzählers, der ein auktorialer (allwissender), ein personaler (Er-Form, Nähe zu einer oder mehreren Figurenperspektiven) oder ein Ich-Erzähler sein kann. Zu untersuchen wäre z. B., inwieweit der Erzähler den Figuren bzw. dem Geschehen eher distanziert gegenübersteht und Wertungen abgibt (auktorial), ob sich seine Perspektive mit der Sichtweise einer oder mehrerer Personen teilweise oder ganz deckt (personal), ob die subjektive Perspektive des Erzählers glaubhaft wirkt oder Unstimmigkeiten offenbart (Ich-Erzähler). **Aussage und Wirkung von Prosatexten werden entscheidend von der zentralen Instanz des Erzählers bestimmt**, der das Textverständnis des Lesers und dessen Haltung zum erzählten Geschehen beeinflusst (z. B. Einfühlung oder kritische Distanz).

Aufgabenart II A

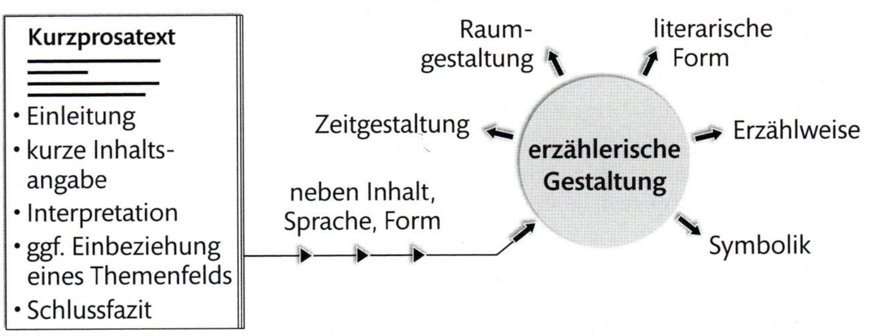

- Neben inhaltlichen, sprachlichen und erzähltechnischen Elementen ist die **literarische Form** zu erwähnen. Ob sie für die Interpretation von Interesse ist, hängt vom vorliegenden Text ab. Kurzprosa ist eine sehr allgemeine Gattungsbezeichnung, die u. a. Kurzgeschichten, Fabeln, Parabeln, Satiren umfasst. Sollten solche spezifischen Prosaformen Gegenstand der Interpretation sein, ist die Einbeziehung der literarischen Form auf alle Fälle geboten. Denn diese ist entscheidend für die **Wirkung des Textes auf den Leser**, dem durch gezielte Übertreibung (Satire), durch Verallgemeinerbarkeit (Parabel) oder Verfremdung (Fabel) eine bestimmte Lesart nahegelegt oder der durch Aussparungen und eine Reduktion auf das Nötigste (Kurzgeschichte) zu einer produktiv ergänzenden Lektüre angehalten wird.
- Ist der Aufgabe kein Themenfeld zugeordnet, wird eine **textimmanente Interpretation** erwartet, die sich ganz im Horizont des Textes bewegt und nicht – etwa durch Einbeziehung der Autorenbiografie oder des zeitgeschichtlichen Hintergrunds – über die Textvorlage hinausgeht. Bei Zuordnung eines Themenfelds wird der Text dagegen zwangsläufig überschritten und z. B. in epochentypische Zusammenhänge (wie Erzählform, Themen und Motive) eingeordnet.

4.3 Gedichtvergleich oder Interpretation eines Gedichts (Aufgabe II B)

Die üblichen Kriterien für eine gelungene Deutung literarischer Texte gelten auch hier. Bei Gedichten ist die Textbasis schmaler, an das Verständnis werden jedoch aufgrund der poetischen Sprache und Formgestaltung höhere Anforderungen gestellt. Eine **ausgeprägte Sensibilität für Lyrik** kann **als wichtigste Voraussetzung** für eine erfolgreiche Gedichtinterpretation bezeichnet werden.

- Es ist nötig, das **Instrumentarium der Formanalyse** zu beherrschen und die gängigen Fachbegriffe (z. B. metrische Formen, rhetorische Figuren) präzise und trennscharf zu verwenden. (Eine Übersicht über rhetorische Figuren findet sich hier: Werner Winkler, „Prüfungswissen Oberstufe", Stark Verlag, Titel-Nummer: 94406).
- Oft erschließt sich der mögliche Sinn eines Gedichts erst aus der Form sowie besonderen sprachlichen Eigenschaften. **Inhaltliche, sprachliche und formale Elemente** sind so **eng miteinander verknüpft**, dass eine isolierte Betrachtung weit weniger noch als bei erzählenden oder dramatischen Texten zum Ziel führt. Dort hat man es in aller Regel mit einem logisch nachvollziehbaren Handlungsgerüst zu tun, auf das man sich beziehen kann. Gedichte verweigern sich dagegen häufig der Alltagslogik und erzählen meist keine referierbaren Geschichten.
- Dennoch kommt es auch hier auf **Präzision**, **Anschaulichkeit** und nicht zuletzt auf ein **systematisches Vorgehen** an. Dabei hilft häufig eine gründliche Form- und Sprachanalyse: So kann man etwa, ausgehend von der strophischen Gliederung, aus den Entsprechungen und Unterschieden zwischen einzelnen Strophen und Strophengruppen (thematische Schwerpunkte, Haltung des lyrischen Ichs, Metrum, Endreim usw.), aber auch aus charakteristischen Abweichungen (etwa Stimmungsumbruch, Reimlosigkeit von Versen) die **Struktur des lyrischen Textes** ableiten. Damit ist eine solide Grundlage für alles Weitere gelegt: Die genaue Untersuchung der einzelnen Gedichtabschnitte nach inhaltlichen und formalen Aspekten; die Erarbeitung des Stimmungsgehalts beziehungsweise der besonderen subjektiven Färbung des Erlebten, das zum **lyrischen Ich** bzw. **Sprecher im Gedicht** führt; schließlich die Einschätzung der Wirkung des Gedichts auf den Leser. Allerdings muss sich das jeweilige Interpretationsverfahren am konkreten lyrischen Text ausrichten.
- In der Regel wird ein **Gedichtvergleich** verlangt. Das **methodische Vorgehen** wird durch die Aufgabenstellung vorgegeben. Dazu ein Beispiel:
  - *Interpretieren Sie das Gedicht „Nebel" von Alfred Lichtenstein. (ca. 60 %)*
  - *Vergleichen Sie die inhaltliche und sprachliche Gestaltung der Naturwahrnehmung in den Gedichten „Nebel" von Lichtenstein und „Manche Nacht" von Richard Dehmel. (ca. 40 %)*

  Die **erste Teilaufgabe** verlangt eine **differenzierte Interpretation des Gedichts**, die **zweite** einen **Vergleich beider Gedichte** zu einem bestimmten, für beide Gedichte relevanten **thematischen Aspekt** (*Naturwahrnehmung*). Man könnte also von einem zentralen Gedicht (hier von Lichtenstein) und einem Vergleichsgedicht (hier von Dehmel) sprechen, welches nur zu einem bestimmten Schwerpunkt, der beiden Gedichten eigen ist, herangezogen wird. Beim Vergleich der *Naturwahrnehmung* sind **inhaltliche, sprachliche und formale Elemente** zu berücksichtigen.

- Bei Zuordnung zu einem **Themenfeld** muss entsprechendes Wissen an geeigneten Stellen des Aufsatzes eingearbeitet werden (vgl. 3.2, S. V), sodass eine rein textimmanente Deutung nicht genügt. Handelt es sich um das literarische Themenfeld, gehören das Gedicht bzw. die beiden Gedichte zur deutschsprachigen Literatur um 1900. **Ohne Themenfeldbezug** der Aufgabe wird das Gedicht bzw. werden die Gedichte den im Bildungsplan vorgesehenen Epochen (vom Barock bis zur Gegenwart) entnommen. Verlangt ist dann eine **immanente Textinterpretation**.

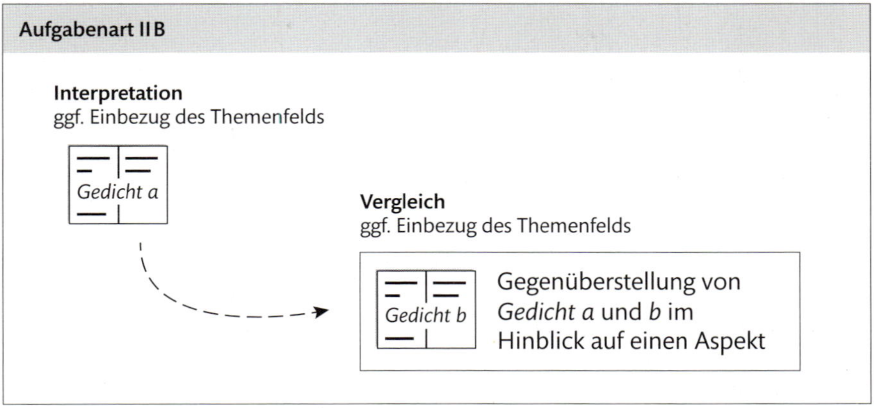

4.4 Analyse eines pragmatischen Textes (Aufgabe III A)

Bei diesem Aufgabentyp wird ein nicht fiktionaler (pragmatischer) Text bzw. ein Textauszug aus einem größeren (essayistischen, philosophischen, wissenschaftlichen) Werk vorgegeben. Die – weit häufiger vorkommenden – eigenständigen **Textvorlagen**, die unter Umständen gekürzt sein können, sind zumeist Zeitungen, Zeitschriften oder sonstigen periodisch erscheinenden Publikationen entnommen.

- Es kommen nur **domänenspezifische**, d. h. dem Fach Deutsch zugehörige **Themen** infrage: **Literatur, Sprache und Medien**.
- Für die Analyse sind **pragmatische** (also nicht literarische) **Texte** geeignet, die sich sprachlicher, stilistischer, rhetorischer Mittel bedienen, um auf den Leser einzuwirken, ihn zu überzeugen oder auch zu irritieren – in jedem Fall aber seine Aufmerksamkeit zu gewinnen.
- Die Aufgabe umfasst **zwei Teilaufgaben**, wobei der Schwerpunkt auf der ersten liegt. Diese könnte lauten: *Analysieren Sie den Text von […] und beurteilen Sie seine Überzeugungskraft. Berücksichtigen Sie dabei den Gedankengang, die sprachlich-stilistische Gestaltung und die Intention.* Somit steht die **untersuchende Texterschließung** im Vordergrund. Es gilt, den **Gang der Argumentation** herauszuarbeiten, jedoch im Zusammenhang damit die **Funktion der Textgestaltung** (Aufbau, Sprache, stilistische Besonderheiten usw.) und die beabsichtigte **Wirkung** auf die Leser (Intention).

- Die **zweite Arbeitsanweisung** verlangt eine **kurze Erörterung** in Form einer **begründeten Stellungnahme** zu einer (oder der) zentralen These der Textvorlage. Handelt es sich beispielsweise um einen Text zum Thema „Leichte Sprache“, so könnte die **Aufgabe** lauten: *„Leichte Sprache ist seichte Sprache“: Nehmen Sie zu dieser These des Verfassers Stellung.* Im Anschluss an die eingehende Analyse des Textes sollen Sie hier die Fähigkeit unter Beweis stellen, sich anhand einer Kernaussage gedanklich mit der Auffassung des Autors auseinanderzusetzen. Sollte der Bezug auf ein **Themenfeld** vorgegeben sein, so ist es Ihnen zwar freigestellt, an welcher Stelle des Aufsatzes das entsprechende Wissen eingebracht wird. Da die erste Teilaufgabe als stringente Textanalyse eng an der Textvorlage ausgerichtet ist, wird es sich in aller Regel anbieten, die knappe Erörterung einer zentralen These (Teilaufgabe 2) durch Themenfeldwissen zu erweitern und zu vertiefen.

Aufgabenart III A

1. Zusammenfassung und Analyse (Schwerpunkt)

Sachtext
- zentrale Thesen
- Gang der Argumentation
- funktionale Analyse der Textgestaltung

2. Erörterung

- begründete Stellungnahme zu einer zentralen These des Textes
- ggf. unter Einbeziehung des Themenfelds

4.5 Erörterung eines pragmatischen Textes (Aufgabe III B)

Auch bei diesem Aufgabentyp wird ein nicht fiktionaler Text vorgelegt.

- Infrage kommen nur **domänenspezifische** Themen: **Literatur, Sprache, Medien**.
- Es werden Texte vorgelegt, deren Wirkung sich **argumentativ** und nicht in besonderem Maße durch sprachlich-stilistische Merkmale entfaltet.
- Der **Erörterung** ist eine **zweigliedrige Aufgabenstellung** zugeordnet. Die **erste Arbeitsanweisung** verlangt eine – sprachlich möglichst eigenständige – **Textwiedergabe**, in der die zentralen Thesen und der Gang der Argumentation herausgearbeitet werden. In der Regel ist die **Intention** des Textes zu bestimmen, d. h. die vom Verfasser beabsichtigte Wirkung auf den Leser, jedoch inhaltlich und ohne Einbeziehung sprachlich-stilistischer oder sonstiger Mittel. Bei der sprachlichen Formulierung müssen Sie insbesondere darauf achten, dass Sie hier nicht Ihre eigene Meinung, sondern die **Position des Autors** referieren – dies betrifft vor allem die Verwendung des Distanz ausdrückenden Konjunktivs. Der Textwiedergabe kommt

in der Konzeption des gesamten Aufsatzes die **Funktion einer Einleitung** zu. Sie dient der Absicherung eines lückenlosen Textverständnisses. Die Aufgabenstellung könnte lauten: *Stellen Sie den Argumentationsgang des Textes von […] dar und bestimmen Sie die Intention des Textes.*

- Die **zweite Arbeitsanweisung** fordert zur **Erörterung der Textvorlage** auf. Diese macht den **Hauptteil des Aufsatzes** aus. Auf der Grundlage eigener Erfahrungen und Überlegungen sollen Sie sich mit der Position und den Argumenten des Autors hinsichtlich ihrer Sachbezogenheit, Folgerichtigkeit und Stichhaltigkeit auseinandersetzen. Da dieses Verfahren einem indirekten **Dialog** zwischen Aufsatzschreiber und Autor gleicht, sind Zitatbelege und Textverweise unerlässlich. Darüber hinaus wird eine Vertiefung bzw. Ausweitung der vorgegebenen Argumentation erwartet, die in eine **begründete Darlegung Ihres eigenen Standpunktes** münden sollte.
- Die Texterörterung verfährt dialogisch, da ihr anstelle einer These eine argumentative Vorlage zugrunde liegt, die für den Aufbau der eigenen Argumentation Orientierung vermitteln kann. Eine gelungene Erörterung darf sich jedoch nicht allzu eng an den Text anlehnen, sondern muss sich – immer im Rahmen des vorgegebenen Themas – **von der Vorlage lösen**, Eigenständigkeit zeigen und **zu begründeten persönlichen Schlussfolgerungen kommen**. Die Aufgabenstellung verweist in der Regel auf **„im Unterricht erworbenes Wissen“**, um zu signalisieren, dass eine gelungene Erörterung sich nicht nur im Rahmen des Wissens, das der Text anbietet, bewegen sollte: *Erörtern Sie die Position des Verfassers und beziehen Sie dabei im Unterricht erworbenes Wissen ein.* Daneben sind Aufgabenstellungen möglich, die lenkende Bearbeitungshinweise enthalten: *Erörtern Sie anhand des Textes von […], ob und inwieweit die hier vorgetragene Kritik an gendergerechter Sprache berechtigt ist. Beziehen Sie dabei im Unterricht erworbenes Wissen ein.*
- Wird die Einbindung eines **Themenfelds** verlangt, bietet es sich an, das entsprechende, „im Unterricht erworbene Wissen“ der zweiten Teilaufgabe zuzuordnen, dadurch die Erörterung zu vertiefen sowie die eigene Position zu stärken.

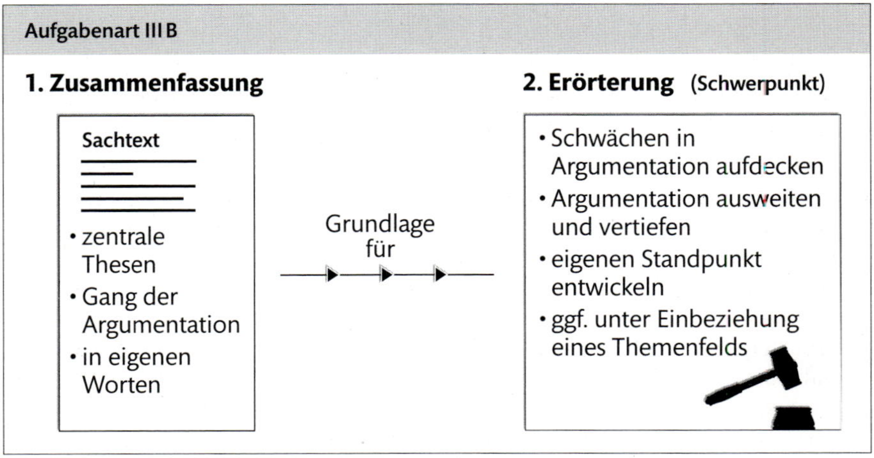

4.6 Materialgestütztes Verfassen eines informierenden Textes (Aufgabe IV A)

Im Unterschied zu allen anderen Aufgaben, die einen oder – im Falle des Gedichtvergleichs – zwei Texte zum Gegenstand haben, wird beim materialgestützten Schreiben (informierend oder argumentierend) ein **Dossier** in Form einer **Materialsammlung** vorgelegt. Das Dossier kann **unterschiedliche Textsorten** (wissenschaftliche, journalistische, philosophische, literarische) sowie **Bildquellen** (wie Cartoons, Gemälde, Skizzen oder Fotos) und **diskontinuierliche Texte** (wie Schaubilder, Statistiken und Grafiken) umfassen. Die Materialien unterscheiden sich auch hinsichtlich ihrer Ergiebigkeit (Anzahl der thematisch relevanten Aspekte), des Schwierigkeitsgrades und der jeweiligen Position des Verfassers bzw. der Perspektivierung des Themas. Verlangt ist nicht eine auf Vollständigkeit abzielende, sondern eine **funktionale Nutzung** des Dossiers: Alle Materialien sollten einbezogen werden, jedoch sind deutliche Schwerpunktsetzungen möglich: Das Spektrum reicht vom kurzen Verweis auf eine Tabelle bis hin zur ausführlichen Beschäftigung mit einem Text. Maßgeblich ist der **Informationsgehalt** des jeweiligen Materials für eine möglichst differenzierte Darstellung des Themas.

- Das Thema des Dossiers ist **domänenspezifisch** (Literatur, Sprache, Medien).
- Es geht darum, aus der kritischen **Auswertung** der vorgelegten Materialien gewonnene Erkenntnisse zusammen mit **eigenem Wissen** (aus dem Unterricht bezogenes oder Alltagswissen) differenziert zu **vermitteln** und nach sachlogischen Zusammenhängen zu **ordnen** und zu **gewichten**. Präzise und differenzierte Themenerschließung, sinnvolles Gliedern, ein angemessener Grad der Reflexion, Eigenständigkeit der Darstellung sowie Sicherheit bei der sprachlichen Gestaltung sind Voraussetzungen für einen gelungenen Aufsatz. **Hinweise auf die Materialien** (direkte Zitate oder Verweise) erfolgen ohne Zeilenangaben, aber mit Nennung des Autors bzw. der Autorin und ggf. des Titels.
- Die Aufgabenstellung gibt neben dem Thema eine **bestimmte Situation** vor (**Anlass des Textes und Adressaten**, also Leser oder Zuhörer). Die Berücksichtigung von Situation und Empfängern ist von Bedeutung für die inhaltliche (z. B. Auswahl von Aspekten und Positionen) und sprachlich-formale (z. B. Anreden, Floskeln, Anspielungen) Gestaltung des Aufsatzes.
- **Zieltexte** des informierenden Schreibens sind der **Vortrag** und der **Beitrag** (z. B. zu einer schulischen oder sonstigen Publikation).
- Bei Einbindung eines **Themenfelds** kann auf das im Unterricht erworbene Vorwissen zurückgegriffen werden, das dann – neben den im Dossier aufgeführten Aspekten – in den informierenden Text eingeht.

Die folgende Aufgabenstellung zum Thema „Kommunikation auf Twitter" ist themenfeldbezogen:

Der Jugendgemeinderat Ihres Ortes veranstaltet ein Seminarwochenende zum Thema „Neue Formen politischer Kommunikation". Die Veranstaltung richtet sich an Schülerinnen und Schüler der Oberstufe sowie an die interessierte Öffentlichkeit. Ihre Aufgabe ist es, in einem einleitenden Vortrag am Beispiel der Plattform Twitter darüber zu informieren, wie sich die politische Kommunikation durch die digitale Vernetzung verändert hat. Verfassen Sie auf der Grundlage der Materialien sowie Ihres eigenen Wissens diesen Vortrag.

Beachten Sie, dass die Bearbeitung der Aufgabenstellung die Bezugnahme auf das Themenfeld erfordert.

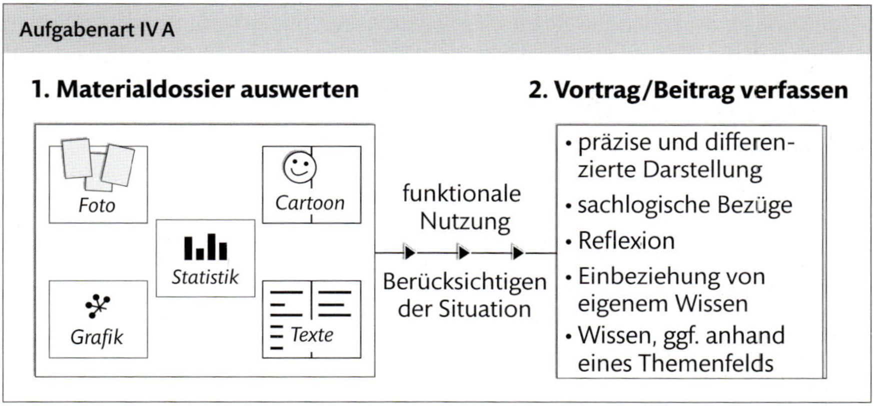

4.7 Materialgestütztes Verfassen eines argumentierenden Textes: Kommentar (Aufgabe IV B)

Der Kommentar ist eine **meinungsbetonte Darstellungsform**. In einem Kommentar wird eine subjektive, aber argumentativ begründete und sachlich wertende Stellungnahme zu einem aktuellen Ereignis oder Thema formuliert. Die Textsorte erfordert **Sachkenntnis, rationale Argumentation und sprachliche Prägnanz**, die durch den gezielten Einsatz sprachlicher Gestaltungsmittel unterstützt wird. Grundlegende Elemente des Kommentars sind eine inhaltlich korrekte und konzise Darstellung des zu kommentierenden Sachverhalts, eine argumentative Auseinandersetzung damit und eine Positionierung des Verfassers. Ein Kommentar soll **zur differenzierten Auseinandersetzung mit dem Thema anregen**, von der Position des Autors überzeugen und somit zur Meinungsbildung beitragen. Im Unterschied zum eher kürzer gehaltenen journalistischen Kommentar erfordert die Textsorte Kommentar als Aufsatzform im Deutschabitur eine ausführlichere Auseinandersetzung mit einem komplexen Thema.

- Gegenstand sind **domänenspezifische Themen** (Literatur, Sprache, Medien).
- Die Hinweise zu dem Dossier sowie zu dessen funktionaler Nutzung unter 4.6 (vgl. S. XIV) gelten auch für das Verfassen eines Kommentars.
- Um eine gute Basis für das argumentierende Schreiben zu bieten, strebt die Auswahl des Materials nicht allein Vielfalt und Differenziertheit an: Ein gutes Dossier muss vielmehr einen **Diskurs** abbilden, der **verschiedene, kontroverse Auffassungen** zur Geltung bringt, die aufeinander bezogen werden können.

- Ein **Beispiel** für ein Thema aus dem Domänenbereich Literatur: *Was darf Satire? Alles?* Hier könnte z. B. in einem Text des Dossiers die aufklärerische Funktion der Satire betont werden, in einem anderen die Gefahr, Grenzen zu überschreiten und Persönlichkeitsrechte zu verletzen. Bei der Auseinandersetzung mit bestimmten Positionen ist es wichtig, auf die jeweiligen Autoren (z. B.: Literaturwissenschaftler oder Jurist) und Publikationsorte (z. B.: Satirezeitschrift oder journalistische Fernsehkritik) einzugehen. So können die kontroversen Meinungen über ihren Inhalt hinaus als Beiträge zu einem Diskurs präziser erfasst und bewertet werden und der Verfasser des Kommentars kann **zu einer eigenen Position finden**.
- Wird die Aufgabe mit einem **Themenfeld** verbunden, so kann im Unterricht erworbenes **Vorwissen** aktiviert werden, das im Idealfall bereits zu einer eigenen Position geführt hat und eine kritische Auseinandersetzung mit den im Dossier vertretenen Positionen erlaubt (vgl. oben).
- Die Hinweise zur **Situierung** und zum **Adressatenbezug** unter 4.6 (vgl. S. XIV) gelten auch für das Verfassen eines Kommentars.

Eine Aufgabenstellung zum Thema „Realität und Fiktion" könnte wie folgt aussehen:

- In seinem Zeitungsartikel „Vorsicht Dostojewski" für die Online-Ausgabe der Süddeutschen Zeitung vom 4. August 2018 berichtet der Journalist Sebastian Herrmann: „Studenten der britischen Universität Cambridge fanden vor einiger Zeit, dass verletzliche Studierende vor Shakespeare geschützt werden sollten. Die Aktivisten kämpften dafür, dass dessen Stücke in Kursen mit Warnhinweisen versehen werden sollten, mit sogenannten Trigger Warnings."
  (Aus: Sebastian Herrmann: Vorsicht Dostojewski, Süddeutsche Zeitung 04.08.2018)

  An Ihrer Schule ist eine lebhafte Diskussion darüber entstanden, ob auch im Deutschunterricht solche Warnungen für Schülerinnen und Schüler bei der Lektüre historischer und aktueller literarischer Werke eingeführt werden sollten. Verfassen Sie auf der Grundlage der Materialien 1–5 sowie Ihres eigenen Wissens zum Thema „Realität und Fiktion" einen Kommentar zu dieser Diskussion, der auf der Schulhomepage veröffentlicht werden soll und sich an die Schulgemeinschaft richtet.

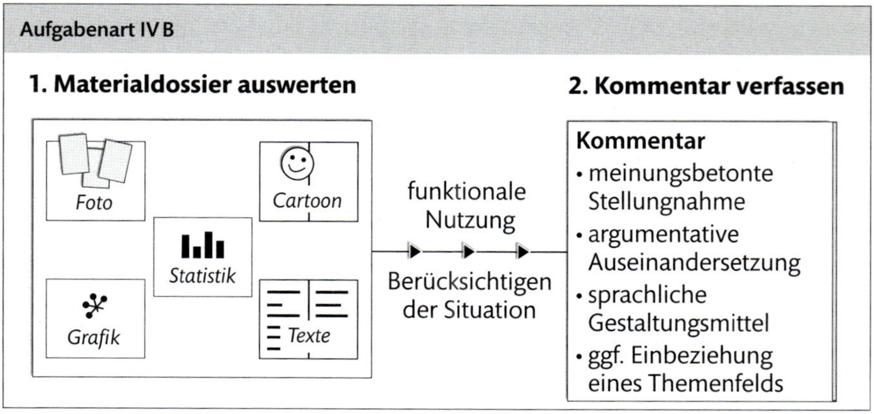

5 Anforderungsbereiche und Operatoren

5.1 Anforderungsbereiche (AFB)

In den „Bildungsstandards im Fach Deutsch für die Allgemeine Hochschulreife" werden **drei Anforderungsbereiche** definiert, die sich in jeder Aufgabe – in jeweils leicht variierenden Anteilen – wiederfinden. Die einzelnen Bereiche bauen aufeinander auf und verlangen von Ihnen einen zunehmenden Grad an Abstraktionsfähigkeit und Problemlösungsvermögen. In jedem Bereich gilt es, eine Verstehensleistung, eine Argumentationsleistung und eine Darstellungsleistung zu erbringen.

- **Anforderungsbereich I** betrifft die **Reproduktion:** die Wiedergabe von gelernten Sachverhalten sowie die wiederholende Zusammenfassung. Der im Unterricht erarbeitete Hintergrund an Lektüre- und Faktenwissen, fachspezifische Arbeitstechniken, Methoden der Texterschließung sowie Darstellungstechniken sollen zum Einsatz gebracht werden.
- **Anforderungsbereich II** zielt auf die Anwendung erworbener Arbeitsweisen, auf **Reorganisation von Bekanntem und Transferleistungen**. Solche Anforderungen verlangen ein selbstständiges Auswählen, Ordnen, Erläutern, Interpretieren oder Vergleichen. Erwartet wird von Ihnen eine eigenständige, argumentativ begründete Darstellung (Interpretation, Erörterung, Werkvergleich) oder ein den Regeln der Textsorte Kommentar entsprechender Aufsatz. Sie zeigen dadurch, dass Sie in der Lage sind, Gelerntes auch auf unbekannte Zusammenhänge anzuwenden. Auf dem AFB II liegt in der Abiturprüfung das Hauptgewicht.
- **Anforderungsbereich III** betrifft die gedankliche Selbstständigkeit der Leistung. Hier müssen Sachverhalte und Zusammenhänge eigenständig ausgewertet, durchdacht und begründet beurteilt oder sprachlich gestaltet werden. Sie sollen zu einer differenzierten und kritischen Wertung von Texten und Sachverhalten gelangen und Ihre Fähigkeit zur **Reflexion und Problemlösung** beweisen.

Die Aufgabenstellung kann zwei Teilaufgaben umfassen (z. B. bei den Aufgabenarten I A und III B) oder aus nur einem umfassenden Operator (Arbeitsanweisung) bestehen (z. B. bei den Aufgabenarten II B und IV B) wie *interpretieren* oder *einen Kommentar verfassen*. Auch im letzteren Fall sind **Leistungen in allen drei Anforderungsbereichen verlangt**. Wird die Aufgabe nicht weiter differenziert, entfällt freilich auch eine erste Strukturierungshilfe, die die einzelnen Teilaufträge ansonsten bieten. Folglich haben Sie weniger Orientierungspunkte, aber auch mehr Freiraum beim Gliedern Ihres Aufsatzes.

5.2 Operatoren

Operatoren sind Arbeitsanweisungen. Sie machen deutlich, welche Art von Aufgabenstellung gemeint ist, lassen sich den einzelnen Anforderungsbereichen zuordnen und geben einen Hinweis auf das Gewicht der entsprechenden Aufgabe. Durch ihre konkreten Vorgaben dienen Operatoren sowohl dazu, Arbeitsaufträge eindeutig zu formulieren und voneinander abzugrenzen, als auch einheitliche Bewertungs- und Korrekturmaßstäbe zu setzen. Die folgende Operatorenliste entspricht den als Anhang zu den „Bildungsstandards im Fach Deutsch für die Allgemeine Hochschulreife" veröffentlichten Musteraufgaben für die schriftliche Abiturprüfung.

Anforderungsbereich I (Reproduktion)		
darstellen/ darlegen	Sie haben die Aufgabe, einen Zusammenhang, eine Entwicklung, eine methodische Entscheidung (des Autors bzw. der Autorin) sachbezogen und objektiv zu formulieren.	*Stellen Sie die Wirkungsabsicht dar, die der Autor mit seinem Text verfolgt.*
skizzieren	Es kommt darauf an, ein Persönlichkeitsbild, einen Entwicklungsprozess, eine Situation usw. auf das Wesentliche begrenzt, also in groben Zügen zu vermitteln.	*Skizzieren Sie Situation und Verhalten der Figur anhand des vorliegenden Textauszugs.*
wiedergeben	Sie sollen Informationen aus dem vorliegenden Text zusammenfassend in eigenen Worten präsentieren.	*Geben Sie die Hauptgedanken der Rede wieder.*
zusammenfassen	Es wird von Ihnen erwartet, dass Sie Inhalte, Aussagen, Zusammenhänge strukturiert und komprimiert wiedergeben.	*Fassen Sie den Gang der Argumentation im vorliegenden Zeitungsartikel zusammen.*
Anforderungsbereich II (Reorganisation und Transfer)		
untersuchen, erschließen	Hier müssen Sie einen Text in Einzelheiten des Inhalts und der Form zerlegen sowie einzelne Textaspekte und Textelemente für sich und in ihrer Wechselbeziehung systematisch betrachten.	*Untersuchen Sie, inwiefern die rhetorischen Mittel die Aussageabsicht verstärken.* *Erschließen Sie die Motive der Figur anhand ihres Gesprächsverhaltens.*
einordnen	Einzelne Textelemente – in der Regel der vorgegebene Textauszug – werden unter Berücksichtigung ihrer Bedeutung und Funktion in einen Gesamtzusammenhang (z. B. Akt, Kapitel, Werk) gestellt.	*Ordnen Sie die vorliegende Szene in den Handlungszusammenhang des ersten Aktes ein.*
erklären	Hier müssen Sie Textaussagen und Sachverhalte in einen Begründungszusammenhang stellen und zu Schlussfolgerungen kommen.	*Erklären Sie die in dieser Stellungnahme zum Ausdruck kommende Einschätzung des Romans.*

vergleichen	Sie sollen Texte, Figuren, Sachverhalte und Problemstellungen unter vorgegebenen oder selbst gewählten Aspekten einander gegenüberstellen und Gemeinsamkeiten sowie Unterschiede feststellen.	*Vergleichen Sie die beiden Gedichte im Hinblick auf die inhaltliche und formale Darstellung des Großstadterlebnisses.*
erläutern	„Erläutern" entspricht „erklären", enthält jedoch den zusätzlichen Aspekt, dass Sie Ihre Ergebnisse durch Zusatzinformationen und Beispiele veranschaulichen und einsichtig machen sollen.	*Erläutern Sie diese Einschätzung des Romans vor dem Hintergrund Ihrer Lektüreerfahrungen.*
heraus-arbeiten	Hier geht es darum, Strukturen, Leitgedanken, Strategien usw. aus einem Textganzen herauszulösen und in textbezogener Vorgehensweise sowie unter Konzentration auf das Wesentliche darzustellen.	*Arbeiten Sie die rhetorische und sprachliche Gestaltung des Leitartikels heraus.*
Anforderungsbereich III (Reflexion und Problemlösung)		
beurteilen	Sie müssen zu einem Text oder zu einem Sachverhalt zu einem selbstständigen, begründeten Sachurteil gelangen, und zwar nicht gestützt auf subjektive Werte, sondern auf fachliches Wissen.	*Beurteilen Sie den Lösungsvorschlag, den der Verfasser im vorliegenden Text entwickelt.*
bewerten	Sie müssen zu einem Sachverhalt, Text oder Problem selbstständig Stellung nehmen und ihn unter Bezugnahme auf eine Wertordnung angemessen beurteilen.	*Bewerten Sie den Lösungsvorschlag der Verfasserin vor dem Hintergrund Ihrer eigenen Erfahrungen mit der Problematik.*
(kritisch) Stellung nehmen	Hier geht es darum, die Einschätzung einer Problemstellung, eines Sachverhaltes, einer Wertung auf der Grundlage fachlicher Kenntnis und Einsicht nach kritischer Prüfung und Abwägung zu formulieren.	*Nehmen Sie Stellung zu der zentralen These des Autors, der zufolge Computerspiele die Gewaltbereitschaft bei Jugendlichen fördern.*
begründen	Es ist wichtig, dass Sie ein Analyseergebnis, Urteil, eine Einschätzung, eine Wertung fachlich und sachlich absichern (durch einen entsprechenden Beleg, Beispiele, Argumente).	*Nehmen Sie Stellung zum Thema „Computerspiele und Gewalt" und begründen Sie Ihre Auffassung.*
prüfen, überprüfen	Hier müssen Sie eine Auffassung, eine Argumentation, ein Ergebnis usw. auf ihre/seine Schlüssigkeit, Gültigkeit, Berechtigung hin unter Bezugnahme auf Kriterien untersuchen.	*Arbeiten Sie die Kernthesen der Autorin heraus und überprüfen Sie ihre Gültigkeit.*

sich auseinandersetzen mit	Sie sollen zu einer (fachlichen) Problemstellung oder These eine Argumentation entwickeln, die zu einem begründeten und nachvollziehbaren Ergebnis führt. Es handelt sich um eine offene, auf die Breite des thematischen Spektrums ausgerichtete Form des Erörterns, die Sachverhalte skizziert, Ursachen und Folgen reflektiert.	*Setzen Sie sich mit den Schlussfolgerungen, zu denen die Autorin kommt, auseinander.*
analysieren, interpretieren	**Literarische Texte:** Texterfassung, Textbeschreibung, Textdeutung (unter Berücksichtigung des Wechselbezuges von Textstrukturen, Funktionen und Intentionen, Erfassen zentraler strukturbildender, genretypischer, syntaktischer, semantischer und rhetorischer Elemente und ihrer Funktionen für das Textganze), kritische Reflexion und ggf. Wertung. **Sachtexte:** Texterfassung, Textbeschreibung, Textuntersuchung (Zusammenhang von Textstruktur und Textintention, strukturbildende semantische, syntaktische Elemente unter Berücksichtigung der sprachlichen Funktion); Erfassen der pragmatischen Struktur des Textes unter besonderer Berücksichtigung der Argumentationsweise; Erkennen und ggf. Beurteilen des Zusammenspiels von Struktur, Intention und Wirkung im Rahmen des historischen und aktuellen Verstehenshorizontes.	*Interpretieren Sie das vorliegende Gedicht.* *Interpretieren Sie die Kurzgeschichte.* *Interpretieren Sie den Dialog, und achten Sie dabei insbesondere auf die szenische und sprachliche Gestaltung.* *Analysieren Sie die vorliegende Rede, und achten Sie dabei insbesondere auf Merkmale und Funktion der rhetorischen Gestaltung.* *Analysieren Sie den vorliegenden Textauszug; berücksichtigen Sie dabei insbesondere die Wirkungsstrategie des Autors.*
erörtern	Es wird von Ihnen erwartet, dass Sie eine These, eine Problemstellung oder eine Argumentation in schlussfolgernder Abwägung des Für und Wider und unter Berücksichtigung verschiedener Perspektiven überprüfen sowie ein begründetes Urteil fällen, ggf. auch Schlussfolgerungen ziehen und Lösungsperspektiven entwickeln.	*Erörtern Sie, ausgehend von der Argumentation der Verfasserin, die Notwendigkeit von Sprachförderkonzepten.* *Erörtern Sie die Frage, ob Kleists Drama als Komödie oder Tragödie inszeniert werden sollte.*

6 Tipps

6.1 Praktische Tipps

Die **Wahl der Aufgabe** sollte sorgfältig getroffen werden, denn von der „richtigen“ Aufgabe hängt ganz wesentlich der Erfolg der Arbeit ab. Deshalb sollten Sie nicht nur die Textvorlage, sondern auch die Aufgabenstellung genau lesen und für sich selbst folgende Fragen beantworten:

- Was genau wird verlangt: Reproduktion, Erarbeitung, Beurteilung, Stellungnahme, Vergleich, Eigengestaltung?
- Welches ist die Schwerpunktaufgabe? Liegt sie mir?
- Welche Aufgabe fordert mich heraus? Wo kann ich meine Stärken einbringen?
- Ausschlaggebend sollte nicht die vermeintliche Leichtigkeit einer Aufgabe sein, sondern die Möglichkeit, sie auf ergiebige und gehaltvolle Weise zu lösen. Auch die Gelegenheit, Kenntnisse aus dem Unterricht einzubringen, ist ein Aspekt bei der Entscheidungsfindung.

Grundsätzlich gibt es zwei Aufgabentypen: die **Reproduktions-** und die **Erarbeitungsaufgabe**.

- Zum ersten Typus gehört alles, was man sozusagen im Kopf hat (oder haben sollte), wenn man den Prüfungsraum betritt: Wissen um Gattungen, Epochen, Autoren bzw. Autorinnen, Stoffe, Werke – kurz, das Hintergrundwissen, das für jede Bearbeitung und Einordnung nötig ist. Sie sollten es parat haben und nur noch entscheiden müssen, was davon im vorliegenden Zusammenhang relevant ist.
- Einen anderen Charakter hat die Erarbeitungsaufgabe: Hier liegt das Wissen noch nicht bereit, es ist mithilfe geeigneter Methoden erst noch zu erschließen. Das ist natürlich arbeits- und zeitaufwendiger als das Reproduzieren. Erarbeitungsaufgaben sind daher immer Schwerpunktaufgaben.

Ist die Entscheidung gefallen, sollten Sie die Aufgabe möglichst nicht mehr wechseln, denn das wäre verschenkte Zeit.

Eine **Zeitplanung** ist immer hilfreich. Die 315 Minuten Bearbeitungszeit entsprechen einem Unterrichtsvormittag. Es liegt also nahe, eine Grobplanung im 45-Minuten-Takt vorzunehmen. Bei Analyseaufgaben könnte man zum Beispiel zwei Unterrichtsstunden für die Konzeptphase ansetzen – Textmarkierungen, Skizzen, Gliederung, Ausformulierung von Kern- und Gelenkstellen –, etwa zwei Stunden für die Reinschrift und eine Stunde für die Durchsicht und Feinkorrektur. Damit wären etwa fünf Stunden verplant, sodass abzüglich der Pausen noch ein Puffer von mehr als einer Stunde bleibt. Pausen sollte man erst nach Beendigung eines Arbeitsganges einlegen, im Idealfall erst vor der Reinschrift.

6.2 Hinweise zu den Bewertungskriterien

Da ein Aufsatz als ganzheitliche Leistung zu betrachten ist, werden der Beurteilung keine Verrechnungspunkte zugrunde gelegt. Für alle Aufgaben liegen den Lehrkräften Lösungshinweise vor, die allerdings relativ offen formuliert sind und mögliche Ergebnisse skizzieren, also alternative Bearbeitungen nicht ausschließen, wenn diese den Anforderungen entsprechen. Die sprachliche Qualität des Aufsatzes (sprachliche Korrektheit und stilistisches Niveau) muss angemessen berücksichtigt werden, wobei keine bestimmte Quote (Prozentangabe) vorgegeben wird.
Die Korrekturrichtlinien besagen, dass die Note nicht durch Addition von auf die Anforderungsbereiche bezogenen Teilnoten errechnet wird, sondern eine Gesamtwürdigung der erbrachten Leistung darstellt.
Bei Aufgabenstellungen mit **zwei Teilaufgaben** werden allerdings für diese **Prozentangaben** ausgewiesen (z. B. 30 %/70 % oder 40 %/60 %). Sie verstehen sich als Hinweise an die Korrigierenden, wie die Ergebnisse der Teilaufgaben bei der Gesamtbewertung (Notenbildung) zu gewichten sind.

Bei der Bepunktung werden folgende **Bewertungskategorien** berücksichtigt:

- inhaltliche Leistung,
- Aufbau und methodische Leistung,
- sprachliche Leistung/Darstellungsleistung.

Besonders viel Gewicht wird in der Bewertung darauf gelegt, dass Ihre Ausfertigung

- sachlich richtig ist,
- Ihre Aussagen folgerichtig und begründet sind,
- Ihre Darstellung und Ihr Verständnis der Thematik den prinzipiellen Ansprüchen des Kernkompetenzfaches entsprechen,
- Ihre Arbeit einen bestimmten Grad an Selbstständigkeit, z. B. in der Entwicklung von Gedankengängen, aufweist,
- über einen klaren Aufbau und eine klare Sprache verfügt,
- eine grundlegende Sicherheit im Umgang mit der Fachsprache und den entsprechenden Methoden aufzeigt und
- sprachlich richtig und in ihrer äußeren Form angemessen ist.

Hinweise und Tipps zur mündlichen Abiturprüfung

1 Allgemeines

Die mündliche Prüfung im Leistungsfach Deutsch ist eine freiwillige Zusatzprüfung. Sie besteht aus einem Präsentationsteil in Form eines **Vortrags** anhand der Ihnen vorgegebenen Aufgabenstellung. Neben den Vortrag tritt als gleichwertiges Element das **Prüfungsgespräch**. In beiden Fällen kommt es darauf an zu zeigen, dass Sie auch in mündlicher Rede präzise und anschaulich argumentieren können und die Zielrichtung im Blick behalten.

Zunächst wird Ihnen eine Aufgabenstellung vorgelegt, die aus einer oder mehreren – in der Regel aber nicht mehr als zwei – Teilaufgaben besteht. Für die Bearbeitung dieser Aufgabe stehen Ihnen im Vorbereitungsraum 20 Minuten zur Verfügung. Innerhalb dieser Zeit sollen Sie einen etwa 10-minütigen Vortrag vorbereiten, der in sich geschlossen und logisch untergliedert ist. Während des Vortrages können Sie sich auf die Texte sowie auf Ihre stichwortartigen Aufzeichnungen stützen.

Die Kürze der Vorbereitungszeit schließt aus, dass Sie Ihren Vortrag schriftlich ausformulieren; vielmehr ist es, ähnlich wie bei der Sichtungsphase in der Klausur, nötig, den Vortrag durch sinnvolles Markieren und knappe Anmerkungen vorzubereiten.

Der zweite Prüfungsteil besteht aus einem Prüfungsgespräch, in dem Ihr Hintergrundwissen und Ihre Fähigkeit, größere fachliche und sachliche Zusammenhänge zu erschließen, überprüft werden.

2 Themen

Die Themen der mündlichen Zusatzprüfung erstrecken sich auf die **Unterrichtsinhalte der vier Halbjahre der Kursstufe**. Der Stoffbereich der schriftlichen Abiturprüfung ist nur ein Teilbereich davon und kann nur mit bestimmten Einschränkungen Gegenstand des Vortrags bzw. des Prüfungsgesprächs sein. Werden zum Beispiel Aufgaben zu den Pflichtlektüren gestellt, so dürfen sich diese nicht mit den schriftlichen

Prüfungsaufgaben überschneiden. Vielmehr sind dann andere Textauszüge mit deutlich abgegrenzten thematischen Schwerpunkten und Aufgaben zu wählen. Wenn es auch dazu keine rechtlichen Vorschriften gibt, wird den Lehrkräften empfohlen, auch andere Aufgabenformate zu wählen. Ein solches alternatives Format könnte in Bezug auf Büchners „Woyzeck“ zum Beispiel darin bestehen, Auszüge aus einer Theaterkritik oder einem Inszenierungskonzept – ggf. zusammen mit einer Szene aus dem Stück – vorzulegen. Zu überprüfen und anhand der eigenen Interpretation zu bewerten wäre dann das der Kritik bzw. der Inszenierung zugrunde liegende Verständnis des Dramas. Man kann eine Szene oder einen Szenenauszug aber auch mit einer Videosequenz aus einer Inszenierung kombinieren und die Umsetzung beurteilen lassen.

Grundsätzlich dürfen sich die von den Lehrerinnen und Lehrern vorgelegten Aufgaben aber nicht auf den Prüfungsbereich der schriftlichen Prüfung beschränken. Ihnen wird empfohlen, in erster Linie auf andere Themenbereiche zurückzugreifen, z. B. auf weitere im Unterricht behandelte Romane, Erzählungen und Dramen. Möglich sind zudem kurze Prosatexte oder Sachtexte, etwa in Verbindung mit der obligatorischen Epoche Aufklärung: Eine Fabel, die Sie anhand Ihrer Kenntnisse der Gattung und der Epoche interpretieren und kommentieren; oder ein Auszug aus Lessings „Hamburgischer Dramaturgie“, wobei Sie Lessings Kriterien für ein gelungenes Drama auf ein Ihnen bekanntes Theaterstück beziehen und erläutern. Auch nicht literarische Themen sind für die Prüfung geeignet, etwa die Beurteilung eines kurzen Essays oder eines Auszugs aus einem Essay unter Heranziehung wesentlicher Merkmale und Wirkungsabsichten dieser Textsorte. Über die Pflichtbereiche hinaus ergeben sich die jeweiligen Themen aus den von den Lehrkräften gesetzten Schwerpunkten im Kursunterricht. In das **Prüfungsgespräch** sollten in jedem Fall, ausgehend von der vorgelegten Aufgabe, weitere Schwerpunkte aus den vier Kurshalbjahren einbezogen werden.

3 Prüfungsteil I: eigenständiger Vortrag

Die größten Schwierigkeiten bei der mündlichen Abiturprüfung liegen erfahrungsgemäß im ersten Teil, also in dem ca. **10-minütigen zusammenhängenden, gegliederten Vortrag**. Da es für solch lange Vorträge kaum echte Übungsmöglichkeiten im Unterricht gibt, zumindest nicht für jeden Einzelnen, fehlt es weitgehend an konkreten Vorerfahrungen; daher im Folgenden einige Tipps, wie Sie sich auf diese Prüfungssituation vorbereiten und Ihren Vortrag ansprechend gestalten können.

Tipps für die 20-minütige Vorbereitung

- *Themenstellung:* Was ist die Zielrichtung der geforderten Bearbeitung?
- *Operatoren:* Welche konkreten Anforderungen werden gestellt? Bei Mehrteiligkeit: Welche Gliederungshilfe bieten die Teilaufgaben? Welcher Aufgabe kommt das größte Gewicht zu?
- *Einstieg:* Mit welcher Einführung führt man den Vortrag schnell und stringent zum Kern der Aufgabenstellung?
- *Texte:* Schreiben Sie Fachbegriffe an den Rand, ergänzen Sie Quellen-Anmerkungen, legen Sie Stichworte für den Vortrag fest und markieren Sie wichtige Zitatstellen.

- *Gliederung:* Nummerieren Sie Ihre Markierungen, damit Sie Ihren Vortrag anhand dieser Reihenfolge gestalten können.
- *Schluss:* Beenden Sie Ihren Vortrag mit einem klaren Fazit.
- *Grobstruktur:* Nennung der Aufgabenstellung – Einleitung – Bearbeitung der Teilaufgaben – Schlussteil.

Tipps für den Vortrag

- Zeitmanagement: Legen Sie eine Armbanduhr neben Ihr Konzept, schreiben Sie, bevor Sie zu sprechen anfangen, den konkreten Zeitraum für Ihren Vortrag auf Ihr Konzept – so haben Sie klare zeitliche Anhaltspunkte.
- Nutzen Sie die Anmerkungen, die Sie während der Vorbereitungszeit angefertigt haben, als Leitfaden Ihres Vortrages.
- Sprechen Sie möglichst frei, klammern Sie sich nicht an Ihr Konzept.
- Sprechen Sie klar, deutlich und hinreichend laut.
- Achten Sie auf ein angemessenes Sprechtempo. Versuchen Sie, nicht zu schnell zu sprechen.
- Vermeiden Sie sowohl Endlossätze als auch Aneinanderreihungen und monotone Satzanfänge („Und … und … und …").
- Verwenden Sie die Fachsprache, die Sie gelernt haben, um zu verdeutlichen, dass Sie Ihr Metier beherrschen.
- Zitate/Textbelege: Verdeutlichen Sie während des Vortrages, woher Sie Ihre Aussagen beziehen, indem Sie Kernstellen mit Zeilenhinweis anführen.
- Ein gelegentlicher Blickkontakt zu Ihrem Prüfer oder den übrigen Beisitzern zeugt von einem souveränen Umgang mit der Situation und den Kommunikationsregeln.
- Bewegen Sie sich bei Ihrem Vortrag auf einer einheitlichen Sprachebene und vergegenwärtigen Sie sich, dass die Adressaten Ihres Vortrags Deutschlehrerinnen und Deutschlehrer, also Fachleute sind.

Sie können diesen ersten Teil der mündlichen Prüfung üben und simulieren, indem Sie ein im Unterricht behandeltes Thema (z. B. „Bertolt Brechts Theorie des epischen Theaters") auswählen, die Vorbereitungszeit exakt einhalten und zwei Kursmitglieder als fiktive Prüfungskommission hinzuziehen. Lassen Sie sich anschließend von Ihrer selbst gewählten Prüfungskommission begründet darlegen, ob Ihr Vortrag sprachlich und inhaltlich verstanden wurde. Ebenso können Sie natürlich in der Familie oder im Freundeskreis das Referieren üben oder zu diesem Zweck Ihren Vortrag aufnehmen und selbst überprüfen.

4 Prüfungsteil II: Prüfungsgespräch

Die zeitliche Dauer des zweiten Prüfungsteils entspricht derjenigen des ersten Teils und sollte etwa **10 Minuten** betragen. Das Prüfungsgespräch knüpft in aller Regel an den vorangegangenen Vortrag an. Ihm kann zunächst – je nach Qualität und Vollständigkeit des Vortrags – die Aufgabe zukommen, Unklarheiten zu beseitigen, einzelne

Punkte zu präzisieren oder zu Ergänzungen hinzuführen. Nach einem ‚perfekten' Vortrag ist freilich ein umgehender Themenwechsel möglich, wobei zwischen dem Thema des Vortrags und den Themenbereichen des Gesprächs zumeist Verbindungen – in Form eines Werkvergleichs, einer Epochenzuordnung und so weiter – bestehen. Ganz grundsätzlich zielt das Prüfungsgespräch – im Unterschied zur schriftlichen Abiturprüfung – auf die Breite des Wissens und auf die Fähigkeit ab, Zusammenhänge herzustellen, Schwerpunkte zu setzen, Vergleichsaspekte zu entwickeln und so fort.

Im Verlauf des Gesprächs sollen Sie Ihre **Kommunikationskompetenzen** im Rahmen eines Fachgespräches unter Beweis stellen: Zeigen Sie sich also als gewandter Gesprächspartner, der adressatengerecht und sachkundig die Fragen und Impulse aufgreift und möglichst selbstständig und ergiebig damit umgeht.

Tipps für das Prüfungsgespräch

- *Sprechanteil:* Je eigenständiger und umfassender Sie als Prüfling mit den Fragen und Impulsen umgehen, desto besser! Begnügen Sie sich nicht mit Kurzantworten, führen Sie länger aus.
- *Erfassen der Frageintention:* Achten Sie auf die Operatoren und auf fachliche Kernbegriffe! Führen Sie sinnvolle Beispiele oder Vergleiche aus dem Unterricht an, zeigen Sie Ihr Hintergrund- und Allgemeinwissen. Aber schweifen Sie nicht ab, bleiben Sie beim Thema.
- *Gesprächsaufbau durch den Prüfer:* In der Regel gestaltet der Prüfer ein solches Gespräch nach dem Prinzip „Vom Einfachen zum Schwierigen, vom Einzelfallbeispiel zum Allgemeinen/Modellhaften".
  Wenn Sie einen Bezug zu einer Ihnen passend erscheinenden Theorie oder zu einem aus dem Unterricht bekannten Beispiel selber herstellen können: Tun Sie dies!
- *Unterrichtsbezüge:* Hintergrund aller Fragen und Impulse ist das aus dem Unterricht Bekannte. Stellen Sie also dort nach Möglichkeit über das gerade angesprochene Einzelbeispiel hinaus Vergleiche zu dem im Unterricht Behandelten an, weisen Sie auf Gemeinsamkeiten oder auch auf Unterschiede hin. Machen Sie somit deutlich, dass Sie die Themen des Prüfungsgesprächs in größere Zusammenhänge einordnen können.
- *Verständnisproblem:* Sollten Sie mit einer einzelnen Frage einmal nichts anfangen können: Verlieren Sie keine Zeit, bitten Sie an einer solchen Stelle um eine kurze ergänzende Erläuterung.
- *Unterbrechungen:* Lassen Sie sich nicht irritieren. Der Prüfer möchte Ihnen entweder zurück auf den Haupt(frage)weg helfen oder den Themenschwerpunkt wechseln, was vielleicht nur daran liegt, dass die Prüfungszeit allmählich knapp wird: Werten Sie solche Unterbrechungen in jedem Fall als für Sie günstig und hilfreich.
- *Mimik und Gestik:* Lassen Sie sich nicht durch Äußerlichkeiten irritieren: Die Prüfer werden sich bemühen, eine neutrale Atmosphäre herzustellen. Wenn das Prüfungsgespräch beispielsweise weniger persönlich verläuft als eine normale Unterrichtsstunde, ist das kein beunruhigendes Zeichen.

ÜBUNGSAUFGABEN

Deutsch (Baden-Württemberg) ▪ Abiturprüfung
Leistungsfach ▪ Übungsaufgabe 1

ERÖRTERUNG EINES LITERARISCHEN TEXTES

Thema: Georg Büchner, Woyzeck (1837)

Aufgabenstellung

- Arbeiten Sie die Argumentation heraus und bestimmen Sie die Position des Regisseurs Ulrich Rasche. (ca. 30 %)
- Setzen Sie sich mit der Position Rasches auseinander. (ca. 70 %)

Material **Was ist das, das in uns lügt, mordet, stiehlt? Auszug aus einem Gespräch mit dem Regisseur Ulrich Rasche (2019)**

In einem Interview zu seiner „Woyzeck"-Inszenierung am Theater Basel und dem Münchner Residenztheater erläutert der Regisseur Ulrich Rasche sein Verständnis des Dramas.

Ich finde es wichtig, dass wir Woyzeck nicht nur als Opfer wahrnehmen. Er besitzt viele Eigenschaften, die ihn als einen starken und in sich ruhenden Charakter auszeichnen. Woyzeck wird dadurch für andere zu einem Objekt, dessen Nähe man sucht oder das man vielleicht sogar besitzen möchte. Eine Figur, die einseitig die Repressionen einer Gesellschaft erdulden muss, ohne sie auch als Rad im Getriebe zu begreifen, interessiert mich im Grunde nicht. Wenn wir heute im Theater Machtverhältnisse untersuchen wollen, müssen wir im Auge behalten, dass unser Zusammenleben schon lange nicht mehr in einer oppositionellen Struktur wie Herr und Knecht oder Arm und Reich abgebildet werden kann. Im Grunde leiden alle Figuren in „Woyzeck" unter den gesellschaftlichen Verhältnissen und an der Einrichtung der menschlichen Existenz schlechthin. Beides zusammenzudenken, ist für mich die größte Herausforderung der Arbeit. Büchner zeichnet ein kritisches Bild einer Gesellschaft, wie sie in der Restaurationsphase nach 1815 in Deutschland geherrscht hat. Dabei unterscheidet er klar zwischen der feudalen Klasse, dem liberalen Bürgertum und den Armen am unteren Ende der Leiter. Dennoch schildert Büchner auch soziale Konflikte innerhalb der oberen Klasse und deren Unfähigkeit, ihr Leben so zu gestalten, dass sie es als freie und gleichberechtigte Individuen genießen können. Angesichts der drohenden Aufstände und Proteste innerhalb der Bevölkerung, die in revolutionäre Handlungen münden könnten, wird das Militär zweckentfremdet und zur Unterdrückung der Opposition eingesetzt. Die Offiziere werden ihrer eigentlichen Aufgabe enthoben und sind gezwungen, ein inaktives, monotones Leben in den Garnisonsstädten zu führen. Der

Hauptmann beispielsweise leidet aufgrund dieser Situation unter einer Melancholie, wie es bei Büchner heißt, die wir heute als Depression beschreiben würden. Er langweilt sich und weiß nicht, wie er seine Zeit verbringen soll. Da er aufgrund der strikten Verordnungen des Militärs nicht heiraten darf und durch die moralische Doktrin der Kirche zum Triebverzicht verurteilt ist, dehnt sich für ihn der Augenblick zu einer beängstigenden Leere, die er nicht füllen kann. Zwischen Woyzeck und dem Hauptmann bildet sich eine Beziehung zwischen Bewunderung und Ablehnung. Woyzeck liebt sein uneheliches Kind, das er mit Marie gezeugt hat. In ihm erkennt er eine beneidenswerte Hingabe an seine Familie. Diese alle gesellschaftlichen Regeln ignorierende Bindung gibt ihm Grund und Sicherheit zu leben. Woyzeck leidet unter den Umständen seines Lebens nicht wirklich, solange ihm die Liebe zu seiner Frau und seinem Kind nicht genommen wird. Er ist eigentlich ein ganz zufriedener Mensch, der sieht, in welchen Verhältnissen er lebt und damit glücklich sein kann, obwohl alle sozialen Faktoren das Gegenteil sagen. Das ist der Punkt, wo Woyzeck für den Hauptmann interessant wird. Tatsächlich entwickelt sich das Drama auch erst, als Woyzeck das Fundament seines Lebens entzogen wird. Natürlich gibt Büchner den Prozessen, durch die das passiert, großen Raum, aber es ist wichtig, Woyzeck zunächst in einem hellen Licht zu sehen, in seiner charakterlichen Größe und Liebesfähigkeit.

Aus: „Woyzeck" von Georg Büchner. Programmheft des Residenztheaters München. Spielzeit 2019/20.

TIPP **Bearbeitungshinweise**

Die in der Aufgabenstellung angegebene **Gewichtung** bezieht sich nicht auf die von Ihnen erwartete Textmenge, sondern auf die **Bewertung**. Sie ist zudem als Orientierung und nicht in einem streng mathematischen Sinne zu verstehen. Ziel des von Ihnen zu schreibenden Aufsatzes ist eine Wiedergabe (Teilaufgabe 1) und Erörterung (Teilaufgabe 2) des Ihnen vorgelegten Außentextes, der sich auf Büchners „Woyzeck" bezieht.

TEILAUFGABE 1: Es wird von Ihnen verlangt, die **Kernaussagen Rasches herauszuarbeiten**. Dazu sollten Sie die zentrale(n) These(n) identifizieren und die Argumentationsstruktur des Textes untersuchen. Sie müssen also herausfinden, wie der Autor seine These(n) begründet und anhand welcher Beispiele er sie illustriert. Im Hinblick auf das Vorgehen empfiehlt es sich, den Text mehrmals zu lesen und die unterschiedlichen Aspekte farbig zu markieren sowie Randnotizen anzufertigen. In Ihrem ausformulierten Text sollen Sie die Aussagen des Autors auf sachliche Weise (d. h. ohne Wertungen!) und **in eigenen Worten wiedergeben**, zentrale Formulierungen können Sie zitieren. Bei Rasches Aussagen sollten Sie bedenken, dass der Autor Theaterregisseur ist und seine Deutung des „Woyzeck"-Dramas dementsprechend auf eine **Realisierung des Werks auf der Bühne** ausgerichtet ist. Dies schlägt sich in seiner Interpretation insofern nieder, als er den Dramentext sowohl im Hinblick auf seine Bedeutung für die Gegenwart (zum Zeitpunkt der Theaterinszenierung) betrachtet als auch in seinem historischen Entstehungskontext. Achten Sie beim Lesen bereits auf aus Ihrer Sicht **fragwürdige Aspekte** in Rasches Argumentation. Diese sollten Sie notieren, da Sie sie für die Bearbeitung der zweiten Teilaufgabe benötigen.

TEILAUFGABE 2: Ausgehend von Ihren Ergebnissen aus Teilaufgabe 1 sollen Sie sich eigenständig und auf der Basis Ihrer Textkenntnis zu „Woyzeck" mit dem Außentext auseinandersetzen. Es wird also eine **differenzierte Erörterung der Kernthesen aus Rasches Text und ihrer Begründungen** verlangt. Dabei soll **Ihre eigene Position** deutlich werden. Diese kann zustimmend oder ablehnend sein bzw. in einer Kombination aus diesen beiden Haltungen bestehen. Dazu müssen Sie Ihre Position **argumentativ entfalten**, d. h. in der Auseinandersetzung mit den Aspekten aus Rasches Text eigene Thesen entwickeln und diese begründen. Als Basis der Begründung dient **Ihre Kenntnis des „Woyzeck"-Dramas**. Diese schließt ein sehr gutes Wissen über Aufbau, Handlung, Themen, Figuren und (historische) Kontexte ebenso ein wie plausible Deutungen des Werks. Dabei sollten Sie auch auf die im Unterricht erarbeiteten Aspekte zurückgreifen. Rufen Sie sich **zentrale Textstellen** aus Büchners Drama in Erinnerung, die Sie für die Begründung Ihrer Position nutzen können. Bei der Ausformulierung Ihres Textes ist es ratsam, zentrale Stellen aus dem Drama zu zitieren (mit Angabe der Seitenzahl).

Die sehr pointierten Aussagen Rasches zum Opferstatus von Woyzeck und dem Hauptmann fordern zu einer differenzierten Betrachtung heraus. Es bietet sich zudem an, auch Rasches Ansatz, das Drama aus einer Analyse aktueller gesellschaftlicher Verhältnisse heraus zu deuten, kritisch zu hinterfragen. Wenn Sie einzelnen Positionen widersprechen wollen, sollten Sie Aspekte aus dem „Woyzeck"-Drama herausgreifen, die bei Rasche zu kurz kommen, nicht erwähnt, nicht ausreichend oder schlüssig begründet oder anders gedeutet werden, als Sie es vor dem Hintergrund Ihres Textverständnisses für angemessen halten.

Beide Teilaufgaben sollten **nicht isoliert voneinander behandelt**, sondern in einem **zusammenhängenden Aufsatz** dargestellt werden. Diesen sollten Sie mit einer Einleitung beginnen, die thematisch zielführend ist und die Basisinformationen zu Werk und Außentext enthält. In der **Überleitung** zu Teilaufgabe 2 bietet es sich an, die Thesen Rasches nochmals zusammenfassend auf den Punkt zu bringen. Damit schaffen Sie eine gute Basis für die anschließende **Auseinandersetzung**. Schließen Sie Ihren Aufsatz mit einem **Fazit** ab, das Ihre wesentlichen Ergebnisse knapp und pointiert zusammenfasst.

verwendete Textausgabe: Georg Büchner: Woyzeck. Stuttgart: Reclam 2021 (Reclam XL Text und Kontext).

Lösungsvorschlag

TEILAUFGABE 1

Einleitung
Autor, Titel, Erscheinungsjahr, Thema

Wenn Regisseurinnen und Regisseure Stücke für das Theater inszenieren, tun sie dies auf der Grundlage einer eigenen Interpretation der jeweiligen Werke. Ein wesentliches Ziel sehen die Theatermacher oft darin, **kanonische Texte auf ihre Bedeutung für die Gegenwart zu befragen**. Zugleich grenzen sie die eigene Sichtweise auf das Werk meist gegenüber älteren Deutungen ab. Von ähnlichen Überlegungen lässt sich der **Regisseur Ulrich Rasche** in seinen Interpretationsansätzen zu Georg Büchners unvollendetem Drama „Woyzeck" (1837) leiten. In einem Interview anlässlich seiner Inszenierung des Dramas am Münchner Residenztheater (in der Spielzeit 2019/20) plädiert er für eine – gegenüber traditionellen Deutungen – **neue Sicht auf die Figur Woyzeck** im Kontext der im Stück vorgeführten gesellschaftlichen Verhältnisse.

Hauptteil
Neudeutung Woyzecks und anderer Dramenfiguren

Im Mittelpunkt von Rasches Ausführungen steht eine **Neubewertung der Opferrolle Woyzecks**. Eine ausschließliche Wahrnehmung Woyzecks als Opfer bzw. als Figur, „die einseitig die Repressionen einer Gesellschaft erdulden muss" (Z. 4 f.), lehnt Rasche ab. Dieser aus seiner Sicht uninteressanten Sichtweise (vgl. Z. 6) stellt er eine **positive Deutung** des Protagonisten als „starke[r] und in sich ruhende[r] Charakter" (Z. 2) gegenüber. Durch diese Eigenschaften werde Woyzeck für andere attraktiv und zu einem „Objekt, dessen Nähe man sucht oder das man vielleicht sogar besitzen möchte" (Z. 3 f.). Zugleich rücken aus Rasches Sicht **andere Figuren** in den Fokus, die **ebenfalls als Opfer gesellschaftlicher Verhältnisse** gedeutet werden können. Der Regisseur formuliert in diesem Zusammenhang die These, dass alle Figuren im Stück unter den sozialen Zwängen und „an der Einrichtung der menschlichen Existenz schlechthin" litten (Z. 10 f.).

Bezug auf historischen Hintergrund und aktuelle Gegenwart

Um diese Position zu begründen, verfolgt der Regisseur **zwei Argumentationsstränge**, die sich auf zwei unterschiedliche Zeitebenen beziehen: einerseits auf die Gegenwart zum Zeitpunkt seiner eigenen Theaterinszenierung und andererseits auf die Entstehungszeit von Büchners Drama. Beide Ebenen möchte er in seiner Theaterarbeit aufeinander beziehen (vgl. Z. 11 f.). Die **Gegenwart** wird für Rasche insofern zum Bezugspunkt, als es ihm, ausgehend von Büchners Drama, auch um die **Untersuchung von aktuellen Machtverhältnissen** geht. Diese bestimmt er *ex negativo*, indem er die These aufstellt, dass das gegenwärtige Zusammenleben „nicht mehr in einer oppositionellen Struktur wie Herr und Knecht oder Arm und Reich abgebildet werden" könne (Z. 8 f.). Im Hinblick auf den **historischen Kontext** des Stücks erläutert er die Herabwürdigung des Militärs zu einem Mittel, mit dem nach 1815 – in der restaurativen Phase in Deutschland – freiheitliche Bestrebungen unterdrückt wurden. Indem er ausführt, dass Offiziere aufgrund des Verlusts ihrer angestammten Tätigkeiten zu einem eintönigen, inaktiven Leben (inklusive Triebverzicht) verurteilt waren, charakterisiert Rasche den **Hauptmann als Opfer der gesellschaftlichen Umstände**, das unter Depressionen leide.

Beziehung zwischen Hauptmann und Woyzeck

Zudem erkennt er in dem **Verhältnis des Hauptmanns zu Woyzeck** „eine Beziehung zwischen **Bewunderung und Ablehnung**" (Z. 28) sowie ein Interesse des Hauptmanns an seinem Gegenüber, das auch auf Neid (vgl. Z. 29 f.) beruhe. An Woyzeck nehme der Hauptmann positiv konnotierte Aspekte wahr, wie dessen Liebe zu seinem unehelichen Kind und eine „Hingabe an seine Familie" (Z. 30), die sich über alle Konventionen hinwegsetze. Diese Beziehungen gäben Woyzeck Sicherheit und einen Lebenssinn.

Rasches Charakterisierung von Woyzeck

Aufgrund dieser Merkmale charakterisiert Rasche **Woyzeck** als einen – trotz der Verhältnisse, in denen er lebt und die ihm bewusst sind – **glücklichen und zufriedenen Menschen**. Er zeige sich „in seiner charakterlichen Größe und Liebesfähigkeit" (Z. 39), bis ihm die Grundlage seiner Existenz, Maries Liebe, zerbricht (vgl. Z. 36 f.). Laut Rasche beginnt die **negative Entwicklung** der Dramenhandlung **erst mit dieser Verlusterfahrung Woyzecks**.

Der Regisseur weist die Reduzierung Woyzecks auf ein Opfer sozialer Verhältnisse also in zweifacher Hinsicht zurück. Erstens deutet er Woyzeck als einen über weite Strecken zufriedenen sowie seine Zufriedenheit wahrnehmenden Charakter. Zweitens relativiert er den Opferstatus Woyzecks insofern, als er postuliert, dass auch andere Figuren als Opfer gesellschaftlicher Strukturen gelten können, was er an der Figur des Hauptmanns festmacht.

Zusammenfassung von Rasches Position

TEILAUFGABE 2

Wenn Rasche eine einseitige Betrachtung Woyzecks als Opfer gesellschaftlicher Verhältnisse ablehnt, dann erkennt er damit zugleich an, dass Woyzeck zumindest zu Teilen als ein solches betrachtet werden kann.

Überleitung

Diese **Fremdbestimmung** lässt sich anhand der zahlreichen **Abhängigkeitsverhältnisse** festmachen, die im Drama dargestellt werden. So tritt Woyzeck aufgrund **materieller Not** in die Dienste des Hauptmanns und des Doktors, um den Lebensunterhalt für sich und seine kleine Familie zu sichern. Dabei wird er von den Vertretern gesellschaftlicher Institutionen – des Militärs und der Medizin – auf unterschiedliche Weise **unterdrückt** bzw. in seine untergeordnete Rolle verwiesen. Er ist den **Demütigungen des Hauptmanns** ausgesetzt, der ihn durch Fangfragen als „ganz abscheulich dumm" (S. 16) herabzuwürdigen versucht und sich angesichts von Woyzecks unehelichem Kind als moralisch überlegen darstellt (vgl. S. 16). Der Vertreter des Militärs nutzt also seine Stellung als Vorgesetzter, um Woyzeck dessen Abhängigkeit vorzuführen. Der **Doktor** wiederum bedient sich seiner überlegenen Position als medizinische Autorität sowie der Not Woyzecks, um diesen für **fragwürdige wissenschaftliche Experimente** zu missbrauchen (vgl. S. 19 f., 24 f.). In beiden Fällen wird Woyzeck für die Vertreter der gesellschaftlichen Ordnung zu einem **Objekt**, an dem sie ein je eigenes Interesse haben. In dem Ernährungsexperiment – Woyzeck darf nur noch Erbsen essen – begegnen sich medizinische und militärische Macht: Versuche an Soldaten mit einseitiger Ernährung dienten dazu, eine günstige und effiziente Versorgung des Militärs zu erproben.

Auseinandersetzung mit Rasches Position

Widerlegung: Woyzeck als Opfer von Hauptmann und Doktor

An diesem Punkt zeigt sich ein Bezug zu Rasches Beobachtung, dass Woyzeck für andere Figuren „zu einem Objekt [wird], dessen Nähe man sucht oder das man vielleicht sogar besitzen möchte" (Z. 3 f.). Sowohl der Doktor als auch der Hauptmann zeigen sich in physischer wie psychischer Hinsicht zudringlich und ergreifen Besitz von ihm, indem sie sich über seine Grenzen hinwegsetzen und seine Unversehrtheit bedrohen. Auf diese Weise wird **Woyzeck zum Objekt militärischer und medizinischer Machtausübung**.

teilweise Zustimmung zu Rasches Aussage: Interesse anderer an Woyzeck

Anders als Rasche es nahelegt, dominieren hier jedoch Erkenntnis- und Machtinteressen und **weniger Bewunderung oder Neid**. Der Hauptmann mag Woyzeck möglicherweise um Dinge beneiden, die ihm selbst verwehrt bleiben – vor allem Familie und ein Ausleben der Sexualität. Aufgrund der fehlenden Innensicht – ein Charakteristikum der Gattung Drama – äußert sich dies jedoch allenfalls indirekt in den Aussagen des Hauptmanns. Wenn dieser die eigene Verführbarkeit durch sexuelle Reize erwähnt, seine Triebunterdrückung hervorhebt (vgl. S. 17) und zugleich Woyzecks Triebhaftigkeit anprangert (vgl. S. 16), dann mag man darin auf einer psychologischen Ebene **Projektionen des Hauptmanns** erkennen, mittels derer er eigene Wünsche externalisiert. Diese Deutung ist allerdings höchst **spekulativ** und nicht vom Text gedeckt. Zudem liegt im Drama eine starke **Fokussierung auf Woyzeck** vor, der im Mittelpunkt nahezu aller Szenen steht. Aufgrund dieser Konzentration auf die Titelfigur führt die Handlung viel stärker vor, wie sich die Verhaltensweisen des Hauptmanns auf Woyzeck auswirken. Die Beweggründe des Militärs geraten dagegen in den Hintergrund. Die **Beziehung Woyzeck – Hauptmann** zeichnet sich somit weniger durch (geheime) Nähe aus als durch ein **Ausnutzen der Machtposition** innerhalb der militärischen Hierarchie, auf deren unterster Stufe der Rekrut Woyzeck steht. In diesem Sinne ist auch ein Leiden an der „Existenz schlechthin" (Z. 10f.) weniger Thema des Dramas als **konkrete soziale Abhängigkeits- und Machtstrukturen**. Büchner arbeitet hier auf der Basis zeitgenössischer Fakten und Quellen, die etwa in seiner politischen Schrift „Der Hessische Landbote" (1834 gemeinsam mit Friedrich Ludwig Weidig verfasst) erläutert werden.

Relativierung: Unklarheit der Motive des Hauptmanns; Fokus auf Ausbeutung Woyzecks

Dass Woyzeck ein gewisses Maß an **charakterlicher Stärke** aufweist, wie Rasche feststellt, lässt sich am Text durchaus belegen. So setzt er den Demütigungen des Hauptmanns eigenständige Gedanken entgegen, mit denen er sich gegenüber den tautologischen Aussagen seines Vorgesetzten (vgl. S. 16: „Moral das ist wenn man moralisch ist") sogar überlegen zeigt. Auch **durchschaut** Woyzeck die **Verbindung von Armut und Ausbeutung** und die Tugendhaftigkeit als ein Privileg der höheren gesellschaftlichen Schichten: „[A]ber wenn ich ein Herr wär und hätt ein Hut und eine Uhr und en Anglaise und könnt vornehm rede, ich wollt schon tugendhaft sein." (S. 17) Eine Stärke Woyzecks zeigt sich darüber hinaus auch im **Erdulden** der zahlreichen Formen der Unterdrückung, deren Folgen sich in **körperlichen und seelischen Degenerationserscheinungen** offenbaren.

Zustimmung: Belege für Charakterstärke Woyzecks

Diese Auswirkungen thematisiert Rasche nicht. Doch gerade sie sind es, die Woyzeck in viel stärkerem Maße zu einem **Opfer gesellschaftlicher Verhältnisse** machen, als es der Regisseur nahelegt. Zudem widerlegen sie die Aussage, Woyzeck leide „nicht wirklich"

Widerlegung: negative Auswirkungen auf Woyzecks Gesundheit

(Z. 32) an den Verhältnissen. Er hat mit Angstzuständen, Halluzinationen, Unruhe und erhöhtem Pulsschlag zu kämpfen. Vor allem die körperlichen Beschwerden dürften eine Folge des Ernährungsexperiments sein. In diesem Zusammenhang kann auch nicht von Zufriedenheit und Glück gesprochen werden, allenfalls von einer **Anpassung an seine von Ausbeutung geprägte Lage**, die mit großem Leid verbunden ist.

Widerlegung: negative Auswirkungen auf Familie

Auch die **familiäre Situation** bleibt, anders als Rasche dies sieht, nicht unberührt von den sozialen Determinanten und ist deshalb keine „alle gesellschaftlichen Regeln ignorierende Bindung" (Z. 30 f.): Vielmehr ist sie aufgrund des fehlenden kirchlichen Segens gesellschaftlich **geächtet**, sie ist zudem geprägt von **Armut** sowie einem Mangel an Zeit, die zu einer zunehmenden Entfremdung der Partner führen. Zwar sind die Liebe Woyzecks zu seinem Sohn Christian (vgl. S. 15) und das Sorgen für seine Familie unter schwierigen Bedingungen ein Ausdruck von „**Größe und Liebesfähigkeit**" (Z. 39). Was Rasche dabei jedoch nicht berücksichtigt, ist, dass Woyzeck **kaum Zeit bleibt, sich seiner Familie zu widmen**. Aufgrund der zahlreichen Arbeiten (Militärdienst, Stöckeschneiden für den Hauptmann, Rasieren des Hauptmanns, Versuchsobjekt und Assistent des Doktors) ist er permanent beschäftigt und kann sich bei seinen kurzen Besuchen zu Hause seiner Familie nicht emotional zuwenden (vgl. Maries Aussage nach einem solchen Besuch: „Er [Woyzeck] hat sein Kind nicht angesehn", S. 11). Stattdessen liefert er rasch seinen Lohn bei Marie ab, um dann zu einer weiteren Tätigkeit zu hetzen (vgl. S. 15). Somit ist die Liebe zu Frau und Kind keinesfalls eine sorgenfreie.

Widerlegung von Rasches Woyzeck-Bild

Letztlich ist Rasches **Charakterisierung Woyzecks als „in sich ruhende[r] Charakter" (Z. 2) nicht zutreffend**. Tatsächlich steht diese im Widerspruch zu Woyzecks Rastlosigkeit, seiner Zerrissenheit zwischen der Versorgung der Familie und seinen Arbeiten sowie zu den Beschreibungen anderer (vgl. Hauptmann: „er sieht immer so verhetzt aus", S. 16). Es ist also fraglich, ob erst die Untreue Maries die Entwicklung zum Schlechten auslöst, wie Rasche mit seiner Anspielung auf das „Fundament seines Lebens", das Woyzeck entzogen werde, andeutet (vgl. Z. 36 f.). Denn nicht erst der Liebesverrat Maries (vgl. Z. 32 f.) löst das **Leiden** Woyzecks aus. Vielmehr ist dieses **von Beginn der Dramenhandlung an** vorhanden, als Folge seiner ausweglosen sozialen Situation (vgl. etwa die Eingangsszene, die die Angstvisionen und Halluzinationen Woyzecks zeigt, S. 9). Schließlich kulminieren in Woyzecks Eifersucht und der Ermordung Maries die gesamten Erfahrungen der Unterdrückung. Das „Fundament des Lebens" ist für Woyzeck von Anfang an aufgrund seiner sozialen Stellung und Armut brüchig; mit dem Verlust von Maries Liebe geht es dann vollends entzwei.

Gleichwohl ist **Rasche** zumindest **in Ansätzen zuzustimmen**, wenn er feststellt, dass nicht nur Woyzeck durch die sozialen Bedingungen negativ beeinflusst werde, sondern „[i]m Grunde […] **alle Figuren** in ‚Woyzeck' **unter den gesellschaftlichen Verhältnissen**" (Z. 9 f.) **litten**. Im Hinblick auf den **Hauptmann** kann Rasche dies, auch unter Rückgriff auf zeitgeschichtliche Kontexte, plausibel machen. In der Tat scheinen dessen Langeweile und Melancholie Folge seines ereignislosen Dienstes zu sein. Seine Disziplinierung von Woyzeck ließe sich dann – wenn auch, aufgrund der fehlenden Innensicht, wiederum in spekulativer Weise – als **Kompensation** lesen, die seine eigenen Verlust- und Verzichterfahrungen, allen voran seine Triebunterdrückung, ausgleichen soll. Auch ist der Hauptmann nicht nur aktiv an der Unterdrückung anderer beteiligt, sondern er wird **selbst Opfer von Machtausübung**. So spielt der Doktor mit der Angst des Hauptmanns vor dem körperlichen Verfall und einer tödlichen Krankheit und bringt diesen damit in seelische Nöte (vgl. S. 21). Wie Woyzeck wird er zum Objekt wissenschaftlichen Interesses. Zu ergänzen wäre, dass auch Woyzecks Geliebte **Marie als ein Opfer** der gesellschaftlichen Verhältnisse gesehen werden kann. Ihre soziale und wirtschaftliche Notlage sowie der ebenfalls sozial bedingte Verlust der Bindung an Woyzeck machen sie anfällig für die Verführungen des Tambourmajors, an die sie die Hoffnung auf einen sozialen und materiellen Aufstieg knüpft (vgl. S. 14 f.). Selbst das **Kind** ist stark von der prekären sozialen Lage geprägt, was Woyzeck hellsichtig bemerkt, als er Marie gegenüber sagt, dass sein Sohn „sogar Schweiß im Schlaf" (S. 15) habe.

bedingte Zustimmung: auch andere Figuren als Opfer deutbar

Woyzeck allerdings als ein „Rad im Getriebe" (Z. 5) und ein Opfer unter anderen einzuordnen, **verfehlt** die im Drama deutlich werdende **Differenzierung**. Es ist zu bedenken, dass sich die gesellschaftlichen Rahmenbedingungen höchst unterschiedlich auf Woyzeck und die anderen Charaktere auswirken – **abhängig von ihrem sozialen Status:** Woyzeck als Vertreter der unterprivilegierten Schicht und die Repräsentanten des Bürgertums mit ihren Privilegien haben mit sehr unterschiedlichen Problemen zu kämpfen. Dies gilt vor allem im Hinblick auf die **Befriedigung materieller Grundbedürfnisse**. Während der Hauptmann unter Langeweile und Beschäftigungslosigkeit leidet, aber materiell abgesichert ist, muss Woyzeck fortwährend um die physischen Grundlagen seiner Existenz fürchten. Hier offenbart sich das Phänomen des Pauperismus, d. h. der Massenarmut, als eines der zentralen Probleme im 19. Jahrhundert.

Einwand: Leugnen sozialer Unterschiede durch Gleichsetzung von Woyzeck mit anderen Figuren

Als höchst **fragwürdig** ist **Rasches Ansatz** einzustufen, seine Deutung mit **heutigen gesellschaftlichen Verhältnissen** zu begründen. Zwar ist es ein nachvollziehbares Erkenntnisinteresse eines Theaterregisseurs, die Bedeutung eines Dramas aus einer früheren Epoche für die Gegenwart zu suchen. Dies ist insofern sinnvoll, als Theater, auch wenn es ältere Texte zur Aufführung bringt, immer im Hier und Jetzt stattfindet. Problematisch erscheint es jedoch, wenn Rasche zentrale Aspekte des Textes so umdeutet, dass sie zwar den Verhältnissen zum Zeitpunkt der Inszenierung entsprechen, nicht jedoch denjenigen, die im Text dargestellt werden. In der Gesellschaft der 1830er-Jahre gab es sehr wohl **klare Oppositionen und soziale Ungleichheiten** (arm vs. reich, privilegiert vs. nicht privilegiert, gebildet vs. ungebildet) und auch heute ist das im Übrigen noch der Fall in der deutschen Gesellschaft und, in z. T. noch gravierendem Ausmaß, weltweit. Die Argumentationslogik, aus einer Diagnose heutiger Verhältnisse die Charakterisierung einer Dramenfigur abzuleiten, die stark von den Bedingungen ihrer Entstehungszeit geprägt ist, ist als **anachronistisch** zu bewerten. Ein solches Vorgehen führt, wie gezeigt werden konnte, zu Deutungen, die am Text vorbeigehen.

Einwand: Hinterfragen der Methode, heutige Erfahrungen auf Dramenfiguren von 1837 zu projizieren

In der Gesamtbewertung erscheint **Rasches Position zwiespältig:** Seine historisch gut informierten Ausführungen zur Figur des Hauptmanns machen überzeugend deutlich, dass auch der Vertreter des Militärs unter gewissen gesellschaftlichen Bedingungen seiner Zeit zu leiden hat. Diesen Zustand jedoch mit demjenigen Woyzecks zu parallelisieren, erscheint höchst fragwürdig. Zu unterschiedlich sind die an die jeweilige soziale Schicht gebundenen Lebensverhältnisse und deren Folgen. Vollends an der im Text geschilderten Lebensrealität vorbei geht Rasches Bild von Woyzeck als einem glücklichen und zufriedenen, in sich ruhenden Menschen. Die damit verbundene **Relativierung seines Opferstatus** missachtet vor allem die sozioökonomischen Bedingtheiten und Machtverhältnisse, die in Büchners Drama deutlich werden. **Fragwürdig** ist auch Rasches **methodischer Zugang**, heutige soziale Verhältnisse zugrunde zu legen, um ein Bild des Protagonisten zu zeichnen. Maßstab einer Interpretation sollte zunächst der Text in seinem Entstehungszusammenhang sein. Die Frage nach Gemeinsamkeiten und Unterschieden zwischen Entstehungs- und Jetztzeit ist ein davon unabhängiger Schritt. Vermischt man beide Aspekte miteinander, wie Rasche das tut, wird man weder dem Text noch der eigenen Gegenwart gerecht.

Fazit

differenziertes Abwägen zwischen zutreffenden und problematischen Aussagen Rasches

ERÖRTERUNG EINES LITERARISCHEN TEXTES

Thema: Juli Zeh, Corpus Delicti (2009)

Aufgabenstellung

– Geben Sie die Hauptthesen des Textes in eigenen Worten wieder. (ca. 30 %)

– Erörtern Sie, inwiefern Zehs These zutrifft, dass der Roman „Corpus Delicti" nicht in der Zukunft spielt, also keine Dystopie ist, sondern lediglich die Gegenwart überspitzt. (ca. 70 %)

Material Juli Zeh: Fragen zu „Corpus Delicti" (2020, Auszug)

Der Text ist ein Auszug aus dem Begleitbuch zu „Corpus Delicti", das Juli Zeh selbst im Jahr 2020 unter dem Eindruck der Corona-Pandemie verfasst hat. Sie führt darin eine Art Interview mit sich selbst über ihren Roman aus dem Jahr 2009.

Ich würde jetzt gern den konkreten Plot[1] genauer anschauen. Fangen wir mal vor der eigentlichen Story an. Die *Corpus-Delicti*-Welt wird ja von der sogenannten METHODE geprägt, einem Herrschaftssystem, das Gesundheit absolut setzt. Hast du dir überlegt, wie es dazu gekommen ist?

Ehrlich gesagt habe ich beim Schreiben kaum darüber nachgedacht, welche konkreten politischen Entwicklungen dem Entstehen der METHODE vorangegangen sind. Es hat mich einfach nicht besonders interessiert. Das liegt wahrscheinlich daran, dass *Corpus Delicti* für mich gar nicht in der Zukunft spielt. Es ist eher eine Überspitzung von Denkweisen und Handlungsformen, die in unserer heutigen Welt bereits existieren. Die METHODE ist die politische Antwort auf die verbreitete Überzeugung, dass Gesundheit „das höchste Gut" des Menschen sei. Aus der Vorstellung, der Mensch sei im Wesentlichen eine Körpermaschine, ein Stück biologisches Leben, das man verwalten, betreuen und verbessern muss, um seine Arbeitsfähigkeit und sein Wohlbefinden zu optimieren, folgt automatisch ein Politikverständnis, das vor allem auf Kontrolle und Steuerung von Lebensgewohnheiten fußt.
Auch das sinkende Interesse der Bevölkerung an Demokratie und politischer Mitgestaltung ist eine Folge dieser Idee. Wenn man sich als Designer des eigenen Lebens fühlt und ständig dazu aufgerufen ist, an der Perfektionierung und Präsentation der eigenen Person zu arbeiten, wird man zu einem Ich-Universum. Damit geht zwangs-

läufig die soziale Dimension des Menschseins immer weiter verloren. Man hat heutzutage vielleicht viele Kontakte, viel Kommunikation – aber man lebt doch eigentlich zunehmend nur für sich selbst, während die vielen „Freunde“ eher ein Publikum darstellen, vor dem man sich präsentiert, oder Wettbewerber, mit denen man sich in vielfältigen Rankings[2] vergleicht.
Wenn der Gemeinschaftssinn schwindet und die Gesellschaft eigentlich nur noch eine Bündelung von lauter Einzelkämpfern ist, verliert auch die Politik an Bedeutung. Dann wird Politik für den Bürger zu einem Unterhaltungsprogramm, das möglichst viel Aufregung generieren[3] muss. Oder zu einer Bedürfniserfüllungsmaschine, die entweder funktioniert oder nicht. Im letzten Fall müsste man sie optimieren – oder abschaffen.
Wozu soll man sich eigentlich weiterhin ein Parlament leisten, das in umständlichen, teuren und ineffizienten Verfahren um das Finden von Kompromissen ringt? Viel pragmatischer[4] wäre doch ein Expertengremium, in dem sich richtig fähige Leute mit dem Entwickeln von perfekten Lösungen und einer optimalen Verwaltung des Staates befassen.
Dieser Gedankengang liegt der METHODE zugrunde, und ich glaube, dass es sich nicht um Science-Fiction[5] handelt. Bestimmt würde eine Menge Leute heute schon der METHODE zustimmen, wenn sie eine reale Option wäre. Mit anderen Worten: Die Vorgeschichte von *Corpus Delicti* sind wir.

Aus: Juli Zeh: Fragen zu „Corpus Delicti“, Wann wird der Begriff der „Gesundheitsdiktatur“ von der Polemik zur Zustandsbeschreibung? München: btb Verlag 2020.

Anmerkungen

1 Plot: Handlungsgerüst
2 Ranking: Rangliste
3 generieren: erzeugen
4 pragmatisch: sachbezogen, praktisch
5 Science-Fiction: Bereich der fiktionalen Literatur bzw. Filmkunst, der eine ferne, von wissenschaftlichen und technologischen Neuerungen geprägte Zukunft der Menschheit entwirft

TIPP **Bearbeitungshinweise**

TEILAUFGABE 1: Auch wenn der Sachtext auf den ersten Blick eher einfach erscheint, lohnt es sich, ihn mehrmals **aufmerksam mit Stift zu lesen**, **Schlüsselbegriffe** zu markieren und den **Gedankengang** mit Randnotizen sichtbar zu machen. Untersuchen Sie insbesondere, wie Zeh auf die Interviewfrage eingeht, wie sie ihre Kerngedanken entwickelt und zu welchem Schluss sie gelangt.

Gestützt auf diese Vorarbeiten können Sie die **Hauptthesen in eigenen Worten** wiedergeben. Im Unterschied zur Inhaltsangabe dürfen Sie auch **zitieren** und paraphrasieren. Achten Sie dabei darauf, den richtigen Modus (Konjunktiv der indirekten Rede) zu verwenden und wichtige Begriffe oder ungewöhnliche Formulierungen bei Bedarf zu erläutern.

TEILAUFGABE 2: Auf diesem Teil liegt der Schwerpunkt der Aufgabe. Rekapitulieren Sie zunächst den Inhalt des Romans für sich. Stellen Sie Ihren Leserinnen und Lesern, falls noch nicht geschehen, den **Roman** mit Angabe von Titel, Erscheinungsjahr, Thema und Verfasserin vor und geben Sie einen **knappen Überblick** über die darin entworfene Welt. Eine komplette Inhaltsangabe ist hier nicht zielführend, denn in der Erörterung sollen Sie eine **konkrete These überprüfen:** Inwiefern ist der Roman dystopisch, inwiefern überspitzt er lediglich die Gegenwart? Vor dem Schreiben sollten Sie intensiv im Roman blättern und **thematisch relevante Stellen** notieren, eventuell auch Zitate (mit Seitenangaben) herausschreiben.

Die Aufgabenformulierung gibt Ihnen bereits Hinweise darauf, wie Sie bei der Erörterung der These argumentieren sollten. Es geht nicht um eine Entscheidung von *entweder – oder*, sondern um ein **differenziertes Abwägen**. Hilfreich sind Formulierungen wie z. B. *einerseits – andererseits, sowohl – als auch, jedoch, aber, allerdings, dennoch* usw. Am Ende Ihrer Ausführungen sollten Sie zu einem abschließenden **Fazit** kommen. Um Ihre Leserinnen und Leser mit Ihrer Erörterung zu **überzeugen**, müssen Sie den **Bezug Ihrer Argumente sowohl zum Interview als auch zum Inhalt des Romans** verdeutlichen. Konzentrieren Sie sich auf die thematisch relevanten Romanstellen und bauen Sie **Schlüsselsätze** als Zitate in Ihre Argumentation ein. Gehen Sie jedoch auch über den Romaninhalt hinaus und bringen Sie Ihr **Weltwissen** und **aktuelle Bezüge** ein, z. B. Ihre Kenntnisse über real existierende demokratische und autokratische Staaten, über das deutsche Gesundheitssystem, über gesellschaftliches Engagement in Deutschland und weltweit usw.

Auch in diesem Teil lohnt es sich, das Schreiben gut vorzubereiten: Führen Sie ein schriftliches **Brainstorming** durch, visualisieren Sie Ihre Ideen in einer **Mindmap** oder stellen Sie in einer Tabelle zusammen, was für und was gegen die These spricht. Auf dieser Grundlage wird es Ihnen leichtfallen, einen **Schreibplan** für Ihren Aufsatz zu entwerfen.

verwendete Textausgabe:
Juli Zeh: Corpus Delicti, Ein Prozess. München: btb 2010.

Lösungsvorschlag

TEILAUFGABE 1

Einleitung
Autorin, Titel, Jahr, Textsorte, Thema

Mitten in der Corona-Pandemie ist 2020 Juli Zehs Buch „Fragen zu ‚Corpus Delicti'" erschienen. In einer Art **Selbstinterview** kommentiert die Schriftstellerin ihren **Roman „Corpus Delicti"** von 2009, der als **Dystopie** rezipiert wurde. In ihm entwirft Zeh eine Welt, die von einem diktatorischen Herrschaftssystem namens METHODE gelenkt wird, für das Gesundheit die höchste Priorität hat.

Wiedergabe von Zehs Thesen:
METHODE als überspitzte Realität

Im vorliegenden Text beantwortet Juli Zeh eine Frage zur Story, die sie in ihrem Roman erzählt: **Wie ist es zu dieser erfundenen Welt gekommen?** Über die konkreten politischen Entwicklungen, die zur METHODE geführt haben könnten, habe sie beim Schreiben „[e]hrlich gesagt" (Z. 5) kaum nachgedacht. Vielmehr habe sie bereits existierende typische „Denkweisen und Handlungsformen" (Z. 9) der **jetzigen Realität überspitzt**. Deshalb sei „Corpus Delicti" für sie überhaupt nicht in der Zukunft angesiedelt (vgl. Z. 8), also kein Science-Fiction-Roman.

Fixierung auf Gesundheit

Als Beleg für diese These verweist sie auf Beobachtungen, die sie in der Gesellschaft der Gegenwart macht. Für viele Menschen gelte **Gesundheit** bereits heute als „das höchste Gut" (Z. 11), werde also **allen anderen Werten übergeordnet**. Durch diese Überzeugung werde der Mensch auf „ein Stück biologisches Leben" (Z. 12) reduziert. Wie eine Maschine müsse er seinen Körper durch ständige Pflege und Wartung funktionstüchtig erhalten und sogar **optimieren**, um größtmögliches persönliches Wohlbefinden zu erreichen und die Arbeitsfähigkeit zu erhalten (vgl. Z. 12 ff.). Aus diesem mechanistischen und biologistischen Menschenbild ergibt sich für Zeh zwangsläufig ein Politikverständnis, in dem der **Staat** – wie im Roman „Corpus Delicti" – eine **umfassende Kontrolle über alle Lebensbereiche** ausüben muss.

Fixierung auf eigene Person

Des Weiteren registriert die Schriftstellerin einen **Wandel im individuellen Selbstverständnis**. Der Mensch entwickle sich vom sozialen Wesen zum „Ich-Universum" (Z. 19), in dem er sich als „Designer des eigenen Lebens" (Z. 17) fühle und ständig an seiner Selbstoptimierung arbeiten müsse. Auch die vielen Kontakt- und Kommunikationsmöglichkeiten, die heute genutzt werden, können für Zeh nicht darüber hinwegtäuschen, dass Menschen in **zunehmender Isolation** leben. Ohne Facebook, Instagram u. a. explizit zu nennen, stellt sie fest, dass Freundschaft zu einer quantitativen Größe geworden sei: Unter Freunden werde nur mehr die Zahl der Follower in den sozialen Medien verstanden, die als Publikum für die eigene Selbstdarstellung dienen. Freunde werden so zu Konkurrenten, die sich in Rankings vergleichen (vgl. Z. 21 ff.). **Solidarität und Zuneigung**, so kann man folgern, **bleiben auf der Strecke**.

Diese Tendenz setzt sich für Zeh auch im **politisch-sozialen Bereich** fort, wo die Fokussierung auf die individuelle Existenz ein **abnehmendes Interesse an Demokratie** und politischer Partizipation mit sich bringe. Ohne Gemeinschaftssinn zerfalle die Gesellschaft in lauter Einzelkämpfer. Dadurch verliere die Politik an Relevanz und werde für die Bürgerinnen und Bürger zu einem „Unterhaltungsprogramm" (Z. 27) oder gar einer „Bedürfniserfüllungsmaschine" (Z. 28). Mit dieser Diagnose kritisiert Zeh, dass das Vertrauen in demokratische Werte und die Ernsthaftigkeit politischer Arbeit schwinden würden. Ihr Gedankengang gipfelt in einer ironisch gefärbten rhetorischen Frage: Wozu soll sich eine Gesellschaft weiterhin ein teures Parlament „leisten" (Z. 30), das in mühsamen Prozessen Kompromisse aushandelt, wenn doch ein Expertengremium aus „richtig fähige[n] Leute[n]" (Z. 32) wesentlich effizienter arbeiten würde?

Aktualität der Romanhandlung

Am Schluss des Textauszugs kommt Juli Zeh noch einmal auf ihre Ausgangsthese zurück und bestätigt sie: „Corpus Delicti" ist aus ihrer Sicht **kein Zukunftsroman** und die METHODE eine Option, der schon heute viele Menschen zustimmen würden. „Die Vorgeschichte von *Corpus Delicti* sind wir" (Z. 37 f.) ist das Fazit von Zehs Überlegungen.

TEILAUFGABE 2

Erörterung – Zehs These und „Corpus Delicti":

Zukunftswelt in „Corpus Delicti"

Inwieweit kann man sich dieser These der Autorin anschließen? Wenn man das erste Kapitel des Romans „Corpus Delicti" liest, das den Titel „Mitten am Tag, in der Mitte des Jahrhunderts" trägt, gewinnt man zunächst den **Eindruck**, in einer **idealen Zukunft** gelandet zu sein. Alle Umweltprobleme unserer Gegenwart sind überwunden, Mensch und Natur sind gesund. Aus Industrieanlagen sind Kulturzentren, aus Kies- und Kohlegruben künstliche Seen zum Baden und Sich-Erholen geworden, Verkehrsmittel mit Verbrennungsmotoren wurden durch umweltfreundliche Magnetschwebebahnen ersetzt, die die Menschen in den „zusammengewachsene[n] Städte[n]" (S. 11) befördern. Aber die **utopische Idylle** erweist sich schnell als **trügerisch**, denn im keimfreien METHODEN-Staat gibt es nichts organisch Gewachsenes mehr. Die **Natur** ist zum **Sperrgebiet** und vermeintlichen Treffpunkt geheimer Widerständler geworden.

In der Mitte dieser durchgeplanten Welt steht das Gerichtsgebäude, in dem **Mia Holls Fall** verhandelt wird: Sie hat gegen die Gesundheits- und Hygienenormen des Staats verstoßen und muss zu einem „Klärungsgespräch" (S. 19) vor der Richterin erscheinen. Die 34-jährige Biologin Mia ist die Protagonistin des Romans. Sie entwickelt sich **von einer systemtreuen Anhängerin zur unbeugsamen Kritikerin** der METHODE. Auslöser für ihren Wandel ist der Selbstmord ihres Bruders Moritz, der aufgrund eines Fehlers im System des Sexualmordes angeklagt und unschuldig verurteilt wurde. In ihrer Lebenskrise beginnt Mia gegen jegliche staatliche Einmischung zu rebellieren: Sie wird schließlich vor Gericht gestellt, als Terroristin verurteilt und im letzten Moment begnadigt, damit sie nicht von den Anti-Methodisten als Märtyrerin vereinnahmt werden kann.

Handlung von „Corpus Delicti"

Ist diese Romanwelt aus „der Mitte des Jahrhunderts" (S. 11) bereits in der Gegenwart angelegt, sodass die Erzählerin sie nur zu überspitzen braucht?

Erörterungsfrage

Eine Gegenüberstellung von Roman und Realität zeigt beim jeweils herrschenden staatlichen Rahmen eine grundlegende Differenz: Der heutige **demokratische Staat** ist über **freie Wahlen** legitimiert; die Gewalt geht vom Volk aus. Exekutive, Legislative und Judikative sind aufgeteilt und kontrollieren sich wechselseitig. Wenn die Bevölkerung nicht mit der Arbeit der Regierung zufrieden ist, hat sie die Möglichkeit, diese **abzuwählen**. Ein System konkurrierender Parteien sorgt dafür, dass unterschiedliche Interessen und Sichtweisen im Parlament vertreten sind. Von Juli Zehs Schreckensvision einer Expertenregierung, die parlamentarische Prozesse überflüssig macht (vgl. Z. 30 ff.), sind wir momentan eher weit entfernt. Vielmehr wird der **Rat von Experten**, z. B. Virologen oder Klimaforschern, herangezogen, um angemessene politische Entscheidungen zu treffen, die dann auch immer wieder neu überprüft werden. Die **Erhaltung der Gesundheit** der Bevölkerung zählt dabei sicher auch zu den **Zielen** politischen Handelns, doch ist es nur eines unter vielen.

Staatsform – Realität

Der Unterschied zum Roman ist deutlich, denn in der erzählten Welt herrscht eine **totalitäre Gesundheitsdiktatur:** Zwar werden Aufbau und Verfassung nicht genau beschrieben, doch wird erkennbar, dass es **weder Gewaltenteilung noch unabhängige Gerichte** und keine freie Wissenschaft gibt. Die im Roman genannten Vertreter der Judikative, darunter die Richterin Sophie und der Staatsanwalt Bell, agieren ganz im Sinne der staatlich vorgegebenen Doktrin. Und diese lautet: **Gesundheit** ist das **alleinige „Prinzip staatlicher Legitimation"** (S. 8) und darf nicht hinterfragt werden. Die Erfolge,

– Roman

etwa die Ausrottung von Erkältungsviren „seit den zwanziger Jahren“ (S. 20) und die durch Datenbanken ermöglichte Hilfe bei schweren Krankheiten wie Leukämie, sind beachtlich. Als Moritz in seiner Kindheit an Blutkrebs erkrankt war, konnte dank des staatlichen Registers ein Knochenmarkspender für ihn gefunden und er geheilt werden. Doch wenn **Zweifel an der Unfehlbarkeit der METHODE** aufkommen – etwa, als sich der DNA-Beweis, mit dem Moritz des Mordes überführt wurde, als falsch erweist –, wankt die Grundlage der ganzen Staatsform. Aus diesem Grund wird Kritik an der METHODE mit brutalen Mitteln unterdrückt. Es zeigt sich, dass Welten zwischen einer freien demokratischen Ordnung und der beschriebenen Diktatur liegen. Hier kann man nicht von Überspitzung sprechen, sondern eher von einer **Darstellung des Gegenteils**.

Gesundheitssystem
– Realität

Welche Rolle spielt Wohlbefinden in unserer Staatsform? Juli Zeh verweist im Interview darauf, dass **Gesundheit bei uns als hohes Gut** gilt (vgl. Z. 11). Tatsächlich trägt der Staat Sorge für die Gesundheit seiner Bürgerinnen und Bürger. In Deutschland existiert ein **durchorganisiertes Gesundheitssystem** aus Krankenkassen, Kliniken, Rehabilitationseinrichtungen, Gesundheitsämtern und vielem mehr. Durch routinemäßige pränatale und frühkindliche Vorsorgeuntersuchungen, z. B. die U1 direkt nach der Geburt, Verordnungen zum Arbeits- und Gesundheitsschutz in Betrieben, Drogengesetze und Rauchverbote in öffentlichen Räumen **greift der Staat in die Eigenverantwortung** seiner Bürgerinnen und Bürger **ein**. Das in der Corona-Pandemie angewandte Infektionsschutzgesetz sieht massive Beschneidungen von Grundrechten vor, z. B. Kontaktbeschränkungen und Ausgangsverbote. Hier zeigen sich reglementierende Tendenzen, die an den Roman erinnern. Doch müssen solche Maßnahmen in unserem Rechtsstaat im Unterschied zum Regime der METHODE begründet werden und sowohl **verhältnismäßig** als auch **zeitlich begrenzt** sein.

– Roman

Zudem sind die **Mechanismen und Techniken des METHODEN-Staats** weitaus rigider. Dabei richtet sich die umfassende Gesundheitsfürsorge einerseits auf den individuellen **Körper des Einzelnen**, das Funktionieren der „Körpermaschine“ (Z. 12), andererseits auf die **ganze Bevölkerung**, denn „Gesundheit führt über die Vollendung des Einzelnen zur Vollkommenheit des gesellschaftlichen Zusammenseins“ (S. 7), wie es im „Vorwort“ des Journalisten Heinrich Kramer, des Gegenspielers von Mia Holl, heißt. Die Machthaber verfügen, u. a. durch implantierte Chips, über einen ständigen Zugriff auf alle messbaren biologischen und gesundheitsrelevanten Daten der Bürgerinnen und Bürger, z. B. auf Blutwerte, Kalorienverbrauch und Stoffwechsel. Die Ergebnisse von verpflichtenden Urintests, Schlaf- und Ernährungsberichte, Bewegungsprofile und vieles mehr werden in einer zentralen Datenbank gesammelt. Auch die sportlichen Aktivitäten, die Einhaltung von Hygieneregeln, der verbotene Konsum von Genussmitteln und sogar eine biologisch erfolgversprechende Partnerwahl werden streng kontrolliert. So darf der Anwalt Rosentreter nicht die Frau heiraten, die er liebt, da ihrer beider Immunsysteme als nicht kompatibel gelten.

– Parallelen zu heutigen autoritären Systemen

Diese Überwachungsmaßnahmen haben wenig mit unserer heutigen Lebensrealität zu tun. Weiter fortgeschritten als bei uns ist diese Entwicklung allerdings in der Volksrepublik **China**, wo ein *Social Credit System* die Bürger auf Schritt und Tritt überwacht und ihnen für – aus Sicht der Partei – wünschenswertes Verhalten Vorteile im Alltagsleben gewährt, bis hin zu billigen Krediten. Unerwünschtes Verhalten wird bestraft. Diese **Strategie aus Überwachung, Belohnung und Bestrafung** erinnert sehr an das Vorgehen der METHODE in „Corpus Delicti". Insofern ist der Roman keine Science-Fiction, sondern variiert die Art und Weise, wie heute schon autoritäre Systeme mit ihrer Bevölkerung umgehen.

Gesundheit als Wirtschaftsfaktor

Es gibt einen weiteren wesentlichen Unterschied zwischen Roman und Realität: In „Corpus Delicti" ist es der **Staat** und nur der Staat, der die Bürgerinnen und Bürger **verpflichtet**, sich auf die Gesundheit zu fixieren. In der Realität gibt es noch andere Einflussfaktoren: Gesundheit wird heute als **Konsumgut** vermarktet und wir gehorchen mit dem Selbstoptimierungswahn nicht einer staatlichen Direktive, sondern den **Maximen von Wirtschaft und Werbung**. Solche Faktoren werden in dem Roman völlig außen vor gelassen. Viele Menschen trainieren in Fitnessstudios, abonnieren YouTube-Videos mit Werbung für Gesundheitsprodukte, besuchen Yoga- und Qigongkurse, konsumieren teure Nahrungsergänzungsmittel und nehmen Lifestyle-Medikamente ein, um leistungsfähig zu bleiben. Der **Wunsch nach Jugendlichkeit, Wohlbefinden und Schönheit** generiert auch ein wachsendes kommerzielles Angebot an Anti-Aging-Therapien, Wellnessmethoden und sogar chirurgischen Eingriffen, die den perfekt gestylten Körper versprechen. **Kontrolle** darüber gestehen wir aber nicht dem Staat zu, wie das in „Corpus Delicti" der Fall ist, sondern **globalen Wirtschaftsunternehmen** wie Google und Apple, denen wir freiwillig unsere persönlichen Daten per Smartwatch übermitteln – sofern wir uns solche Dinge leisten können.

Zwischenfazit

Zusammenfassend lässt sich sagen, dass der Roman zwar einige gegenwärtige Tendenzen, die Gesundheitsdaten der Bevölkerung zu erfassen, **aufgreift und überspitzt**. Andererseits **vereinfacht** er die Zusammenhänge und geht so an einer Diagnose der Gegenwart vorbei. Denn es wirken diverse Kontrollmechanismen einer Verabsolutierung der Gesundheit entgegen. Von einer willkürlichen Gesundheitsdiktatur wie in „Corpus Delicti“ sind wir demnach weit entfernt.

Zu den genannten Kontrollinstanzen zählt unsere **vielstimmige Presselandschaft**. Die Tatsache, dass Juli Zeh selbst immer wieder ihre Stimme erhebt gegen Missstände, wie etwa den Missbrauch von Daten, zeigt, dass Kritikerinnen und Kritiker sich durchaus Gehör verschaffen können. Selbst während der Pandemie gibt und gab es **gesellschaftliche Kontroversen** und parlamentarische Debatten um den Datenschutz der Warn-App, die Einführung einer allgemeinen Impfpflicht und ein Impfregister. Auch gegen Lenkungsinstrumente wie die digitale Gesundheitskarte wird immer wieder öffentlich protestiert, weil viele Menschen nicht zum gläsernen Patienten werden wollen. Die Ansätze zu einer Entwicklung zu einer Gesundheitsdiktatur wie der METHODE werden von unserer Politik, Presse und Öffentlichkeit also **kritisch beobachtet** und dadurch auch unterbunden.

Rolle des Journalismus

– Realität

Im Roman ist die sogenannte vierte Gewalt, d. h. ein unabhängiger und **kritischer Journalismus, ausgeschaltet**. Dies zeigt bereits der Name der Talkshow, in der der Chefideologe Kramer die Bekämpfung der METHODEN-Feinde begründet: Die Fernsehsendung heißt „**Was alle denken**“. Auch der Name der Zeitschrift, in der Kramer seine Propaganda verbreitet, „Der gesunde Menschenverstand“, ist vielsagend, denn er legt nahe, dass jede abweichende Meinung verurteilenswert und krank ist.

– Roman

Eng mit einer freien Presse verbunden ist die **Möglichkeit, Kritik an der Regierungspraxis zu üben und sich als Einzelner zu engagieren**. Laut Zeh folgt aus der Idee von Gesundheit als oberstem Lebenszweck, dass Menschen sich zu **Ich-Universen** (vgl. Z. 19) entwickeln, die an Demokratie wenig Interesse haben und lieber die eigene Person perfektionieren. Diese Schlussfolgerung klingt schief, wenn man sie auf den Roman bezieht. Hier ist es der Staat, der den Einzelnen zwingt, sich vermehrt mit seiner Gesundheit und seinem Körper auseinanderzusetzen. Die METHODE ist als Diktatur alles andere als daran interessiert, dass der Einzelne politisch partizipiert. Ein **autoritäres System will** vielmehr **Mitläufer**. Dass sich die Bürgerinnen und Bürger der METHODE also lieber um ihre privaten Dinge als um den Staat kümmern, ist systemimmanent und keine Folge von persönlichem Gesundheits- oder Selbstoptimierungswahn.

politisches Engagement des Einzelnen und Umgang mit Andersdenkenden

– Roman

Auch bezogen auf unsere **Gegenwart** lässt sich Zehs Aussage hinterfragen, denn die Autorin übersieht, dass es auch **gegenläufige Entwicklungen** gibt: Seit 2018 schließen sich Jugendliche auf der

– Realität

ganzen Welt unter dem Motto *Fridays for Future* zusammen, um durch Schulstreiks und Demonstrationen eine nachhaltige Klimapolitik zu fordern. Die Maßnahmen zur Eindämmung der Corona-Pandemie haben dazu geführt, dass sich eine bunte, allerdings nicht immer demokratisch gesinnte Protestbewegung formiert hat, die ihre Freiheitsrechte beeinträchtigt sieht. An den Demonstrationen gegen den russischen Ukraine-Krieg beteiligen sich Menschen aus unterschiedlichen politischen Lagern und überall in Deutschland gibt es 2022 eine Welle der Hilfsbereitschaft für die Flüchtlinge, die aus ihrer ukrainischen Heimat vertrieben wurden. All dies zeigt, dass in der gegenwärtigen Gesellschaft nicht nur unpolitische „Einzelkämpfe[r]" (Z. 26) leben, wie von Zeh dargestellt, sondern ganz im Gegenteil auch „**Gemeinschaftssinn**" (Z. 25) und gelebte **Solidarität** herrschen.

– Roman

Während eine Demokratie andere Meinungen ertragen muss, folgt ein totalitärer Staat einer anderen Logik: **Andersdenkende** werden in der **METHODE** nicht gern gesehen und möglichst rasch **mundtot gemacht**. Wer nicht nach dem „Zustand des vollkommenen körperlichen, geistigen und sozialen Wohlbefindens" (S. 7) strebt, gilt als krank (vgl. S. 8). Er oder sie verstößt gegen das staatlich verordnete „Ziel des natürlichen Lebenswillens" (S. 7) und muss mit Bestrafung rechnen. So erscheint Moritz, der gegen die Zwänge aufbegehrt und den Genuss von Freiheit, Leben und Liebe an die erste Stelle setzt, den Machthabern als Staatsfeind. Während er ein Einzelgänger ist, fordert die Untergrundorganisation R.A.K. allgemein ein Recht auf Krankheit ein. Wer sich diesen sogenannten „Anti-Methodisten" (S. 87) anschließt, gilt als anormal, sein Verhalten als „kriegerischer Angriff, dem wir [= die METHODE] mit Krieg begegnen werden" (S. 89). Mia Holl muss erfahren, was das bedeutet: Sie wird gefoltert, eingesperrt und schließlich „zum Einfrieren auf unbestimmte Zeit" (S. 10) verurteilt, weil sie ebenfalls das Recht auf Krankheit und Tod einfordert und den Staat infrage stellt.

Umgang mit Tod und Krankheit
– Realität

Überhaupt unterscheidet sich der im Roman vorgeführte **Umgang mit Krankheit und Tod** stark von der Realität: In unserer gegenwärtigen Gesellschaft ist das Verhältnis der Menschen zu Leben und Tod sehr viel **ambivalenter und differenzierter** als in „Corpus Delicti". In Ethikkommissionen, z. B. dem Deutschen Ethikrat, werden Richtlinien zum Umgang mit Krankheit und Behinderung erarbeitet, Fragen nach dem selbstbestimmten Tod werden in einer breiten Öffentlichkeit diskutiert. Auf der Suche nach Gesundheit schlagen die Menschen in unserer Gesellschaft verschiedene Wege ein. So setzen z. B. viele auf alternative Medizin und natürliche Selbstheilungskräfte, die sie durch einen gesunden Lebensstil mit biologisch erzeugter

Nahrung, mit Heilkräutern, Homöopathie usw. anregen. Ein **ganzheitlicher Ansatz der Medizin** bemüht sich, den Menschen nicht „im Wesentlichen [als] eine Körpermaschine" (Z. 11 f.) zu betrachten, sondern berücksichtigt das **Zusammenspiel von Körper und Psyche**. Deshalb spielen in unserer Gesellschaft psychologische und psychosomatische Therapien eine wichtige Rolle.

– Roman

Die **METHODE hingegen blendet Geist, Seele, Herz vollkommen aus**, wie Mias Verteidiger Rosentreter bemerkt (vgl. S. 108). Diese Werte vertritt vor allem Moritz Holl, Mias jüngerer Bruder, der dem Weltbild der METHODE eine andere Vorstellung entgegensetzt: Der verbotene Aufenthalt im „unhygienischen Wald" (S. 90) bedeutet für ihn Freiheit, er bewegt sich gerne, erfüllt aber seine sportlichen Pflichten nur widerwillig (vgl. S. 90), raucht und träumt von einer „Stadt zum Leben" (S. 62). Er möchte selbst über „das eigene Leben und den eigenen Tod" (S. 92) entscheiden. Erst nach seinem Selbstmord, den sie ihm durch eine ins Gefängnis geschmuggelte Angelschnur ermöglicht hat, beginnt Mia ihren Bruder zu begreifen.

Für die METHODE gilt Gesundheit als „Synonym für Normalität", als das „Störungsfreie, Fehlerlose, Funktionierende" (S. 181). Krankheit und Tod sind kein Thema. Insofern überspitzt der **Roman** nicht die reale Situation, sondern **verflacht** sie vielmehr.

Fazit

Wo spielt nun der Roman „Corpus Delicti", in ferner Zukunft oder in einem überspitzt dargestellten Hier und Jetzt? Manche unserer „Denkweisen und Handlungsformen" (Z. 9) könnten wie die Vorgeschichte von „Corpus Delicti" sein – etwa ein Zuviel an staatlicher Fürsorge oder der Wunsch nach Selbstoptimierung, manche führen in eine andere Richtung. Schlussendlich muss man feststellen, dass trotz medizinischer Fortschritte die aktuelle Welt noch weit davon entfernt ist, auf Krankheit als „historisches Phänomen" (S. 85) zurückzublicken. Ähnlich groß ist auch der Unterschied zwischen dem METHODEN-Staat und unserer Demokratie. Dennoch kann Juli Zehs Dystopie dazu beitragen, auf gefährliche Tendenzen auch in unserer Gesellschaft aufmerksam zu machen und einen aktiven Einsatz für die Demokratie anzustoßen.

VERGLEICHENDE INTERPRETATION ZWEIER GEDICHTE

Themenfeld: Umbrüche in der deutschsprachigen Literatur um 1900

**Thema: Alfred Lichtenstein (1889–1914): Nebel (1913)
Richard Dehmel (1863–1920): Manche Nacht (1896)**

Aufgabenstellung

- Interpretieren Sie das Gedicht „Nebel" von Alfred Lichtenstein. (ca. 60 %)
- Vergleichen Sie die inhaltliche und sprachliche Gestaltung der Naturwahrnehmung in den Gedichten „Nebel" von Alfred Lichtenstein und „Manche Nacht" von Richard Dehmel. (ca. 40 %)

Bitte beachten Sie, dass die Bearbeitung der Aufgabenstellung die Bezugnahme auf das Themenfeld erfordert.

Material 1 Alfred Lichtenstein: Nebel (1913)

Ein Nebel hat die Welt so weich zerstört.
Blutlose Bäume lösen sich in Rauch.
Und Schatten schweben, wo man Schreie hört.
Brennende Biester schwinden hin wie Hauch.

Gefangne Fliegen sind die Gaslaternen.
Und jede flackert, daß sie noch entrinne.
Doch seitlich lauert glimmend hoch in Fernen
Der giftge Mond, die fette Nebelspinne.

Wir aber, die, verrucht[1], zum Tode taugen,
Zerschreiten knirschend diese wüste Pracht.
Und stechen stumm die weißen Elendsaugen
Wie Spieße in die aufgeschwollne Nacht.

Aus: Alfred Lichtenstein: Gesammelte Gedichte, hrsg. von Klaus Kanzog, Zürich 1962, S. 59.

Anmerkung
1 verrucht: niederträchtig, gemein, sündhaft

Material 2 **Richard Dehmel: Manche Nacht (1896)**

Wenn die Felder sich verdunkeln,
fühl' ich, wird mein Auge heller,
schon versucht ein Stern zu funkeln
und die Grillen klingen schneller,

jeder Laut wird bilderreicher,
das Gewohnte sonderbarer,
hinterm Wald der Himmel bleicher,
jeder Wipfel hebt sich klarer,

und du merkst es nicht im Schreiten,
wie das Licht verhundertfältigt
sich entringt den Dunkelheiten,
plötzlich stehst du überwältigt.

Aus: Richard Dehmel: Weib und Welt, Berlin 1896, Ndr. Berlin 2018, S. 19.

Diese Aufgabe ist eine offizielle Beispielaufgabe für die Abiturprüfung ab 2024.

TIPP **Bearbeitungshinweise**

Der vorliegende Aufgabentyp verlangt von Ihnen, dass Sie zunächst das erste Gedicht in den Fokus Ihrer Untersuchung stellen und dann das zweite vergleichend bearbeiten. Hierbei ist eine klare **Gewichtung** vorgegeben: Etwa 60 % des Aufsatzes sollten sich auf das erste Gedicht beziehen, 40 % auf den Vergleich. Beachten Sie diese Verteilung bei Ihrer zeitlichen Planung.

TEILAUFGABE 1: Führen Sie zunächst eine genaue Analyse des Gedichts „Nebel" von Alfred Lichtenstein durch, aus der heraus Sie Deutungsansätze entwickeln. Es empfiehlt sich, **aspektorientiert** vorzugehen, das heißt, dass Sie das Gedicht nicht streng chronologisch Vers für Vers analysieren, sondern dass Sie Ihre Interpretation entlang der im Gedicht thematisierten **Aspekte und Motive** entfalten, da sich diese über alle Strophen hinweg finden lassen.

Zunächst könnten Sie ein besonderes Augenmerk darauf legen, wie der **Nebel** in dem Gedicht beschrieben und wahrgenommen wird. Auch die in allen Strophen auftretende **Metaphorik des Feuers** und das **Motiv des Todes** fordern zur Interpretation auf. Analysieren Sie, wann und in welcher Form ein **lyrischer Sprecher** in Erscheinung tritt und welche Funktion ihm zukommt. Beachten Sie bei Ihrer Analyse, ob und inwiefern **sprachliche und stilistische Mittel** Ihre Erkenntnisse und Deutungen stützen. Manche der in dem Gedicht verwendeten Bilder erschließen sich nur schwer. Achten Sie bei Ihren Deutungen darauf, diese als Möglichkeit und nicht als eindeutig feststehende Tatsache auszuweisen. Verwenden Sie hierfür sprachliche Formulierungen wie „... könnten als ... gedeutet werden".

TEILAUFGABE 2: Ausgehend von Ihren Ergebnissen müssen Sie nun den **Vergleich** mit „Manche Nacht" anstellen. Untersuchen Sie dabei **inhaltliche und formale Gemeinsamkeiten** und arbeiten Sie die **Unterschiede** heraus. Beachten Sie insbesondere, wie die **Natur** in den jeweiligen Gedichten wahrgenommen wird und welche Wirkung sie auf die lyrischen Sprecher entfaltet. Berücksichtigen Sie bei Ihrer Analyse auch die jeweilige **syntaktische Struktur**. Um spätere Wiederholungen und Redundanzen zu vermeiden, ist es sinnvoll, bei der Deutung der Aspekte des zweiten Gedichts jeweils direkt einen Vergleich zum ersten Gedicht herzustellen. In einem **Fazit** können Sie die wichtigsten Gemeinsamkeiten und Unterschiede noch einmal pointiert einander gegenüberstellen.

Beide Gedichte sind um die **Jahrhundertwende** vom 19. zum 20. Jahrhundert entstanden, allerdings sind sie **unterschiedlichen literarischen Strömungen** zuzurechnen. Die Aufgabenstellung erfordert, dass Sie die Gedichte anhand inhaltlicher und sprachlicher Besonderheiten diesen Strömungen zuordnen. Dabei sollten Sie den Epochenkontext in Ihre Deutung mit einfließen lassen. Es bietet sich an, dass Sie die Analyse epochenspezifischer Elemente und die Zuordnung zu den literarischen Strömungen erst am Ende Ihres Aufsatzes vornehmen und somit Ihre bisherigen Deutungshypothesen abschließend vertiefen und erweitern.

Lösungsvorschlag

TEILAUFGABE 1

Einleitung
Vorstellung der beiden Gedichte und ihres Themas

Seit jeher haben die Menschen eine **besondere Beziehung zur Natur**, die ihr Denken und manchmal auch ihr Handeln prägt. Dabei hing und hängt es oft von den Zeitumständen ab, wie die Natur betrachtet und welche Bedeutung ihr zugeschrieben wird. Doch gibt es auch spannungsvolle und widersprüchliche Zeiten wie etwa die Jahrhundertwende um 1900, in denen Naturwahrnehmungen nebeneinander standen, die sich fundamental voneinander unterschieden. Dies ist auch in den Gedichten „Nebel" von Alfred Lichtenstein, das 1913 erschienen ist, und „Manche Nacht" von Richard Dehmel aus dem Jahr 1896 zu erkennen.

Interpretation von „Nebel"
Aufbau und Inhalt

Das zentrale Thema des Gedichts von Alfred Lichtenstein ist die **Wahrnehmung der nächtlichen Welt im Nebel**, aus der sich ein spezifisches Verhältnis von Mensch und Natur ableiten lässt. Während in der ersten Strophe dargestellt wird, wie der Nebel die sinnliche Erfahrung der Außenwelt beeinflusst, lenkt die zweite Strophe den Blick auf die im Nebel gerade noch erkennbaren Lichtquellen, die in Gestalt von „Gaslaternen" (V. 5) und des Mondes (vgl. V. 8) erscheinen. In der dritten Strophe richtet sich der Fokus auf ein lyrisches Wir, das in deutlicher Opposition zur Nebellandschaft steht.

formale Gestaltung

Das Gedicht besteht aus **drei Strophen** mit jeweils vier Versen, deren Reimschema aus einem Kreuzreim gebildet wird; das Metrum folgt fast durchgehend einem **Jambus**, der nur in den Versen 2, 4 und 9 unterbrochen wird. In der ersten Strophe enden die Verse mit stumpfen Kadenzen, in der zweiten mit klingenden, während sich die Kadenzen in der dritten abwechseln.

Untersuchung der Motive und Metaphern: ambivalente Ausgestaltung des Nebelmotivs

So konventionell und regelmäßig die Form gestaltet ist, so eigenwillig ist die Entwicklung der **Motive**. Dabei wird der **Nebel** fast durchgehend mit einer düsteren und bedrohlichen Stimmung in Verbindung gebracht und ist dadurch **negativ konnotiert**. Bereits der erste Vers führt vor, dass er die Macht und die **Kraft** hat, die **Welt und ihre Wahrnehmung durch die Menschen zu verändern**. Aus der Formulierung „zerstört" (V. 1) lässt sich schließen, dass dem Nebel ein destruktiver Charakter zugeschrieben wird. Allerdings wird das Verb „zerstört" mit dem Adverb „weich" (V. 1) kombiniert, was ein Oxymoron ergibt, das die **Ambivalenz** des Nebels aufzeigt: Auf der einen Seite ist er zerstörerisch, aber auf der anderen Seite zugleich weich und sanft. Diese eher positiv wirkende Beschreibung wird jedoch gleich in den nächsten Versen relativiert, da der Nebel hier wieder seine negativen Eigenschaften beweist, indem er alles

Sichtbare verhüllt und unkenntlich macht. Menschliche Gestalten werden zu „Schatten" (V. 3), die man zwar akustisch durch „Schreie" (V. 3), aber nicht mehr optisch identifizieren kann. Dabei lassen die Schreie eine drohende Gefahr erahnen, die mit dem Nebel einhergeht. Die menschlichen Schatten selbst werden mit dem Verb „schweben" (V. 3) näher beschrieben, wodurch der **spukhafte Eindruck** verstärkt wird, dass **keine Individuen**, sondern nur noch schemenhafte Umrisse erkennbar sind. Dasselbe gilt auch für die in der ersten Strophe beschriebene **Natur**. So sind die Bäume, die als „blutlos" (vgl. V. 2) bezeichnet werden, nur noch undeutlich zu sehen, da sie sich „in Rauch" (V. 2) auflösen.

Feuer-Metapher

Der Begriff „Rauch" gehört zur **Metaphorik eines zerstörenden Feuers**, welche auch in den Versen 4 („[b]rennende Biester"), 5 („Gaslaternen"), 6 („flackert") und 7 („glimmend") wieder aufgegriffen wird. Auffällig ist, dass der Nebel in Vers 4 erneut eine positive Konnotation erhält, da er die als bedrohlich, womöglich dämonisch erscheinenden „[b]rennende[n] Biester" auslöscht. Dieses sprachliche Bild ist nicht eindeutig zu interpretieren, es könnte für eine nicht näher bezeichnete **Gefahr** stehen, die im Gedicht an mehreren Stellen aufscheint. Es könnte aber auch als Analogie zu den „[g]efangne[n] Fliegen" in Vers 5 gedeutet werden, die hier metaphorisch die Gaslaternen bezeichnen. Ihr Flackern wird als verzweifelter, aber aussichtsloser Fluchtversuch dargestellt (vgl. V. 6), da sie der Gefangenschaft nicht entkommen können und zugleich einer Bedrohung ausgesetzt sind. Diese scheint vom personifizierten **Mond** auszugehen, der spinnengleich „seitlich lauert" (V. 7) und seine Beute beobachtet. Auch das Adjektiv „giftge" (V. 8) und der Neologismus „Nebelspinne" (V. 8) lassen den Himmelskörper **unheimlich und todbringend** wirken. Während der Mond in romantischen Gedichten für Sehnsucht und Geborgenheit stand, bekommt er nun monströse Züge. Dabei verstärkt die Partizipialkonstruktion „glimmend" (V. 7) die unheimliche Stimmung, da sie an ein unterschwellig schwelendes Feuer erinnert, das jederzeit ausbrechen kann.

Personifikation des Mondes

Todesmotiv

An mehreren Stellen im Gedicht ist die Metaphorik des Feuers und seiner zerstörerischen Kraft eng verbunden mit dem **Todesmotiv**, so in den „Schreie[n]" in Vers 3, die auf eine Gefahr hinweisen. Die Alliteration der „[b]lutlose[n] Bäume" (V. 2) kann ebenfalls als Anspielung auf den Tod gedeutet werden, wobei sie durch die Unterbrechung des jambischen Versmaßes – ein Daktylus mit drei folgenden Trochäen – zusätzlich hervorgehoben wird. Dasselbe Metrum findet sich in Vers 4, in dem „[b]rennende Biester" sich im Nebel auflösen, was ebenfalls mit dem Tod assoziiert werden kann. Bei der Beschreibung des Mondes schließlich werden die Metaphorik des Feuers und die Symbolik des Todes direkt miteinander verbunden.

Das Gift des als „Nebelspinne" (V. 8) bezeichneten Gestirns und sein Glimmen (vgl. V. 7) wirken wie eine Potenzierung der in den vorangehenden Versen angedeuteten Gefahr.

Auch die **syntaktische Gestaltung** spiegelt das Beunruhigende der Eindrücke wider: So weisen die Verse 1 bis 8 einen **reihenden Charakter** auf, wobei bis zu Vers 6 jeder Vers aus einem einzelnen kurzen Satz besteht. Dieser Zeilenstil entspricht auf inhaltlicher Ebene den vereinzelten Eindrücken, die sich im Nebel gleichsam auflösen. Erst in Vers 7 und 8 wird der Reihungsstil durch ein **Enjambement** aufgebrochen, das die Beschreibung des Mondes als zentrale Gefahrenquelle betont.

Deutung der syntaktischen Gestaltung

Während die ersten beiden Strophen die Wirkung des Nebels und die damit verbundenen Gefahren beschreiben, stellt die letzte Strophe dar, wie sich der **Mensch durch den Nebel bewegt**. Hierbei tritt kein Individuum als **lyrischer Sprecher** auf, sondern durch das Pronomen „**wir**" (vgl. V. 9) wird der Mensch im Allgemeinen angesprochen. Erneut erfolgt eine Unterbrechung des jambischen Versmaßes und lenkt den Blick auf dieses lyrische Wir. Auffällig sind die Umschreibungen der Menschen: Das Adjektiv „verrucht" (V. 9) deutet dabei auf eine **schuldhafte Verstrickung** hin, wodurch die Formulierung „zum Tode taugen" (V. 9) fast schon als logische Schlussfolgerung daraus erscheint. Der Mensch lädt sündhafte Schuld auf sich, weshalb der einzige Weg für ihn der zum Tode sein kann, was ihn als **passiv und leidend** charakterisiert. Das in den ersten beiden Strophen auftauchende Todesmotiv findet in der Anwendung auf den Menschen seinen Höhepunkt.

Position des Menschen im Nebel

Die **Haltung des Wir** gegenüber der – durch das Oxymoron „wüste Pracht" (V. 10) umschriebenen – Nebellandschaft ist **ambivalent:** Der Mensch „zerschreitet" (vgl. V. 10) sie. Dadurch wird dem Nebel eine andere Konsistenz zugesprochen, als dieser eigentlich besitzt, denn der Neologismus „zerschreiten" erinnert an die Verben „zertrennen" oder „zerschneiden", die nur auf eine haptisch greifbare Materie anwendbar sind. Dadurch erscheint die **Bewegung durch den Nebel als eine aggressive Handlung** und stellt zugleich eine Bedeutungsumkehr des Begriffs „Schreiten" dar, der eigentlich eine harmonische Bewegung beschreibt. Auch das lautmalerische Partizip „knirschend" (V. 10) verstärkt den Eindruck einer gewaltsamen Aktion. Doch nicht nur die Handlungen, auch die visuelle Betrachtung des Nebels hat eine brutale Note.

ambivalente Einstellung des Menschen zum Nebel: einerseits Aggression …

Der Vergleich des **menschlichen Blicks** mit dem Substantiv „Spieße" (V. 12) korrespondiert mit dem aktiven „Zerschreiten" (V. 10) des Nebels und zeugt einerseits von einer aggressiven Haltung gegenüber der als bedrohlich empfundenen Natur und andererseits

… andererseits Hilflosigkeit

auch von **Hilflosigkeit und Leere**, welche durch die „weißen Elendsaugen“ (V. 11) verdeutlicht wird. Dieser Neologismus knüpft an die Charakterisierung der Menschen als **leidende Subjekte** an (vgl. V. 9). Dass der Blick dabei „stumm“ (V. 11) bleibt, zeigt die Überwältigung des Menschen im Angesicht der durch den Nebel zerstörten Welt. Die Nacht selbst wird als „aufgeschwoll[en]“ (V. 12) wahrgenommen, die **Natur** erscheint aufgrund des Nebels als **krankhaft verändert**, entstellt, gefährlich und feindlich. Dagegen wirkt das **lyrische Subjekt ausgeliefert**, hilflos und bedroht, ein Entrinnen ist – wie in der Metapher der gefangenen Fliegen (vgl. V. 5 f.) – unmöglich.

TEILAUFGABE 2

Vergleich der Gestaltung der Naturwahrnehmung in „Nebel“ und „Manche Nacht“

Auch in dem Gedicht „Manche Nacht“ von Richard Dehmel wird ein **nächtliches Naturszenario** beschrieben, das beim Betrachter eine bestimmte Wirkung auslöst – diese unterscheidet sich allerdings deutlich von derjenigen bei Lichtenstein. Hier nimmt ein lyrisches Ich die abendliche **Stimmung der Natur durchweg positiv** wahr und wird am Ende von seinen Wahrnehmungen und subjektiven Eindrücken überwältigt.

formale Gestaltung

Das Gedicht besteht ebenfalls aus drei Strophen mit jeweils vier Versen. Auch in diesem Gedicht liegt ein Kreuzreim vor, das Metrum ist allerdings ein durchgehender Trochäus mit jeweils klingenden Kadenzen.

Rolle des lyrischen Subjekts und Qualität der Wahrnehmung

Während bei Lichtenstein erst in der dritten Strophe ein lyrisches Wir auftaucht, tritt in „Manche Nacht“ gleich im zweiten Vers ein **lyrisches Ich** in Erscheinung. Somit wird hier eine **subjektive Wahrnehmung** der nächtlichen Natur entfaltet. Ist bei Lichtenstein die **Nacht** nebelverhangen und düster, so ist sie bei Dehmel sternenklar (vgl. M 2, V. 3). Bei **Lichtenstein** tritt durch den Nebel ein **Wahrnehmungsverlust** ein, dagegen werden die Eindrücke bei **Dehmel** durch die Abenddämmerung (vgl. M 2, V. 1) und die hereinbrechende Nacht noch **intensiviert**. Bereits in den ersten beiden Versen wird deutlich, dass die Nacht die sinnlichen Wahrnehmungen nicht beeinträchtigt, sondern sogar noch schärft, da das „Auge heller“ (M 2, V. 2) wird und sich „jeder Wipfel [...] klarer“ (M 2, V. 8) abhebt, also deutlicher sichtbar und konturierter wird. Diese **Schärfung der Wahrnehmung** weitet sich auch auf andere Sinnesorgane aus, so werden die akustischen Eindrücke „bilderreicher“ (M 2, V. 5). Diese Synästhesie führt dazu, dass das bisher „Gewohnte“ (M 2, V. 6) eine geheimnisvolle Aura erhält.

Eine andere akustische Wahrnehmung bezieht sich auf die **„Grillen“** (M 2, V. 4). Hier werden die Tiere klar benannt und sind deutlich hörbar, während in „Nebel“ die „[b]rennende[n] Biester“ (M 1, V. 4) als schwer identifizierbare Wesen erscheinen. Auch mit den „Fliegen“ (M 1, V. 5) und der „Nebelspinne“ (M 1, V. 8) sind keine konkreten, realen Tiere gemeint, vielmehr werden sie nur **symbolhaft und metaphorisch** genutzt, um die bedrohliche Atmosphäre zu steigern. Während von diesen Tiermetaphern Verzweiflung und Gefahr ausgehen, beschwört das Zirpen der Grillen bei Dehmel Vorstellungen einer idyllischen Natur herauf.

reale Tiere vs. Tiermetaphern

Beim Vergleich der jeweils **dritten Strophen** der Gedichte lassen sich interessante Beobachtungen bezüglich der Wirkung der nächtlichen Natur auf den Menschen anstellen. Im Gedicht von **Lichtenstein** „zerschreitet“ (vgl. M 1, V. 10) der Mensch **destruktiv** die Nebelwelt, wohingegen sich bei **Dehmel** das Du „im Schreiten“ (M 2, V. 9) befindet, was auf einen **einträchtigen und friedlichen** Umgang mit der Welt schließen lässt. Die allmähliche Veränderung des nächtlichen Himmels durch das zunehmende Erscheinen der Lichter wird vom lyrischen Ich, welches sich hier selbst mit dem Pronomen „du“ (M 2, V. 9) anspricht, zunächst kaum bemerkt (vgl. M 2, V. 9). Dass sich das Licht dann „verhundertfältigt“ (M 2, V. 10) wird durch das Enjambement von Vers 10 zu Vers 11 zusätzlich als Besonderheit hervorgehoben. Dieses Licht des Sternenhimmels „entringt [sich] den Dunkelheiten“ (M 2, V. 11), was auf einen langsamen, harmonischen Prozess hindeutet, der mit der sich steigernden Wahrnehmungsschärfung einhergeht. Diese **Harmonie** spiegelt sich im einheitlichen Metrum und in den klingenden Kadenzen wider.

3. Strophe: Verhältnis von Mensch und Natur

Auch das Adjektiv „plötzlich“ (M 2, V. 12) bringt keinen Umschlag oder Gegensatz: Vielmehr **überwältigen** die vervielfachten Lichtquellen das lyrische Ich – und dabei handelt es sich um eine positiv besetzte Empfindung (vgl. M 2, V. 12). Diese wird durch die syntaktische Bauart zusätzlich unterstrichen, da das ganze Gedicht aus einem **einzigen Satz** besteht, der sich vom ersten bis zum letzten Vers zur Überwältigung hin steigert und den Prozess der inneren Wahrnehmung des lyrischen Ichs nachzeichnet. Dem steht bei **Lichtenstein** ein **reihender, parataktischer Stil** gegenüber, der abgehackt wirkt und dadurch die düstere und gefahrenvolle Stimmung befördert.

syntaktische Gestaltung

Generell wird die **Wahrnehmung des Lichts** bei **Dehmel** weit **positiver** dargestellt als bei Lichtenstein. Während in „Manche Nacht“ der Abend in die Nacht übergeht und das Licht also sozusagen gedimmt wird, bis schließlich **Sterne** am Nachthimmel leuchten, von deren Anblick das **lyrische Ich überwältigt** wird, tritt einem bei

Darstellung des Lichts

Lichtenstein das Licht nur in Gestalt der **Feuermetaphorik** entgegen. Da diese zudem mit einer Todessymbolik verbunden wird, bleiben die Lichtquellen düster und geheimnisvoll. Während von ihnen eine **diffuse Gefahr** ausgeht, wird bei **Dehmel** eine direkte **Verbindung des Lichts mit dem Himmel** hergestellt, die man sogar im Sinne einer göttlichen Heilsdimension deuten könnte. Die Möglichkeit einer **Erlösung** für den Menschen scheint auf. Dagegen bleibt bei **Lichtenstein** dem Menschen nur der starre Blick in das nebelverhangene Nichts und damit in die **Aussichts- und Hoffnungslosigkeit**, in der die Menschen als „verrucht" lediglich „zum Tode taugen" (M 1, V. 9).

Rückschluss auf das Menschenbild

Insgesamt lässt der Vergleich erkennen, dass die **Natur** einmal negativ und einmal positiv konnotiert ist, was jeweils an den unterschiedlichen Sinneseindrücken liegt. Bei **Lichtenstein** wird die **Wahrnehmung durch den Nebel unklar** und nahezu unmöglich gemacht, sodass von überallher Gefahren zu drohen scheinen, wohingegen sie bei **Dehmel** von einer sich steigernden **Schärfung der Sinne** geprägt ist. Die Folgen davon sind jeweils unterschiedlich, hier das **Verstummen**, dort die sprachlose **Überwältigung**.

Haltung zur Natur

Beide Gedichte entstammen der Zeit um 1900. Das Gedicht von Richard **Dehmel** ist der literarischen Strömung des **Impressionismus** zuzurechnen, was vor allem an seiner inhaltlichen, aber auch an der sprachlichen Gestaltung erkennbar wird und was es deutlich vom expressionistischen Gedicht „Nebel" von Alfred Lichtenstein unterscheidet. Dehmels Gedicht artikuliert die **subjektive Wahrnehmung der Eindrücke eines lyrischen Ichs** und folgt mit der **Aneinanderreihung von Sinneseindrücken und Gefühlen** der impressionistischen Poetik. Am vielleicht deutlichsten lässt sich die Zuordnung zum Impressionismus anhand der letzten Strophe herleiten, in der die emotionale Überwältigung als subjektiver, sich im Inneren des lyrischen Ichs abspielender Erfahrungswert dargestellt wird. Zudem arbeitet der Text mit Allusionen („bilderreicher", M 2, V. 5; „sonderbarer", M 2, V. 6), die das kaum Beschreibbare verdeutlichen.

Bezug zum Themenfeld „Umbrüche um 1900": Zuordnung von „Manche Nacht" zum Impressionismus

Im Gegensatz zu der für den Impressionismus typischen subjektiven Schilderung der sinnlichen Wahrnehmung einer positiven Naturerfahrung ist bei **Lichtenstein** das dunkel gezeichnete Weltbild des **Expressionismus** erkennbar. Eine diffuse, oft nicht klar zu benennende **Gefahr** wird durch Metaphern und Neologismen verschleiert und ruft dadurch nahezu eine **Weltuntergangsstimmung** hervor. Durch den für den Expressionismus typischen **Reihungsstil** in den Versen 1 bis 8 wird dieses Szenario noch verstärkt. Ungewöhnliche Vergleiche – der Mond als „fette Nebelspinne" (M 1, V. 8) oder die „[w]ie Spieße" stechenden „Elendsaugen" (M 1, V. 11 f.) – spielen

Zuordnung von „Nebel" zum Expressionismus

mit der **Ästhetik des Hässlichen:** Mit ihrer Lust an ästhetischen Grenzüberschreitungen schockierten die expressionistischen Dichterinnen und Dichter bewusst die bürgerliche Gesellschaft. Das lyrische Wir, das bei Lichtenstein in der letzten Strophe auftritt und als leidend und verloren charakterisiert wird, steht stellvertretend für die Expressionisten, deren Bewusstsein von einer **Welt** geprägt ist, **die sich in Auflösung und Chaos zu befinden scheint**.

Schlussgedanke

Letztlich zeigen die beiden Gedichte nicht nur zwei unterschiedliche Wahrnehmungsweisen der Nacht, sie lassen darüber hinaus auch konträre Weltbilder erkennen. So nahe Impressionismus und Expressionismus zeitlich auch beieinander lagen, so unterschiedlich war ihr Verständnis von Kunst, Natur und Mensch.

VERGLEICHENDE INTERPRETATION ZWEIER GEDICHTE

Themenfeld: Umbrüche in der deutschsprachigen Literatur um 1900

Thema: Paul Zech (1881–1946): Im Dämmer (1911)
Rainer Maria Rilke (1875–1926): In der Dämmerung (1898)

Aufgabenstellung

- Interpretieren Sie das Gedicht „Im Dämmer“ von Paul Zech. (ca. 60 %)
- Vergleichen Sie die inhaltliche und sprachlich-formale Gestaltung des Motivs der Dämmerung in den Gedichten „Im Dämmer“ von Paul Zech und „In der Dämmerung“ von Rainer Maria Rilke. (ca. 40 %)

Beachten Sie, dass die Bearbeitung der Aufgabenstellung die Bezugnahme auf das Themenfeld erfordert.

Material 1 Paul Zech (1881–1946): Im Dämmer (1911)

Im schwarzen Spiegel der Kanäle zuckt
die bunte Lichterkette der Fabriken.
Die niedren Straßen sind bis zum Ersticken
mit Rauch geschwängert, den ein Windstoß niederduckt.

Ein Menschentrupp, vom Frohndienst[1] abgehärmt,
schwankt schweigsam in die ärmlichen Kabinen;
indes sich in den qualmigen Kantinen
die tolle[2] Jugend fuselselig lärmt.

Nocheinmal wirft der Drahtseilzug mit Kreischen
Den Schlackenschutt hinunter in die flachen
Gelände, drin der Schwefelsumpf erlischt.

Fern aber gähnen schon, vom Dampf umzischt,
des Walzwerks[3] zwiegespaltne Feuerrachen –
und harrn des Winks den Himmel zu zerfleischen.

Aus: „Der Sturm", 11. November 1911, S. 677.

Anmerkungen

1 Frohndienst (eigentlich: Frondienst): körperliche Arbeiten, die Bauern im Feudalsystem unentgeltlich für ihre Leib- und Grundherren erbringen mussten
2 toll: hier im Sinne von: wild, verrückt, ausgelassen
3 Walzwerk: Fabrik zur Verarbeitung von Stahl

Material 2 Rainer Maria Rilke (1875–1926): In der Dämmerung (1898)

Und einmal lös ich in der Dämmerung
der Pinien von Schulter und vom Schoß
mein dunkles Kleid wie eine Lüge los
und tauche in die Sonne bleich und bloß
und zeige meinem Meere: ich bin jung.

Dann wird die Brandung sein wie ein Empfang,
den mir die Wogen festlich vorbereiten.
Und eine jede zittert nach der zweiten, –
wie soll ich ganz allein entgegenschreiten:
das macht mich bang …
Ich weiß: die hellgesellten Wellen weben
mir einen Wind;
und der erst beginnt,
so wird er wieder meine Arme heben –

Aus: Rainer Maria Rilke: Die Gedichte. Frankfurt a. M.: Suhrkamp 2010.

TIPP **Bearbeitungshinweise**

Die **vergleichende Gedichtinterpretation** steht im Kontext des **Themenfelds** „Umbrüche in der deutschsprachigen Literatur um 1900", das Sie im Unterricht erarbeitet haben. Die vorliegende Aufgabe gliedert sich in zwei Teile:

1. die **Interpretation** des Gedichts „Im Dämmer" von Paul Zech und
2. den **Vergleich** mit dem Gedicht „In der Dämmerung" von Rainer Maria Rilke unter einem bestimmten **Aspekt: Gestaltung des Motivs der Dämmerung**. Dabei sind inhaltliche, sprachliche und formale Elemente zu berücksichtigen.

Ihr Wissen über das Themenfeld müssen Sie an geeigneten Stellen des Aufsatzes einarbeiten. Eine rein textimmanente Deutung genügt deshalb nicht.

Wie bei allen Gedichtinterpretationen gilt: Eine mehrmalige **sorgfältige Lektüre** mit Stift und Textmarker ist der erste Schritt, für den Sie ausreichend Zeit einplanen sollten. Denn durch Ihre Bearbeitung mit **Unterstreichungen** (Linien, Schlangenlinien usw.), **Markierungen** (verschiedene Farben und Stifte), Hervorhebungen (durch Einkreisung u. Ä.), **Randbemerkungen** (z. B. zur Form, zu Schlüsselwörtern usw.) und Zeichen (Fragezeichen, Ausrufezeichen, Symbole usw.), Pfeilen und Verbindungslinien wird das Textblatt zu einer Art Landkarte, die Ihnen beim Schreiben der Interpretation als Navigator dient. Aktivieren Sie auch Ihr Wissen über die Literatur der Jahrhundertwende, also z. B. über Epochen und Stilrichtungen, aber auch über historische Ereignisse.

In Gedichtvergleichen bietet es sich an, zunächst Autor, Textsorte, Entstehungszeit und Titel zu betrachten. Formulieren Sie dann eine erste **Deutungshypothese**, indem Sie die Fragestellung der Aufgabe beantworten. Auf diese Weise gelangen Sie zur **Kernaussage** der Gedichte, die Sie nun Schritt für Schritt analysieren: Thema, inhaltliche Aspekte, formaler Aufbau, Gestaltungsmittel im Hinblick auf ihre Funktion für die Aussage, Sprecher (z. B. lyrisches Ich).

Der **Aufbau** Ihres Aufsatzes orientiert sich an der Aufgabenstruktur:

- Einleitung mit Vorstellung des ersten Gedichts („Im Dämmer")
- Interpretation des ersten Gedichts
- Überleitung mit Vorstellung des zweiten Gedichts („In der Dämmerung")
- Gedichtvergleich im Hinblick auf die Gestaltung des Motivs der Dämmerung
- Schluss

Wichtig: Die **zweite Teilaufgabe** fließt nur zu 40 % in die Bewertung Ihrer Arbeit ein und sollte dem im Umfang ungefähr entsprechen. Für das zweite Gedicht wird folglich **keine ebenso differenzierte Interpretation** verlangt wie für das erste. Hier müssen Sie vor allem die Aspekte herausgreifen, die für den Vergleich mit dem ersten Gedicht ergiebig sind.

Ihre Kenntnisse zum Themenfeld, die Sie in die Deutung integriert haben, können Sie am Ende des Aufsatzes in einem **Fazit** bündeln. Begründen Sie hier auch die **Zuordnung** der Texte zu einer literarischen Strömung um 1900. Während das Sonett von Paul Zech unverkennbar ein Text des Expressionismus ist, lässt sich das Rilke-Gedicht durchaus in unterschiedlichen Strömungen verorten.

Lösungsvorschlag

TEILAUFGABE 1

Einleitung

Assoziationen zum Motiv der Dämmerung

„Im Dämmer" – der Titel des Gedichts von Paul Zech öffnet einen weiten Raum für **Assoziationen:** Dämmer, laut Duden das gehobene Wort für Dämmerung, bezeichnet die Phase kurz vor Untergang oder Aufgang der Sonne. Beim Leser wird die Vorstellung einer harmonischen Landschaft im gedämpften Licht geweckt, in dem der Mensch zur Ruhe kommt und nicht mehr hellwach sein muss, aber noch nicht schlafen geht. In seinem „Abendlied", das vielen Kindern als Gute-Nacht-Lied bekannt ist, drückte der Dichter Matthias Claudius die Atmosphäre der Dämmerung so aus: „Wie ist die Welt so stille, / und in der Dämmrung Hülle / so traulich und so hold. / Als eine stille Kammer, / Wo ihr des Tages Jammer / Verschlafen und vergessen sollt."

Interpretation von „Im Dämmer"

Basisinformationen

In Paul Zechs expressionistischem Gedicht (1911) ist von dieser tröstlichen Botschaft nichts zu spüren. Es führt uns die **bedrohliche, geradezu dämonische Welt einer Industrieanlage** zu Beginn des 20. Jahrhunderts vor Augen, wo die Menschen nicht zur Ruhe kommen dürfen, sondern Tag und Nacht gefährliche Schwerarbeit verrichten müssen.

formale Gestaltung

Formal besteht das **Sonett** aus vier Strophen: zwei Quartette und zwei Terzette, die ein **fünfhebiges jambisches Metrum** aufweisen. Lediglich Vers 4 weicht mit sechs Hebungen davon ab. Die **umarmenden Reime** (abba/cddc) der beiden **Quartette** erwecken den Eindruck von Abgeschlossenheit. Sie beginnen und enden mit männlichen Kadenzen (a, c), die die weiblichen (b, d) umschließen. Die **Terzette** folgen einem anderen Schema. Durch eine Art **spiegelbildliche Reimfolge** (efg/gfe) sind sie miteinander verschränkt und entfalten eine gewisse Dynamik. Es überwiegen weibliche Kadenzen (e, f; f, e), nur der letzte Vers im ersten und der erste Vers im zweiten Terzett enden männlich (g, g). Die meisten Verse sind durch Enjambements verbunden, manchmal reißt der Endreim eine syntaktische Einheit förmlich auseinander (z. B. V. 12/13: „umzischt,/des Walzwerks").

Inhaltsangabe

Nicht nur formal, auch inhaltlich lässt sich eine **Gliederung in zwei Teile** erkennen: In den Quartetten wird der **Schauplatz**, ein Industriegebiet zur Zeit der Dämmerung, mit den dort arbeitenden Menschen geschildert. In den Terzetten stehen die **technischen Abläufe** der industriellen Produktion im Mittelpunkt.

Detailanalyse 1. Quartett

Bereits im **ersten Quartett** wird deutlich, dass in der modernen Industrielandschaft die **Natur nur noch in Schwundstufen** vorkommt.

Nicht die untergehende Sonne oder der aufgehende Mond, sondern die **künstlichen Lampen** der Fabrik spenden Licht in der Dämmerung. Sie spiegeln sich nicht im natürlichen Gewässer eines Flusses oder Sees, sondern „zuck[en]“ (V. 1) in den dunklen Wasserstraßen, die der Mensch zum ökonomischen Nutzen angelegt hat. Der Wind bringt keinen erfrischenden Abendhauch, sondern drückt die **Abgase** aus den hohen Schornsteinen in die Straßen hinunter und bewirkt, dass die Luft zum Atmen vergiftet wird. Der **naturferne und lebensfeindliche Charakter der Industrielandschaft** wird durch Adjektive und Verben betont: Das Schwarz des Kanals steht im Kontrast zur „bunte[n] Lichterkette der Fabriken“ (V. 2), deren hohe Gebäude sich von den „niedren Straßen“ (V. 3) abheben. Die **depressive Stimmung** wird explizit im Prädikat „niederduckt“ (V. 4) benannt, beim Zucken der Lichterkette (vgl. V. 1 f.) denkt man an ein verwundetes Lebewesen, beim Verb „schwängern“ (vgl. V. 4) schwingt die Assoziation einer Vergewaltigung mit, aus der kein neues Leben entsteht.

Beschreibung der Industrielandschaft

Im **zweiten Quartett** ändert sich der Fokus, die in der Fabrik **arbeitenden Menschen** kommen in den Blick. Allerdings geht der Einzelne unter in der **Masse**, die der lyrische Sprecher kollektiv als „Menschentrupp“ (V. 5) bezeichnet. Mit diesem Neologismus bringt er zum Ausdruck, dass das Leben der Arbeiter von strengen Regeln und Normen wie beim Militär bestimmt wird. Die Metapher vom „Frohndienst“ (V. 5), ein Begriff aus dem mittelalterlichen Feudalsystem, verweist zudem darauf, dass die Arbeit in der Fabrik nicht selbstbestimmt ist, sondern eine **auferlegte Mühsal und Plage**, die die Menschen so erschöpft, dass sie nur noch schwankend und schweigend (vgl. V. 6) in ihre armselige beengte Unterkunft gehen können. Ihre „ärmlichen Kabinen“ (V. 6) stehen, wohl auch wegen des Reims, im Kontrast zu den „qualmigen Kantinen“ (V. 7), in denen sich die jüngeren Arbeiter wild und lautstark vergnügen (vgl. V. 8: „tolle Jugend“, „lärmt“). Seligkeit versprechen sie sich nicht von einem besseren Jenseits, sondern von **diesseitigen Vergnügungen**. Zigaretten und billiger Alkohol bescheren ihnen ein kurzfristiges Glück, für das der lyrische Sprecher das Adjektiv „fuselselig“ (V. 8) erfindet. Der Leser ahnt indes, dass auf die jungen Menschen in ein paar Jahren das gleiche Schicksal, eine trostlose, „abgehärmt[e]“ (V. 5) Existenz, wartet.

2. Quartett: Ausbeutung der Arbeiterschaft

Die beiden nun folgenden **Terzette** des Sonetts rücken die **Maschinen** in den Mittelpunkt. Sie werden mit menschlichen Eigenschaften ausgestattet und nehmen grammatisch die Rolle handelnder Subjekte ein: Durch Verben, die eigentlich menschliche Verhaltensweisen bezeichnen (z. B. „Kreischen“, V. 9; „gähnen“, V. 12), werden die

Terzette: Darstellung der Maschinen

Maschinen personifiziert, aber auch dämonisiert (z. B. „zerfleischen", V. 14). Beide Terzette bestehen aus jeweils **einem Satz**, der sich über die drei Verse erstreckt. Das **Sprechtempo erhöht sich**, der Text wird dynamischer. Durch die überwiegend negativ konnotierten Verben („kreischen", „gähnen", „umzischen", „ausharren", „zerfleischen") sowie die Komposita „Schwefelsumpf" (V. 11) und „Feuerrachen" (V. 13) entsteht eine **Atmosphäre von Gewalt und Aggression**, die klanglich durch die zahlreichen Zischlaute intensiviert wird (s. o. sowie V. 10: „Schlackenschutt"; V. 11: „erlischt").

1. Terzett: Konkretisierung des Orts

Das erste Terzett beginnt mit dem Temporaladverb „[n]ocheinmal" (V. 9), das aufzeigt, dass sich die folgenden **Vorgänge stetig wiederholen**. Der lyrische Sprecher schildert die unermüdliche Arbeit der Maschinen und benennt zum ersten Mal, um welche Art von Fabrik es sich handelt: ein **Walzwerk**, d. h. eine Produktionsstätte, in der Stahl verarbeitet wird, beispielsweise zu Blechen, Rohren oder Schienen. Der „Drahtseilzug" (V. 9) steht dabei als Pars pro toto für die gesamte Produktionsanlage, in der große Mengen von **Abfällen** („Schlackenschutt", V. 10) und ungesunde stinkende **Dämpfe** („Schwefelsumpf", V. 11) entstehen, die für den Menschen eine Gefährdung darstellen.

2. Terzett: mythische Überhöhung

Während im ersten Terzett die technischen Abläufe unter Verwendung von Fachbegriffen beschrieben werden, führt das zweite Terzett in den **Bereich des Mythos**. Im Motiv des feuerspeienden **Drachens** erreicht die Schilderung der **Eigendynamik** des Walzwerks ihren Höhepunkt. Es wird klar, dass sich die Fabrikarbeiter nicht nur in einer armseligen Lebenssituation befinden, sondern **existenziell bedroht** sind: Die beiden Produktionsstraßen der Fabrik werden im apokalyptischen Bild der „zwiegespaltne[n] Feuerrachen" (V. 13) visualisiert. Sie „gähnen schon" (V. 12), um auf ein Zeichen, einen „Win[k]" hin „den Himmel zu zerfleischen" (V. 14) – ein rätselhaftes Bild, denn beim Verb „zerfleischen" assoziiert man eher Lebewesen als den Himmel. Die Botschaft ist dennoch klar: Nicht nur die Arbeitswelt des Menschen nimmt der Sprecher des Gedichts als hoffnungslos und zerstörerisch wahr, auch die **göttliche Sphäre des Himmels sieht er in Gefahr**, denn Schwefeldämpfe und Feuer spuckende Drachen sind klassische Attribute des Satans und der **Hölle**.

Einordnung in geistesgeschichtlichen Kontext

Wer den zeitlichen Kontext des Sonetts kennt, denkt unwillkürlich an das Erscheinen des Halley'schen Kometen im Mai 1910, der vielfach als **Ankündigung des Weltuntergangs** und Vorbote eines großen Kriegs gedeutet wurde. Tatsächlich war die Produktion von Waffen für einen potenziellen großen Krieg damals schon lang in Gang. So gelesen, verweist „Im Dämmer" weniger auf eine Phase des Tages als auf einen **Zustand der Welt:** In der von den Expressionisten beschworenen „Menschheitsdämmerung“, so der Titel der berühmten Anthologie (1920) von Kurt Pinthus, droht der **Untergang der Menschheit**. Von der damit verbundenen Hoffnung auf die Morgendämmerung des neuen Menschen ist in Zechs Gedicht nichts zu spüren.

TEILAUFGABE 2

Überleitung

In starkem Kontrast zur Endzeitstimmung bei Zech steht die festliche Atmosphäre des Aufbruchs in Rainer Maria Rilkes „In der Dämmerung“ von 1898. Das Gedicht ist 13 Jahre älter als „Im Dämmer“, das 1911 erschien. Der noch junge Dichter Rilke ist offensichtlich mehr am eigenen **Seelenleben** als an der Außenwelt interessiert, die um die Jahrhundertwende von gesellschaftlichen Umbrüchen bestimmt wird. Die zunehmende Technisierung und Industrialisierung erzeugen Zukunftsangst und Fortschrittsglauben gleichermaßen. Doch nichts davon findet sich in Rilkes „In der Dämmerung“.

Vergleich der Gestaltung des Motivs der Dämmerung bei Zech und Rilke

formale Gestaltung

Das Gedicht verzichtet auf klassische Formen. Es besteht aus **zwei Strophen**, die sich nicht nur in der Länge, sondern auch im Aufbau unterscheiden. Die Verse 1 bis 5 (erste Strophe) sowie 6 bis 10 (Beginn der zweiten Strophe) **reimen** sich in einer **Variation des umarmenden Schemas** (abbba, cdddc), das regelgerechte Schema (effe) setzt in den letzten vier Versen ein. Während die erste Strophe die regelmäßige Struktur eines fünfhebigen Jambus aufweist, zeigt die zweite Strophe ein eher ungeordnetes Bild: In den unterschiedlich langen Versen 10 bis 14 gibt es kein einheitliches Metrum, die Einleitung des Relativsatzes mit der Konjunktion „und“ (V. 13) ist zumindest ungewöhnlich, ebenso die Verwendung der Partikel „so“ im letzten Vers. Auch die Interpunktion ist auffällig. An drei Stellen des Gedichts steht ein Doppelpunkt, dem jeweils eine Art Ich-Botschaft des lyrischen Ichs folgt (vgl. V. 5, 9 und 11). Von der **strophischen Form** her stellt Rilkes **Gedicht** also einen **Gegensatz** zum streng komponierten **Sonett** des Expressionisten Paul Zech dar. Die formalen Vorgaben der traditionellen Gedichtform geben dem beunruhigenden Geschehen in der modernen Arbeitswelt einerseits **Halt und Struktur**. Ihre Regelmäßigkeit entspricht andererseits der mechanischen Dynamik, mit der die industrielle Produktion abläuft. Bei **Rilke** hingegen spiegelt sich die **Selbstfindung** eines lyrischen Ichs in einer **freien Strophengestaltung**, die sich an keinem bekannten Muster orientiert.

Masse Mensch vs. Individuum (lyrisches Ich)

Paul Zechs „**Im Dämmer**“ gleicht einem **expressionistischen Gemälde**, in dem die starken Farben aggressiv wirken, die verschiedenen Wirklichkeitselemente der Industrielandschaft ins **Hässliche** verzerrt sind und eine einheitliche Perspektive durch ein sinngebendes Ich fehlt, wohingegen der Leser bei **Rilkes Gedicht** eher an **impressionistische Malerei** mit sanften Farben und **ohne klare Konturen** denkt. Bei Zech werden die Menschen (vgl. Strophe 2) unpersönlich in der **Masse** wahrgenommen, als „Menschentrupp" und „tolle Jugend" zu Kollektiven vereinheitlicht. Bei Rilke hingegen spricht ein individuelles **lyrisches Ich**. Es stellt sich vor, wie es „einmal" (M 2, V. 1) die Dämmerung intensiv erleben wird, fernab der Zivilisation.

Stadt vs. Natur

Somit ist das **Setting** beider Gedichte genau gegensätzlich: Typisch für den Expressionismus beschwört Zechs Gedicht die dämonische Atmosphäre einer **Industrieanlage** am Rand der **Großstadt**, in der die Natur keine Rolle mehr spielt. Bei Rilke befindet sich das lyrische Ich dagegen mitten in einem lebendigen **Naturszenario** aus Meer, Brandung, Wogen und Wind. Dieses wirkt wie ein Gegenbild zu Zechs Industrielandschaft, in der das Fließen des verschmutzten Kanalwassers mechanisch geregelt wird und wo die zerstörerischen **Feuer** des Walzwerks an die Stelle der lebensspendenden **Sonne** treten.

Ich-Zentrierung und Harmonie bei Rilke vs. Entfremdung und Ausbeutung bei Zech

Die Natur scheint in Rilkes lyrischem Ich eine **Initiation** zu bewirken, die es ganz **zu sich selbst finden** lässt. Dabei kommt ihm sein „dunkles Kleid wie eine Lüge" (M 2, V. 3) vor, ein Vergleich, der darauf hinweist, dass es sich von gesellschaftlichen Konventionen loslösen will. Indem das lyrische Ich dieses Kleid abstreift und „bleich und bloß" (M 2, V. 4) in die Sonne „tauch[t]" (ebd.), konzentriert es sich auf sich selbst und seinen Körper. „[Ich] zeige meinem Meere: ich bin jung" (M 2, V. 5) ist das Fazit der ersten Strophe. Die **Egozentrik** des lyrischen Ichs lässt sich in der zweiten Strophe durch die Häufung von Personal- und Possessivpronomina der ersten Person Singular ablesen (vgl. M 2, V. 7, 9 f., 11 f., 14). Auch wenn nirgends andere Menschen zu sehen sind, fühlt sich das Ich nicht allein. Es steht in engem **Kontakt zur Natur**, bezieht diese ganz auf sich und eignet sie sich sogar an („meinem Meere", M 2, V. 5). Der Eindruck von **Harmonie** zwischen Mensch und Natur wird dabei auch sprachlich verstärkt, etwa durch auffallend viele Alliterationen, die sogar über die Versgrenze hinausreichen (M 2, V. 11 ff.: Wellen – weben – Wind – wird – wieder). Während die Natur in Zechs Gedicht keine Rolle für die „nieder[ge]duckt[en]" (M 1, V. 4) Arbeiter spielt, erlebt sie der Mensch in Rilkes Gedicht als elementare Kraft, die ihm Zukunftsoptimismus verleiht („so wird er wieder meine Arme heben –", M 2, V. 14). Das dargestellte **Erwachen der Jugend** wirkt selbstverliebt und lebensbejahend. An eine solch **genussvoll und bewusst gelebte Individualität** ist für die **Arbeiter** aus Zechs Gedicht nicht zu denken. Sie werden als **entfremdete** Proletarier ohne Individualität gezeichnet.

Kurzzeitigen Genuss findet die Arbeiterjugend nur im **kollektiven Alkoholkonsum** (vgl. M 1, V. 8), der zur Betäubung führt. Dieser **Rauschzustand** ist aber etwas völlig anderes als die **Selbstberauschung**, mit der Rilkes lyrisches Ich das Leben feiert. Zentrales Motiv der zweiten Strophe ist der „Empfang" (M 2, V. 6), den die Natur in Gestalt der Brandung mit ihren personifizierten zitternden Wogen dem lyrischen Ich „festlich vorbereiten" (M 2, V. 7) wird. Das lyrische Ich könnte hier verschlüsselt von ersten **sexuellen Erfahrungen** sprechen, denen es erwartungsvoll und furchtsam („bang", M 2, V. 10) zugleich entgegensieht, für die es sich zuvor seiner Kleider entledigt und seiner Jugend vergewissert hat. Gestützt wird diese Deutung auch vom dritten Vers der zweiten Strophe: „Und eine jede zittert nach der zweiten, – ". Das lyrische Ich, dessen Geschlecht wir nirgends erfahren, beobachtet, wie die Wellen paarweise auftreten und eine beim Anblick der anderen in Erregung gerät, es fragt sich, wie es selbst „ganz allein entgegenschreiten" (M 2, V. 9) soll, und lässt offen, wem oder was es sich auf diese feierliche Weise (schreitend) nähern will.

Alkohol vs. sexueller Genuss

Trotz solcher Unsicherheiten blickt es voller Zuversicht in die Zukunft. Es vertraut darauf, dass es von der **paradiesischen Natur** getragen wird; das Spiel von Wellen und Wind in der Morgendämmerung wird ihm „wieder [s]eine Arme heben –" (M 2, V. 14). Auf zu neuen Ufern! Diese Botschaft vermittelt das Gedicht von Rainer Maria Rilke. Die Dämmerung kündigt dem jungen lyrischen Ich eine helle Zukunft an, die erst beginnt. Paul Zechs Sonett zeichnet hingegen eine düstere Welt, in der die Menschen dem **Untergang** entgegendämmern.

konträres Welt- und Menschenbild

Die Bedeutung der Begriffe „Dämmerung" und „Dämmer" erweist sich damit als unterschiedlich: **Zech** beschreibt in bedrückenden Bildern den **Übergang vom Tag zur dunklen Nacht**, wohingegen **Rilke** die belebende **Morgenstimmung** des anbrechenden Tages schildert, die dem jungen lyrischen Ich eine helle Zukunft ankündigt.

Bezug zu den Titeln

Die beiden Gedichte gehören zwei um 1900 in Kunst und Literatur konkurrierenden Stilrichtungen an, die jeweils unterschiedliche Aspekte der Moderne betonen. Mit der symbolischen Inszenierung von jugendlicher Selbstgewissheit lässt sich Rilkes Gedicht dem **Symbolismus** oder der Strömung des **Jugendstils** zuordnen. Es handelt sich um eine Feier von Leben und Genuss, der sich nur privilegierte Menschen oder Künstler hingeben konnten. Zechs **expressionistisches** Gedicht beleuchtet dagegen die Unterschicht: die getriebene Masse der Armen und Ausgebeuteten, die unter dem Diktat einer schweren körperlichen Arbeit standen. Die Gegenüberstellung der beiden Gedichte offenbart damit nicht nur die **künstlerischen**, sondern auch die **sozialen Widersprüche der Jahrhundertwende**.

literaturhistorische Einordnung (Bezug zum Themenfeld)

MATERIALGESTÜTZTES VERFASSEN EINES INFORMIERENDEN TEXTES (VORTRAG)

Themenfeld: Sprache in politisch-gesellschaftlichen Verwendungszusammenhängen

Thema: Politische Kommunikation auf Twitter

Aufgabenstellung

Der Jugendgemeinderat Ihres Ortes veranstaltet ein Seminarwochenende zum Thema „Neue Formen politischer Kommunikation". Die Veranstaltung richtet sich an Schülerinnen und Schüler der Oberstufe sowie an die interessierte Öffentlichkeit.

Ihre Aufgabe ist es, in einem einleitenden Vortrag am Beispiel der Plattform Twitter darüber zu informieren, wie sich die politische Kommunikation durch die digitale Vernetzung verändert hat.

Verfassen Sie auf der Grundlage der Materialien 1–7 sowie Ihres eigenen Wissens diesen Vortrag.

Material 1 **Wikipedia: Twitter**

Twitter wird als Kommunikationsplattform, soziales Netzwerk oder meist öffentlich einsehbares Online-Tagebuch definiert. Privatpersonen, Organisationen, Unternehmen und Massenmedien nutzen Twitter als Plattform zur Verbreitung von kurzen (max. 280 Zeichen) Textnachrichten (Tweets) im Internet. Im Gegensatz zu Facebook steht nicht der Kontakt mit bekannten Freunden im Vordergrund. [...] Die maximale Länge eines Tweets ist seit November 2017 auf 280 Unicode-Zeichen (vorher 140) angehoben worden. Er ist standardmäßig öffentlich, also auch für unangemeldete Leser sichtbar. Er kann Hashtags (mit #), Links (als URL), Verweise auf andere Nutzerprofile (mit @) sowie Bilder (als URL oder direkt eingefügt) und Standorte enthalten. Tweets werden in erster Linie den sogenannten „Followern" eines Benutzers angezeigt, vor allem über Hashtags oder Verlinkungen/Retweets kann aber auch ein breiteres Publikum erreicht werden. [...]

Die Beiträge sind häufig aus der Ich-Perspektive geschrieben und können völlig unterschiedliche Inhalte haben; häufig werden persönliche Meinungen und aktuelle Tätigkeiten veröffentlicht. Es werden auch mit anderen Nutzern Konversationen geführt. Letzteres führt dann zu einem Thread, der einzeln angezeigt werden kann. [...]

Die Beiträge anderer Nutzer können favorisiert („gelikt"), durch das eigene Benutzerkonto weiter verteilt („geteilt"/„retweetet") oder mit einem eigenen Tweet kommentiert werden. [...] Das Mikroblog bildet ein Echtzeit-Medium zur Darstellung von Meinungen und Aspekten des eigenen Lebens. Kommentare oder Diskussionen der Leser zu einem Beitrag sind denen möglich, die ein Twitter-Konto haben, wodurch eine beschränkte Form der Kommunikation möglich ist.

Aus: Wikipedia (2021): Twitter, [online] https://de.wikipedia.org/wiki/Twitter (letzter Zugriff am 31. 10. 2021)

Material 2 Heiko Girnth: Das Beispiel Twitter: Eine neue Form politischen Sprachhandelns im Internet (2013)

Politische Kommunikation war traditionell auf die audio-visuellen Medien Radio und TV sowie die Printmedien beschränkt. In jüngster Zeit gewinnt das Internet für die politische Kommunikation immer mehr an Bedeutung. [...]
Für die politischen Akteure ist das Internet ein hervorragendes Medium, um sich zu profilieren und für die eigene politische Position zu werben. [...]
Themen in Twitter sind das politische Tagesgeschäft, das aktuelle politische Geschehen, Alltagsthemen und persönliche Einstellungen. Wichtige in Twitter realisierte Sprachhandlungen sind insbesondere INFORMIEREN, ARGUMENTIEREN, KOMMENTIEREN, BEWERTEN, AKTIVIEREN, WERBEN, LEGITIMIEREN und PROFILIEREN. Dabei ist die Imagebildungsfunktion bei Twitter besonders ausgeprägt. Exemplarisch seien hier einige Tweets der CDU-Politikerin Kristina Schröder aufgeführt: [...] „Eben war ich bei der Eröffnung der ‚Langen Tafel' am Alexanderplatz, bin Schirmherrin der ‚Tafeln' in Deutschland. 5 Jun 10 via mobile web" (Dr. Kristina Schröder, CDU). Schröder INFORMIERT über ihre politischen Aktivitäten und HEBT – getreu nach dem Motto ‚Tue Gutes und rede darüber' – ihre Tätigkeit als Schirmherrin der ‚Tafeln' HERVOR. Dadurch PROFILIERT sie sich zugleich als engagierte Politikerin, die wohltätige Zwecke unterstützt.
„Die meisten Kinder mit türkischem Hintergrund sind aber in 3. Generation hier, sind Deutsche. Da müsste Deutsch die Muttersprache sein! 29 Mär 10 via mobile web" (Dr. Kristina Schröder, CDU). Schröder STELLT eine BEHAUPTUNG AUF und FORDERT anschließend, dass Deutsch die Muttersprache bei Kindern mit türkischem Hintergrund, die in der 3. Generation in Deutschland leben, sein sollte.
„Ich sage: Vereinbarkeit von Familie und Beruf ist auch Vereinbarkeit von Pflege und Beruf! 3 Mär 10 via mobile web" (Dr. Kristina Schröder, CDU). Schröder STELLT hier eine politische FORDERUNG, wobei sie zugleich in der dem Twitter-Format geschuldeten Kürze ARGUMENTIERT. [...]
Insgesamt zeigt sich Schröder in ihren Tweets als informierte und kompetente Entscheidungsträgerin, deren Einblicke in ihren Tagesablauf Transparenz schaffen und sie als Menschen wie du und ich erscheinen lassen. [...]
Politiker nutzen den Kommunikationstyp Twitter neben der Möglichkeit der persönlichen Selbstdarstellung auch dafür, unabhängig vom Einfluss von Medien Informationen direkt an die Wähler weiterzugeben. Dabei suggerieren sie zudem, direkt und jederzeit ansprechbar zu sein, was vor allem im Wahlkampf eine große Rolle spielt. Die Informationen sind dazu oft mit aktuellen Links gekoppelt, wodurch die Informationsweitergabe zusätzlich ausgeweitet werden kann. [...]
Neben der Informationsfunktion ist es vor allem auch die expressive Funktion[1], die für Twitter charakteristisch ist. Der Nutzer erhält Informationen über Einstellungen des Politikers und seinen alltäglichen Tagesablauf, die in Echtzeit nachverfolgt werden können.

Aus: Heiko Girnth: Twitter & Co. Neue Formen des politischen Sprachhandelns im Internet. In: Frank Liedtke (Hg.): Die da oben. Texte, Medien, Partizipation, Bremen: Buske 2013, S. 115–122, 116 ff.
Heiko Girnth (1964) ist Professor für Sprachwissenschaft an der Universität Marburg.*

Anmerkung

1 expressive Funktion: Funktion, seine eigenen Gefühle, Erfahrungen und Gedanken auszudrücken

Material 3 **Angelika Storrer: Textorientiertes vs. interaktionsorientiertes Schreiben (2018)**

Die Vorstellungen davon, wie Schriftsprache zu sein hat, waren lange Zeit geprägt von redigierten Texten, die meist erst nach sorgfältiger Prüfung und oft mehrfacher Überarbeitung veröffentlicht wurden. In der internetbasierten Kommunikation wird Schriftsprache aber zunehmend in Kontexten verwendet, in denen bislang eher gesprochen bzw. telefoniert wurde. Außerdem entstehen viele neue Schreibanlässe in den multimodalen, hypertextuellen Interaktionsumgebungen[1] des Social Web. Diese Entwicklungen fördern eine interaktionsorientierte Haltung zum Schreiben, die sich in zentralen Punkten von der textorientierten Schreibhaltung unterscheidet, wie sie für das Verfassen von literarischen, wissenschaftlichen oder journalistischen Texten charakteristisch ist.

Beim textorientierten Schreiben ist das Schreibziel ein Produkt, das über den laufenden Kommunikationszusammenhang hinausgehend Bestand haben soll. Sein Inhalt soll ohne weitere unmittelbare Interaktion zwischen Schreiber und Leser zu verstehen sein. Charakteristisch für das textorientierte Schreiben sind Prozesse des Planens und (oft mehrfachen) Überarbeitens, die Arbeit am Text [...].

Das interaktionsorientierte Schreiben ist hingegen auf einen Kommunikationsverlauf in einer digitalen Interaktionsumgebung bezogen, bei der die Möglichkeit besteht, Verstehensprobleme interaktiv zu bearbeiten. Die Produkte des interaktionsorientierten Schreibens müssen primär für die an der Interaktion Beteiligten verständlich sein. Die Versprachlichungsstrategien sind primär auf das Gelingen der laufenden Interaktion hin ausgerichtet. Hierfür kann eine schnelle Reaktion wichtiger sein als Prägnanz und sprachliche Elaboriertheit[2]. Die für das textorientierte Schreiben maßgebliche Tugend des Überarbeitens, des Feilens am Text, die auch beim interaktionsorientierten Schreiben grundsätzlich möglich wäre, ist dabei oft nachrangig. Dafür spielen Aspekte der Beziehungsgestaltung und der gemeinsamen Bearbeitung einer Kommunikationsaufgabe bei der Versprachlichung eine zentrale Rolle. [...]

Beim interaktionsorientierten Schreiben steht das Gelingen der laufenden sozialen Interaktion im Mittelpunkt; beim textorientierten Schreiben das Verfassen eines normkonformen und aus sich heraus verständlichen Textes. [...] Wichtig für diese Diskussion ist auch die Einsicht, dass interaktionsorientiertes und textorientiertes Schreiben für die Partizipation[3] am Social Web gleichermaßen relevant sind. In vielen digitalen Genres sind textorientiertes und interaktionsorientiertes Schreiben aufeinander bezogen, indem ein textorientiert verfasster Beitrag – z. B. ein Blogpost, ein Artikel einer Online-Zeitung – den Bezugspunkt von interaktionsorientierten Kommentaren bildet.

Aus: Angelika Storrer: Interaktionsorientiertes Schreiben im Internet. In: Arnulf Deppermann und Silke Reineke (Hrsg.): Sprache im kommunikativen, interaktiven und kulturellen Kontext, Berlin: de Gruyter 2018, 219–244, 227f.
Angelika Storrer (1958) ist Professorin für Germanistische Linguistik an der Universität Mannheim.*

Anmerkungen

1 multimodale, hypertextuelle Interaktionsumgebungen: Kommunikation mithilfe von mehreren unterschiedlichen Medien und durch die Verknüpfung diverser Texte
2 Elaboriertheit: differenzierte Ausarbeitung
3 Partizipation: Teilhabe, Beteiligung

Material 4 **Markus Feldenkirchen/Veit Medick: Die Hassmaschine (2021)**

Robert Habeck ist im Januar 2019 bei Twitter – und auch bei Facebook – ausgestiegen. [...] Er galt als einer der Stars, nicht nur bei den Grünen, sondern eben auch auf Twitter. Heute will er sich das alles nicht mehr antun, Habeck ist ein gebranntes Kind. Er hat Fehler gemacht, ein paar Aussagen sind verrutscht. Im Jahr vor der bayerischen Landtagswahl hatte Habeck auf Twitter gefordert, die CSU-Alleinherrschaft zu beenden, damit man sagen könne: „Endlich gibt es wieder Demokratie in Bayern." Den Menschen in Thüringen hatte er zudem indirekt abgesprochen, weltoffen und demokratisch zu sein. „Ich habe meinen Ausstieg nie bereut", sagt Habeck heute. „Ohne Twitter fehlt mir gar nichts." Die Ablenkung, immer draufgucken zu müssen, die Sucht, sich selbst auf Twitter zu checken, die habe er nicht mehr, sagt er. „Ich habe Zeit, Konzentration und auch Selbstbewusstsein gewonnen."

Viele hätten ihn damals vor dem Schritt gewarnt, heutzutage könne es man sich als Politiker schlicht nicht leisten, Twitter fernzubleiben. Aber Habeck ignorierte die Warnungen. Er meldete sich ab. Habeck sieht in Twitter ein toxisches Medium: „Es gibt eine immanente Verführung, zehn Prozent mehr zuzuspitzen, mindestens. Der Ansporn, einen Tick unsachlicher zu sein, liegt im Medium begründet." [...]

Habeck sieht in Twitter eine Gefahr für die Politik. Zuweilen orientiere sie sich mittlerweile an den Gesetzen der Plattform. Es zähle nur noch die schnelle Schlagzeile, der heftige Spruch, die erste laute Reaktion. „Der politische Diskurs ist schon eine Weile zunehmend verwahrlost", sagt Habeck.

Es gibt aber auch Menschen, die Twitter für eine wunderbare Sache halten. Die davon überzeugt sind, dass die Politik das Medium braucht. Sascha Lobo gehört dazu, der auch für den SPIEGEL schreibt. Kaum ein anderer hat sich länger und intensiver mit den Mechanismen und Auswirkungen der Plattform beschäftigt als er. [...] „Twitter hat die Debatte sehr bereichert und sogar verbessert", sagt Lobo. Weil theoretisch jeder mitmachen könne. Weil Debatten noch nach Monaten nachvollziehbar seien und Twitter so eine Art kostenloses Archiv sei. Weil die Reduktion auf maximal 280 Zeichen einen großen Vorteil habe: „Gelaber wird radikal entlarvt", sagt Lobo. „Wer seine Kernaussagen nicht auf 200 Zeichen eindampfen kann, produziert in 90 Prozent der Fälle belangloses Geschwätz."

Lobo ist nicht naiv, auch er kennt die Probleme von Twitter, die potenziellen Nachteile. Aber dass politisch alles verflache, das glaubt er nicht. Lobo sieht es so: „Twitter ist wie eine Art digitale Echtzeit-Fußgängerzone." Politik bekomme gespiegelt, wie ihre Aktivitäten und Entscheidungen ankommen. Die Folgen seien oft positiv. [...] Es gibt Beispiele für große gesellschaftliche Bewegungen, die vor allem auf und wegen Twitter wirkmächtig und international wurden. Die #MeToo-Bewegung zum Beispiel, die Klimaschützer von Fridays for Future, der Kampf gegen Rassismus mit dem Hashtag #BlackLivesMatter. „Es gab keine politische Diskussion der letzten Jahre, die irgendeine Wirkung hat, die nicht auf Twitter abgebildet worden ist", sagt Lobo.

Aus: Markus Feldenkirchen, Veit Medick, DER SPIEGEL 39/2021, https://www.spiegel.de/politik/deutschland/bundestagswahl-und-twitter-wie-sozialen-medien-den-deutschen-wahlkampf-vergiften-a-8cfd5153-3262-4a27-ad16-31e540c3b42e
Markus Feldenkirchen (1975) und Veit Medick (* 1980) sind Journalisten.*

Material 5 Thomas Ammann: Aus dem Nichts. Die neuen politischen Bewegungen (2021)

Greta Thunbergs[1] bevorzugtes Medium war von Anfang an Twitter, nicht etwa Instagram wie sonst in ihrer Altersgruppe üblich. Auswertungen zeigen, wie Ende 2018 die Nennung ihres Namens im Netz geradezu explodierte. […]
Mit Greta Thunbergs wachsender Popularität folgten die Auftritte bei den großen Konferenzen […], die sich wiederum über Twitter und Youtube viral verbreiteten. Jedes Video, jeder Tweet, rief 100 000-fache Reaktionen hervor, wurde gelikt, kommentiert und geteilt. Insofern spielen auch beim Aufstieg von Fridays for Future die Mechanismen der sozialen Medien eine entscheidende Rolle. Der Erfolg im Netz in Form gesteigerter Aktivitäten sorgt automatisch für immer mehr Erfolg, befeuert sich also gleichsam selbst.
Hier zeigt sich das Doppelgesicht der sozialen Medien. Die Algorithmen[2] können einerseits der Manipulation dienen, andererseits ermöglichen sie ein Empowerment[3] in dem Sinne, dass sich soziale Bewegungen durch sie in Windeseile formieren können. So werden sie tatsächlich zu einer fünften Gewalt, die eine Kontrolle politischer Macht darstellen kann. Nicht zu unterschätzen ist dabei die emotionale Komponente. Sowohl nach dem Massaker in Parkland als auch bei Fridays for Future sind es junge Frauen, die der Empörung und Betroffenheit ein Gesicht geben.

Aus: Thomas Ammann: Die Mac#tprobe. Wie Social Media unsere Demokratie verändern, Hamburg: Edition Körber 2021, S. 123 f.
Thomas Ammann (1956) ist Journalist und TV-Produzent.*

Anmerkungen
1 Greta Thunberg: schwedische Klimaaktivistin, Gründerin der Bewegung „Fridays for Future“
2 Algorithmen: Rechenvorgänge nach einem bestimmten [sich wiederholenden] Schema
3 Empowerment: Ermächtigung, Übertragung von Verantwortung

Material 6 Andreas Bernard: Zum Verhältnis von Medientechnologie und politischer Öffentlichkeit im 20. und 21. Jahrhundert (2020)

Wie stark neue Medientechnologien auf die Genese[1] politischer Öffentlichkeit einwirken, lässt sich vor allem an der gegenwärtigen Ausprägung von Regierungskommunikation erkennen. […] Trumps[2] Twitter-Account ist Verlautbarungsorgan der Regierung, das Pressemeldungen, Wahlkampfparolen, Live-Berichterstattungen von Staatsbesuchen und Todesanzeigen von leitenden Mitarbeitern publiziert. (Diese Beiträge werden offenbar nicht ausschließlich von ihm selbst erstellt.) Es handelt sich aber ebenso um einen persönlichen Kommunikationskanal des US-Präsidenten, den er für Politiker- und Medienbeschimpfung, für Selbstverteidigung in laufenden Skandalen, für Buchempfehlungen und sogar zur Werbung für seine Unternehmen und Hotels nutzt. In der primären Kommunikationsform eines Staatsoberhaupts hat also eine Amalgamierung[3] von Amts- und Privatperson stattgefunden, die vermutlich noch vor 15 Jahren undenkbar gewesen wäre. Dank der sozialen Medien kann ein Regierungschef die komplexen Vermittlungs- und Publikationswege der Kommuniqués, Pressekonferenzen und gelegentlichen Zeitungs- und Fernsehinterviews umgehen und seine Abonnenten direkt adressieren. Und genau diese Medienkonstellation sorgt auch dafür, dass sich das Staatsoberhaupt eines demokratischen Landes in seinen öffentlichen Äußerungen dezidiert gegen die größten Tageszeitungen und Fernsehsender stellen kann. Trumps Twitter-Account versteht sich als Konkurrenzorgan zu jenen Massenmedien, die seiner Ansicht nach nichts als „Fake News“ produzieren.

Aus: Andreas Bernard: Zum Verhältnis von Medientechnologie und politischer Öffentlichkeit im 20. und 21. Jahrhundert. In: Raphael Gross et al. (Hrsg.): Von Luther zu Twitter. Medien und politische Öffentlichkeit, Frankfurt a. M.: S. Fischer 2020, S. 32 f.
Andreas Bernard (1969) ist Kulturwissenschaftler, Journalist und Publizist.*

Anmerkungen

1 Genese: Entstehung, Entwicklung
2 Donald Trump: US-amerikanischer Unternehmer und Politiker, 45. Präsident der USA
3 Amalgamierung: Verschmelzung

Material 7 Social Media hat ein massives Glaubwürdigkeitsproblem (2019)

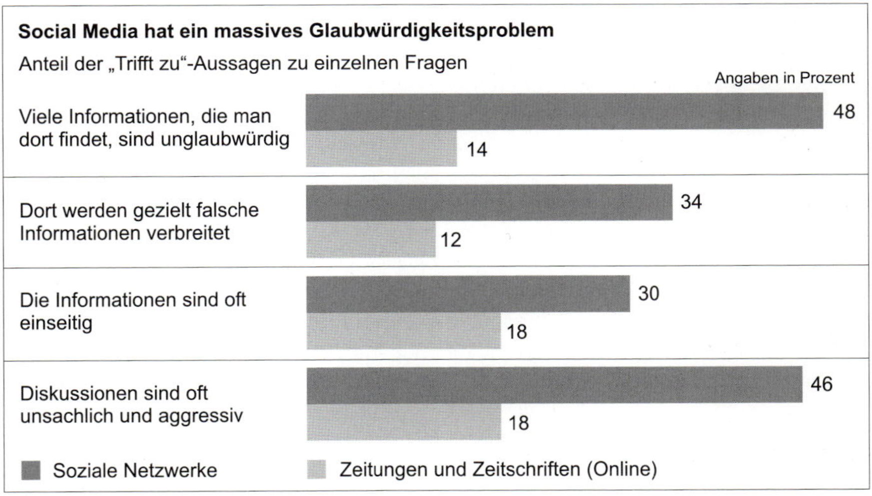

Aus: Jürgen Scharrer: So nutzen die Deutschen klassische Medien und US-Plattformen wirklich, Horizont 19. 2. 2019. Zitiert nach https://www.horizont.net/medien/nachrichten/wem-glauben-wir-was-so-nutzen-die-deutschen-klassische-medien-und-us-plattformen-wirklich-172992 (letzter Zugriff am 2. 11. 2021)

Diese Aufgabe ist eine offizielle Beispielaufgabe für die Abiturprüfung ab 2024.

TIPP **Bearbeitungshinweise**

Die Aufgabe, einen informierenden Text zu verfassen, erfordert, dass zu einem Thema die wesentlichen Zusammenhänge klar und differenziert dargestellt werden. Dazu bedarf es über das Dossier hinaus eigenen Wissens aus dem Themenfeld und einer eigenständigen Konzeption Ihres Textes.

Die **profilierte Aufgabenstellung** benennt das **Thema**, das zunächst immer genau eingegrenzt und geklärt werden sollte. In der vorliegenden Aufgabe stehen die Veränderungen der politischen Kommunikation im Fokus. Das wird auch durch das **Rahmenthema** „Neue Formen der politischen Kommunikation" deutlich, das immer einbezogen werden muss. Das heißt, es geht weder um Twitter noch um soziale Netzwerke im Allgemeinen, auch nicht um „das Internet", sondern um die spezifischen Vernetzungsmöglichkeiten, die es bietet. Twitter soll als exemplarischer Fall für diese allgemeineren Zusammenhänge untersucht werden.

Die Rahmung gibt auch die **Textsorte** vor. Dies kann ein informierender Beitrag in einer Broschüre oder einem Flyer sein oder, wie in der vorliegenden Aufgabe, ein **Vortrag**. Wichtig ist es, dass die **kommunikative Funktion** beachtet wird, d. h. die Ausgangssituation (hier: Seminarwochenende), der Adressatenbezug (hier: Schülerinnen und Schüler der Oberstufe sowie die interessierte Öffentlichkeit), ggf. der Veröffentlichungsort sowie das Handlungsziel (hier: informierende Hinführung). Diese Funktionen steuern die **Auswahl der Information** (was ist wichtig für diese Gruppe, diesen Anlass?). Zudem muss die Textsorte sprachlich angemessen umgesetzt werden. Ein Vortrag bedarf einer klaren Gliederung (Ohröffner, Themennennung, Hauptteil mit klarer Gliederung, Fazit), einer deutlichen Hörerführung (Markierung von Abschnitten und Sinneinheiten) und eines angemessenen hochsprachlichen Ausdrucks. Bei informierenden Texten geht es um eine **klare Darstellung von Zusammenhängen und Diskussionskontexten**; eine eigene Stellungnahme ist nicht verlangt und allenfalls punktuell möglich. Entscheidend für die Qualität ist, dass Ihr Text eine angemessene **Vertiefung** und **Komplexität** erreicht.

Wichtig ist es, von vorneherein eine **eigenständige Konzeption** im Blick zu haben. Es empfiehlt sich, zunächst im Unterricht erworbenes Wissen zu dem angegebenen **Themenfeld** zu aktivieren. Dies bezieht sich hier z. B. darauf, was politische Kommunikation ausmacht (z. B. Grundbegriffe der Kommunikation, Öffentlichkeit, Medien, Interessen, Meinungskampf), welche Formate und Möglichkeiten das Internet bietet und wie und wo dort Politik thematisiert wird. Auf dieser Grundlage können Sie sich **Leitfragen** notieren. Und vielleicht haben Sie jetzt schon eine Idee für den Aufbau Ihres Textes. Die vorliegende Aufgabe gibt zum einen den **Aufbau** einer Rede vor, zum anderen legt die Frage nach Veränderungen einen Dreischritt nahe: Vorher (Massenmedien) – Neues (in Abgrenzung von dem, was sich nicht ändert) – Konsequenzen für den politischen Diskurs (z. B. anhand der Grundstruktur von Kommunikation: Nachricht, Rezipient, Autor).

In einem zweiten Schritt sollten Sie das **Dossier** durcharbeiten. Machen Sie sich dabei klar, wie die Texte jeweils **in das Problemfeld** der Aufgabenstellung **einzuordnen** sind. Markieren Sie zentrale Informationen und griffige Stellen, die Sie zitieren können. Gibt es möglicherweise konkurrierende Informationen oder gar Widersprüche zwischen den Materialien? In Ihrem Text sollten Sie **alle** Materialien nutzen, d. h. sich explizit darauf **beziehen** und alle übernommenen Inhalte als solche **kennzeichnen** (indirekte Rede, normgerechtes Zitieren). Nennen Sie den/die Autor(in) und, wenn sinnvoll, den Titel; machen Sie aber keine Angabe der Materialnummer oder Zeilenangaben! In Ausnahmefällen (z. B. allgemeine Lexikonartikel) kann der Bezug auch implizit bleiben (wie hier z. B. bei M 1).

Erstellen Sie sich einen **Schreibplan** und planen Sie genügend Zeit für eine **Überarbeitungsphase** ein. Bisweilen ist ein ungefährer Textumfang vorgegeben. Es handelt sich dabei um einen Richtwert, der in der Regel aber keinen Einfluss auf die Bewertung hat; dementsprechend müssen die Wörter im Abitur nicht gezählt werden. Der vorliegende Lösungsvorschlag bewegt sich an der Obergrenze des Umfangs.

Lösungsvorschlag

Einleitung
Ohröffner

Zwei Vieren, neun Nullen – 44.000.000.000 $ für ein Unternehmen, das noch keinen Gewinn gemacht hat. Elon Musk muss in Twitter noch einen anderen Wert gesehen haben als nur einen monetären. Die Verstärkung seines Egos? Einfluss auf Meinungen und öffentlichen Diskurs? Oder ganz idealistisch und eigenem Bekunden zufolge „Freiheit" der Rede?

Thema und Anrede

Sehr geehrte Damen und Herren, liebe Mitschülerinnen und Mitschüler, Twitter ist ein gutes Beispiel dafür, wie sehr die **digitale Vernetzung zu „Neuen Formen politischer Kommunikation**" führt.

Überblick

Wie sich der öffentliche politische Diskurs durch die sozialen Medien verändert, wird deutlich, wenn wir uns erstens einmal klarmachen, wie politische Kommunikation früher von den „alten" Massenmedien geprägt war. Zweitens kläre ich, inwiefern die digitalen sozialen Medien im Vergleich zur traditionellen massenmedialen Kommunikation Neues bringen. In einem dritten Schritt lege ich dar, welche Auswirkungen die digitale Vernetzung auf die politische Kommunikation zeitigt.

Erster Teil
Funktion und Gestalt von Medien anhand der Massenmedien

Politische Kommunikation umfasst den **öffentlichen Austausch** von Bürgern und politischen Akteuren, d. h. Politikern, Parteien, Verbänden, NGOs usw., **über Fragen des Gemeinwesens**. Sie spricht über Politik, wird von der Politik geführt und ist selbst eine wesentliche Erscheinungsform von Politik. Medien übernehmen die Vermittlung und sind zugleich der institutionelle Ort der Öffentlichkeit. In modernen Gesellschaften waren dies vor dem Aufkommen des Internets die **Massenmedien:** Zeitung, Rundfunk, Fernsehen.

Funktionen von Medien

Man kann drei wesentliche **Funktionen in der massenmedialen politischen Kommunikation** unterscheiden: Medien vermitteln glaubwürdige **Information**. Sie wirken an der **Meinungsbildung** mit, indem sie im besten Falle alle wesentlichen Meinungen ausgewogen, informiert und argumentativ vertreten. Und sie üben **Kontrolle** gegenüber den politisch Handelnden aus. Die Massenmedien wirken in Rechtsstaaten als vierte Gewalt. Andererseits können sie auch zu einflussreichen Propagandainstrumenten und damit zu einem politischen Machtfaktor werden.

Einfluss von Medien auf den Inhalt

Medien kommen nicht ohne eine **technische** Verbreitungsinfrastruktur aus. Bis vor Kurzem ermöglichte diese nur die Kommunikation in eine Richtung. Die Massenmedien sind allgemein zugänglich, wenn auch nicht kostenfrei. Medien nutzen seit jeher die technischen Darstellungsmöglichkeiten. Ihre Texte waren immer multimodal und verbanden früh Text und Bild, später auch Ton und Film.

Eine wesentliche Leistung von Medien ist es, Sachverhalte **verständlich** und **transparent** aufzubereiten. Dabei gilt Transparenz nicht nur im Hinblick auf Informationsquellen, sondern z. B. auch mit Blick darauf, dass die jeweiligen **Sprechakte** explizit gemacht werden: Ob sie informieren, eine Meinung äußern, etwas fordern, die Selbstdarstellung von jemandem wiedergeben usw. Dies kann bis hin zu einer Differenzierung von Sende- und Textformaten oder Rubriken führen.

Vertiefung: Vermittlungsleistung und Transparenz

Um ihrer Funktion nachzukommen, bedarf es also der Darstellungsfähigkeit, eines kritischen Bewusstseins und nicht zuletzt politisch-gesellschaftlichen Sachverstandes, der auswählt, gewichtet, bewertet. Das alles ist die Leistung von Journalistinnen und Journalisten als Teil einer professionellen **Redaktion**, die in den Massenmedien eine wichtige **Gatekeeper-Funktion** hat. Sie ist der kollektive Autor, der für die Texte **verantwortlich** ist. Diese können der Redaktion als Urheber zugeschrieben werden, was einerseits die Vermarktungsrechte beinhaltet, andererseits aber auch definiert, wer sich im Zweifelsfalle für die Texte rechtfertigen muss – inhaltlich, moralisch, rechtlich.

zentrale Rolle der Redaktion, Gatekeeper-Funktion

Zweiter Teil
Veränderungen durch Twitter

(Bezug zu M 1)

Was ändert sich durch die Vernetzungsmöglichkeiten des Internets? Was zeigt das Beispiel Twitter? Es ist zunächst einmal ganz erhellend zu sehen, **was sich *nicht* ändert**. Der **Verbreitungskanal** und das **multimodale Format** der Texte sind schon genannt worden. Twitter teilt mit ihnen die **Geschwindigkeit**, denn Radio und Fernsehen übertrugen schon live, als an das Internet noch nicht einmal gedacht war. Es teilt mit ihnen die allgemeine **Zugänglichkeit**, bei Twitter noch verstärkt dadurch, dass es kostenlos ist und alle Beiträge ohne Anmeldung einsehbar sind. Es teilt die Funktion, „so eine Art kostenloses **Archiv**“ zu sein, wie es der bekannte Netzautor Sascha Lobo einmal formuliert hat. Und auch Twitter steht in **Konkurrenz** zu anderen Medienangeboten und hat damit ebenfalls ein **kommerzielles Interesse**, das auf Werbeeinnahmen zielt.

(Bezug zu M 4)

Neues an Twitter

(Bezug zu M 1)

Drei Aspekte zeichnen Twitter aus: Da ist zunächst die technisch bedingte **Kürze**. Ein „Tweet“ darf höchstens 280 Zeichen umfassen; Twitter ist damit sicher prototypisch für eine Tendenz zur Kürze im Netz, die mit dem schnellen und oft beiläufigen Lesen und Schreiben von Netztexten korrespondiert. Zudem ermöglicht Twitter **Kommunikation in zwei Richtungen**. Leser können zu Autoren werden, selbst Beiträge schreiben und sich explizit durch Hashtags oder Links auf andere Beiträge beziehen. Und sie können Beiträge direkt kommentieren. Zudem lassen sich Hashtags, Nutzerprofile oder Following nutzen, um aus der unüberschaubaren Fülle von Beiträgen eine Auswahl zu treffen. Zum Dritten **fehlt** eine **Redaktion**, die als Gatekeeper auftritt. Die Kommunikation ist direkt und ungefiltert.

bidirektionale Kommunikation

Wegfall der Redaktion

Diese drei Aspekte verändern die politische Kommunikation deutlich. Im dritten Teil meines Vortrags soll umrissen werden, „[w]ie stark neue Medientechnologien auf die Genese politischer Öffentlichkeit einwirken", um eine Formulierung des Kulturwissenschaftlers Andreas Bernard aufzugreifen. Ich orientiere mich dabei am **Kommunikationsdreieck** von Nachricht, Leser und Autor.

Dritter Teil
Überleitung, Gliederung anhand des Kommunikationsdreiecks

(Bezug zu M 6)

Beginnen wir mit der **Nachricht**. Die Möglichkeiten der Verlinkung bettet diese stärker in laufende Diskussionen ein. Die **multimodale Gestaltung** durch Bild, Ton und Film erhöht die Wirksamkeit, weil die Wahrnehmung direkter erfolgt. Ob die Glaubwürdigkeit dadurch steigt, steht auf einem anderen Blatt. Bilder lassen sich bekanntlich verändern, im Ausschnitt oder Kontext anpassen und sind damit potenziell auch Manipulationsmedien.

1. Nachricht

multimodales Format

Klarmachen muss man sich auch, dass soziale Medien nicht markieren, welche Art des Sprechaktes vorliegt. Während in den Tageszeitungen die Ressorts klar zwischen Information und Meinungsäußerung unterscheiden, muss dies bei Twitter der Leser klären. Zumeist – so hat es der Sprachwissenschaftler Heiko Girnth in einem Aufsatz zu „Neue[n] Formen des politischen Sprachhandelns im Internet" herausgearbeitet – gehen verschiedene **Sprechakte** in- und durcheinander. Die Absichten sind oft nicht Klarheit und Deutlichkeit, sondern Imagepflege, Themensetzung, Einflussnahme im Meinungskampf, Kampagnen usw. Ich komme darauf noch zurück.

Ineinander von Sprechakten

(Bezug zu M 2)

Viel diskutiert werden auch die **Konsequenzen der Kürze** der Beiträge. Die Journalisten Markus Feldenkirchen und Veit Medick haben die Positionen im Magazin „Der Spiegel" exemplarisch gegenübergestellt: Sie führen einerseits Sascha Lobo an, der meint, „Twitter hat die Debatte sehr bereichert und sogar verbessert", weil die **Partizipation** aller möglich sei, „Debatten noch nach Monaten nachvollziehbar seien" und die Kürze zu **Prägnanz und Präzision** zwinge. Dagegen wird Robert Habeck zitiert, der Twitter als „toxisches Medium" bezeichnet und sich 2019 dort abgemeldet hat. „Der Ansporn, einen Tick **unsachlicher** zu sein, liegt im Medium begründet", so Habeck, und er konstatiert, dass „[d]er politische Diskurs […] zunehmend **verwahrlost**" sei.

Kürze in ihrer Ambivalenz
(Bezug zu M 4)

Medien wie Twitter haben auch einen **Einfluss auf die Sprache**. Die Linguistin Angelika Storrer unterscheidet mit Blick auf das Internet das herkömmliche textorientierte Schreiben, wo das Textprodukt und das planende und überarbeitende Verfassen im Mittelpunkt stünden, von **interaktionsorientiertem** Schreiben. Dieses sei durch konzeptionelle Mündlichkeit geprägt und stelle auf Kosten von „Prägnanz und sprachliche[r] Elaboriertheit" die „Beziehungsgestaltung" ins Zentrum. Dieses sprachliche Register findet sich bei Twitter

Sprache: textorientiertes vs. interaktionsorientiertes Schreiben

(Bezug zu M 3)

nicht nur in den Kommentaren, sondern auch in den Tweets – dort aber gerade bei den professionellen politischen Nutzerinnen und Nutzern eher im Dienst einer kalkulierten Inszenierung von Spontaneität, Lesernähe und Bodenhaftung.

Betrachtet man die Auswirkungen digitaler Vernetzung auf die **Rezipienten** politischer Kommunikation, so ist das Kommentieren ein Gewinn an Beteiligungsmöglichkeiten. Es handelt sich allerdings nur in einem eingeschränkten Sinne um ein direktes Gespräch, weil das Sprechen vor der und für die Öffentlichkeit stattfindet. Der Leser nimmt damit die **Rolle** eines öffentlichen Subjekts ein. Zudem ist der Kreis der **User** im Falle von Twitter nicht nur eine netzaffine Klientel, sondern auch der professionelle Journalismus, der Tweets als Quelle nutzt. Darin liegt auch eine Gefahr, dass sich die politische Kommunikation ein Stück weit medial verselbstständigt.

2. Leser

Rolle des Lesers

Das Fehlen einer Gatekeeper-Funktion hat für den Leser gravierende Folgen, denn letztlich muss er die Leistungen übernehmen, die sonst bei Redaktionen lagen. Dies bürdet dem Leser enorme **Herausforderungen** an Einordnung und Bewertung auf und verlangt kritische Distanz. Es beginnt schon bei der **Auswahl** von Tweets. Zwar „unterstützen" im Hintergrund Algorithmen, doch sind deren Kriterien nicht transparent und ist deren Interesse zu einem Gutteil kommerziell, schließlich muss die Plattform Werbung verkaufen, um zu überleben. Die Herausforderungen beziehen sich vor allem auf die **Glaubwürdigkeit der Inhalte**, auf die Statthaftigkeit von Forderungen und auf die Konfrontation mit Emotionalisierungen als traditionellem Element politischer Rhetorik. Hier gilt es immer auch das **Interesse des Verfassers** zu identifizieren. Alltagserzählungen, Selbstaussagen usw., wie man sie oft auf Twitter findet, menscheln bewusst, sie operieren auf der Beziehungsebene und zielen auf Imagepflege und Identifikation. Der schon zitierte Medienwissenschaftler Heiko Girnth zeigt am Beispiel der CDU-Politikerin Kristina Schröder, wie diese sich durch die Schilderung eines Besuchs bei einer Tafel als alltagsnahe Kümmerin inszeniert. Dass die Nutzerinnen und Nutzer hier durchaus kritisch agieren, ist belegt: In einer von Jürgen Scharrer veröffentlichten Untersuchung von 2019 unterstellen nur 14 % der Befragten Online-Ausgaben von Zeitungen ein Glaubwürdigkeitsdefizit, aber 48 % halten Social Media für eher unglaubwürdig.

Leser muss Leistung der Redaktion übernehmen

Herausforderung an den Leser: Auswahl

kritisches Bewusstsein, Urteilskraft

(Bezug zu M 2)

Untersuchung zeigt kritisches Bewusstsein (Bezug zu M 7)

Bleibt noch der Blick auf die dritte Seite der politischen Kommunikation, den **Autor**. Für die am politischen Diskurs Beteiligten ist Twitter **attraktiv**. Der **Aufwand** ist gering, die **Reichweite** hoch. Ungefiltert, unbeeinflusst, ungerahmt können Botschaften **direkt** veröffentlicht werden. Das eröffnet alle Möglichkeiten der politischen

3. Autor
Attraktivität durch Direktheit

Rhetorik und Selbstdarstellung, aber auch des manipulativen Sprechens – vom Untergraben der Autorität des politischen Gegners, dem Framing, d. h. dem Einsatz von negativ konnotierter Metaphorik, bis hin zu schieren Fake News oder einer Flutung des Diskurses mit Behauptungen und Meinungen. Nicht, dass es dies in den traditionellen Massenmedien nicht auch gegeben hätte. Die **Verantwortlichkeit** und Kontrolle ist aber auf den Netzplattformen geringer. Eine harte Grenze stellen – abgesehen von politischen Konsequenzen, die oft erstaunlich gering sind – eigentlich nur das Persönlichkeitsrecht, das Beleidigungen verbietet, und der Tatbestand der Volksverhetzung dar, beide freilich nur im nationalen Recht verankert.

Verstärkungseffekt (Bezug zu M 5)

Der Journalist Thomas Ammann verweist auf einen weiteren Faktor: Wie er am Beispiel Greta Thunbergs erläutert, garantiert Twitter ab einem bestimmten Grad an Bekanntheit eine **Selbstverstärkung** von Äußerungen, die von Followern gelikt und geteilt werden. Ammann sieht diesen Verstärkungseffekt durchaus ambivalent, denn gesteigert würden sowohl „Empowerment in dem Sinne, dass sich soziale Bewegungen […] in Windeseile formieren können", als auch Manipulationen aller Art.

Autoren als konstruierte, oft kollektive Subjekte

Zudem muss man bedenken, dass Akteurinnen und Akteure im politischen Diskurs immer **konstruierte Subjekte** sind, die in einer Rolle agieren. Das gilt nicht nur, wenn Institutionen sich äußern, sondern auch, wenn „Donald Trump" oder „Elon Musk" schreiben. Hier sind oft ganze Stäbe von Kommunikationsprofis und Spindoktoren am Werk, die Imagepolitik betreiben, Strategien erarbeiten und Kampagnen managen. Der Medienwissenschaftler Andreas Bernard weist darauf hin, dass in der Selbstdarstellung „eine Amalgamierung von Amts- und Privatperson statt[findet]". Wir erleben gewissermaßen die Fortsetzung der klassischen Homestory mit modernen Kommunikationsmitteln, die eine neue Qualität des Politisch-Privaten hervorbringt, flankiert von sprachlichen Mitteln konzeptioneller Mündlichkeit und der Suggestion von Austausch. Das *docere*, also Information und Argumente, tritt in der politischen Rhetorik der digitalen Vernetzung zurück hinter das *delectare*, die Unterhaltung, und das *movere*, die Emotion.

(Bezug zu M 6)

Fazit: Bündelung der wesentlichen Informationen

Ich fasse zusammen: Die Untersuchung von Twitter als ein Beispiel für die Veränderungen der politischen Kommunikation durch digitale Vernetzung hat einige **Kontinuitäten** gezeigt. Hinsichtlich Verbreitungskanal, Zusammenwirken verschiedener Medien, Geschwindigkeit, Zugänglichkeit, Archivierungsmöglichkeiten und einem indirekt kommerziellen Interesse unterscheidet sich Twitter kaum von den klassischen Massenmedien. Charakteristisch **neu** ist seine Kürze in ihrer Ambivalenz zwischen Oberflächlichkeit und Prägnanz. Neu ist die Möglichkeit zur Kommunikation in zwei Richtungen, die zu verstärkter Beteiligung und Rückkopplung, zu einer Verstärkung von Impulsen und Kampagnen und zu vermehrtem Gebrauch konzeptioneller Mündlichkeit führt. Die weitreichendsten Folgen hat das Fehlen einer Redaktion mit ihrer Gatekeeper-Funktion. Dies ermöglicht eine direkte Gestaltung von Inhalten, Themen und Selbstinszenierung und schafft Beteiligungsmöglichkeiten, lässt aber auch ein Ineinander von Sprechakten zu und öffnet allen Formen politischer Rhetorik, interessengeleiteter Zurichtung und Manipulation die Tür. Der Leser muss viele Funktionen, die sonst Redaktionen haben, selbst übernehmen, muss kritisch auswählen, einordnen und bewerten. Urteilsfähigkeit sichert ihm Autonomie, ist aber eine Herausforderung an Können und Wollen.

Ausblick auf aktuelle Diskussion

Dies gilt umso mehr, als der Leserschaft oft institutionelle Kommunikationsprofis gegenüberstehen. Hier verschiebt sich die Macht im politischen Diskurs zuungunsten der Nutzerinnen und Nutzer. Deshalb entwickelt sich zunehmend eine Debatte darüber, ob aus den Einflussmöglichkeiten von Plattformen wie Twitter nicht die Verantwortung erwächst, diese auch redaktionell zu betreuen. Die Debatte wird so schnell nicht verstummen. Sie wird uns sicherlich noch bei unserem Seminarwochenende beschäftigen.

MATERIALGESTÜTZTES VERFASSEN EINES INFORMIERENDEN TEXTES (VORTRAG)

Thema: Künstliche Intelligenz und die Schreibkultur

Aufgabenstellung

An Ihrer Schule ist angesichts des öffentlich im Internet zugänglichen Chatbots GPT-3 eine hitzige Debatte über die Möglichkeiten und Probleme textgenerierender Systeme entbrannt. Im Rahmen der SMV (Schülermitverantwortung) wollen Sie bei der Diskussion und den Entscheidungen der Schule über ihre Nutzung mitbestimmen. Sie haben die Schulleitung, die Lehrkräfte und die Schülerinnen und Schüler der Oberstufe sowie interessierte Eltern zu einer Informationsveranstaltung eingeladen, auf der die Problematik sprachverarbeitender Systeme der künstlichen Intelligenz in einem größeren Kontext vorgestellt werden soll.
An dieser Veranstaltung wollen Sie den Einführungsvortrag mit dem Titel „Durch künstliche Intelligenz bedingte Veränderungen der Schreibkultur in Schule und Hochschule – Chancen und Risiken" halten.

Nutzen Sie dazu die Materialien 1–7 und beziehen Sie unterrichtliches Wissen und eigene Erfahrungen mit ein. Verweise auf die Materialien erfolgen unter Angabe der Autoren und ggf. des Titels.

Ihr Vortrag sollte zwischen 1000 und 1500 Wörter umfassen.

Material 1 Vera Linß: Maschinen fehlt der gesunde Menschenverstand (2018)

Sprachassistenten, die kommunizieren. Computer, die Gesichter erkennen. Autos, die sich selbst steuern: Intelligent wirkende Maschinen ziehen unaufhaltsam in den Alltag ein. Für die einen sind sie Heilsbringer, anderen macht sie Angst. Mit ihrem Buch will die Philosophin Manuela Lenzen beide Sichtweisen auf ein Normalmaß zurechtrücken und zeigen, was Künstliche Intelligenzen tatsächlich sind und was sie überhaupt leisten können. [...]
Drei Forschungsziele beschreibt Manuela Lenzen. Systeme zu schaffen, die konkret eingegrenzte Leistungen erbringen. Besser zu verstehen, wie der Mensch denkt. Und eine künstliche allgemeine Intelligenz herzustellen, die den Menschen imitiert. Maschinenintelligenz bedeute, dass Systeme lernen und sich selbst verbessern können, schlägt die Philosophin als Definition vor. [...]

Doch auch wenn Computer bei der Gesichtserkennung, der Durchforstung von Patientendaten oder bei Übersetzungsprogrammen bereits effektiver sind als Menschen: In der Imitation des menschlichen Könnens sind sie begrenzt. Beispiel Literatur: Maschinelle Übersetzungen können nur einen Rohstoff liefern und experimentelle Roboter wie der iCub, der wie ein Kind lernen soll, schafft dies nur mit Unterstützung eines menschlichen Lehrers. Maschinen fehle der gesunde Menschenverstand und das Hintergrundwissen, um wirklich selbständig zu handeln, relativiert Manuela Lenzen. [...]

Aus der Sendung „Buchkritik" des Deutschlandfunk Kultur vom 23. 02. 2018. Eine Rezension zu dem Buch von Manuela Lenzen, Künstliche Intelligenz. Was sie kann & was uns erwartet. https://www.deutschlandfunkkultur.de/manuela-lenzen-kuenstliche-intelligenz-maschinen-fehlt-der-100.html.

Material 2 Marc Bovenschulte, Julian Stubbe: Intelligenz ist nicht das Privileg von Auserwählten (2019)

Im Jahr 1987 formulierte Victor Serebriakoff[1] [...] bei seiner Reflexion über die biologische und die – zu diesem Zeitpunkt noch recht überschaubare – künstliche Intelligenz (KI), dass Intelligenz stets ihre eigene Vervollkommnung anstrebe. Serebriakoff betrachtete den Menschen dabei nicht als eine Spezies von Auserwählten, der das Recht vorbehalten sei, intelligent zu sein gegenüber einer profanen, nicht-intelligenten Umwelt. Vielmehr verstand er Intelligenz als etwas Universelles, das sich über unterschiedliche Substrate[2] hinweg infolge von neuen, sich stetig verändernden Informationen optimiert. So gesehen lässt sich die Evolution des Lebens auch als eine der Intelligenz verstehen. Sie strebt an, sich unabhängig vom Lebewesen oder vom materiellen Substrat weiterzuentwickeln. Nach Serebriakoff ist es nur logisch, dass die Intelligenz eine Erweiterung ihrer Fähigkeiten durch Erweiterung ihrer materiellen Basis sucht – also vom Neuron zum Chip. Die KI ist damit unter Umständen eine Erweiterung oder Fortsetzung der natürlichen Intelligenz, sie stellt keine Konkurrenz und damit auch nicht per se eine Bedrohung dar. [...]

Veränderungen [...] von gegebenen Strukturen erscheinen aus dieser Sicht nicht als gleichsam kosmische Ereignisse, sondern sind vielmehr, wie in der biologischen Evolution, Ergebnisse kontinuierlicher Mutation[3] und Selektion[4]. Durch diese entsteht Neues, einzelne Innovationen setzen sich durch und werden als funktionierende Technik zur Grundlage für Folgeinnovationen. [...]

Der Mensch schafft sich somit auch durch die „Entfesselung der KI" nicht selber ab, sondern verändert sich, wie er es bereits während seines gesamten Daseins im Wechselverhältnis mit seiner Umwelt getan hat. Die Intelligenz wandelt sich ebenfalls, sie wechselt das Substrat von in vivo[5] zu in silico[6], von Analytik zur Kreativität und so weiter.

Aus: Volker Wittpahl (Hrsg.), Künstliche Intelligenz. Technologie, Anwendung, Gesellschaft. Heidelberg (Springer Verlag) 2019, S. 215–220, hier S. 215 ff.
Das Autorenteam Bovenschulte / Stubbe ist unter anderem wissenschaftlich in den Bereichen Zukunftsforschung und Digitalisierung tätig.

Anmerkungen

1 Victor Serebriakoff (1912–2000): britischer Autor und als langjähriger Vorsitzender der Hochbegabtenvereinigung „Mensa International" mitverantwortlich für die globale Ausweitung der IQ-Gesellschaft (IQ = Intelligenzquotient)
2 Substrat: Substanz, Grundlage
3 Mutation: dauerhafte Veränderung
4 Selektion: Ausleseprozess
5 in vivo: Damit werden Prozesse bezeichnet, die im lebendigen Organismus ablaufen.
6 in silico: Damit werden Vorgänge bezeichnet, die im Computer ablaufen. Der Begriff rührt von der Tatsache her, dass Computerchips auf der Basis des chemischen Elements Silicium hergestellt werden.

Material 3 Roberto Simanowski: Künstliche Intelligenz und Ethik. Ist Gerechtigkeit programmierbar? (2022)

Smarte Computer werden eines Tages bestimmen, was wir für richtig und falsch halten. Entscheidend ist jedoch, wer sie füttert – und womit. […]
Der Mensch ist das Ensemble[1] seiner gesellschaftlichen Verhältnisse, sagt Marx[2] […]; der Mensch ist, so später die Postmoderne, der Schnittpunkt seiner Diskurse: der Reden, die er hört, der Texte, die er liest. Dort hat er seine Ansichten her: seine Werte, seine Überzeugungen, seine Vorurteile. Nicht anders bei der KI. Auch sie ist, was sie isst: die Summe der Daten, mit denen sie gefüttert wird.

So weit, so menschlich. Der kleine Unterschied: Der Einfluss eines Menschen, der ja das Produkt einer mehr oder weniger gelungenen Erziehung ist, auf andere Menschen bleibt meist begrenzt, selbst wenn er Lehrer werden sollte oder Autor oder eine öffentliche Person.

Die KI aber ist ein Werkzeug, das Millionen Menschen nutzen: um sich zu informieren, über Fakten (historische Jahreszahlen, geografische Details), aber eben auch über politische und moralische Fragen. Jedenfalls wenn es sich […] um ein Sprachmodell handelt und nicht um eine KI, die Auto fährt.

Die Frage, an welchen Daten diese KI trainiert wird, ist die Frage der Zukunft, weil die sprachverarbeitende KI unser Verhältnis zur Welt bestimmen wird. Eine technische Frage, gewiss, vor allem aber eine politische. […] Die meisten KI-Sprachmodelle haben einen amerikanischen Akzent, sagen Fachleute, denn es sind vor allem Texte aus den USA, an denen die KI das „Denken" lernt. Dass die KI-Entwickler im Silicon Valley ihr Baby nicht auf eine chinesische Schule schicken wollen, ist verständlich.

Also Texte aus den USA, damit die westliche Perspektive gesichert ist? Zum einen sind die USA nicht der ganze Westen. Zum anderen repräsentiert die KI nicht alle Amerikaner*innen, wenn ihre Trainingsdaten vorrangig von Wikipedia und […] Reddit[3] bezogen werden, wo weiße junge Männer dominieren. Verständlich also, dass viele im Bereich der KI-Ethik eine genaue Kuratierung[4] der Daten fordern. Den einen genügt dabei, dass alle Daten im Internet gleichermaßen berücksichtigt werden. Für andere ist das die Fortschreibung der disproportionalen Bevölkerungsverhältnisse online: die Dominanz junger, männlicher, bessergestellter Nutzer. Sie fordern eine statistische Verrechnung gemäß der Offline-Bevölkerung.

Aus: Roberto Simanowski, DER SPIEGEL 33/2022, https://www.spiegel.de/kultur/kuenstliche-intelligenz-und-ethik-ist-gerechtigkeit-programmierbar-a-7dc01c8e-b2b5-40c6-bfc9-90dfa0b6c99b
*Roberto Simanowski (*1963) ist Kultur- und Medienwissenschaftler.*

Anmerkungen

1 das Ensemble: hier: die Summe
2 Karl Marx (1818–1883): deutscher Philosoph und einflussreicher Theoretiker des Kommunismus
3 Reddit: populäre amerikanische sog. Social-News-Website, die von Benutzern gepostete Nachrichtenbeiträge und Geschichten enthält, die wiederum von anderen Benutzern nach Beliebtheit eingestuft und kommentiert werden
4 Kuratierung: Beaufsichtigung, Betreuung, Verwaltung

Material 4 Wolfgang Krischke: Trainingsrunden für Sprachroboter (2023)

Der derzeit wohl populärste Dialogpartner weltweit ist eine Künstliche Intelligenz mit dem sperrigen Namen ChatGPT-3. Das amerikanische Unternehmen Open AI schaltete den Chatbot am 30. November [2022] für die Öffentlichkeit frei. Die Zahl der Nutzer, die mit ihm plaudern, Informationen erfragen oder sich von ihm Texte schreiben lassen, überschritt schon wenige Tage später die Millionengrenze. [...]

Wir möchten von ihm wissen, wo in deutschen Sätzen das gebeugte Verb steht. Die Frage ist nicht einfach, denn je nach Satztyp wird das Verb am Anfang (Arbeitet sie heute?), an zweiter Stelle (Heute arbeitet sie) oder auch am Ende (wenn sie heute arbeitet) platziert. ChatGPT-3 gibt eine lange, mit grammatischer Terminologie gespickte Antwort, die auf den ersten Blick kompetent wirkt, tatsächlich aber eine kaum entwirrbare Mixtur aus Richtigem und Falschem ist. [...] Was das Sprachmodell liefert, hat es aus Grammatikbüchern und Wikipedia-Artikeln zusammengeklaubt, die zu seinen mehreren Millionen Trainingstexten gehören. Diese Informationsbruchstücke hat es sprachlich korrekt, aber inhaltlich falsch zusammengeleimt. Ein Verständnis von dem, was es sagt, hat das KI-System bei der Grammatik so wenig wie bei jedem anderen Thema, zu dem es sich äußert, ob es um Fußball, Schminktipps oder Molekularbiologie geht. [...]

Weder ein Regelwerk noch eine kommunikative Absicht bringt also die Sätze von ChatGPT-3 hervor, sondern eine statistisch getriebene Wort-an-Wort-Stückelei. [...] Kommt es [beim Chatbot] nun bei den ersten Trainingsdurchläufen zu unbefriedigenden Ergebnissen – ungrammatische Sätze, falsche Übersetzungen, unsinnige Antworten –, sorgen Rückkoppelungen dafür, dass sich die Gewichtungen verändern und der Lernprozess von Neuem beginnt. Die Erfolgskontrolle nehmen sowohl menschliche Trainer als auch Algorithmen[1] vor. Oft braucht es Tausende solcher Korrekturschleifen, in denen sich das System immer wieder neu justiert, bis das gewünschte Ergebnis erreicht ist. Bei ChatGPT-3 und anderen Chatbots tragen auch die Eingaben der Nutzer zur Optimierung des Systems bei.

Künstliche neuronale Netze, die für große Systeme wie GPT-3 verwendet werden, verfügen über mehrere Schichten von Neuronen. [...] Wie ein neuronales Netz zu seinen Ergebnissen kommt, vermag im Detail niemand zu sagen. Was in seinem Inneren abläuft, ist so komplex, dass auch seine Entwickler es nicht durchschauen. In dieser Intransparenz sieht Hinrich Schütze, Direktor des Zentrums für Informations- und Sprachverarbeitung an der Münchner Ludwig-Maximilians-Universität, „ein Riesenproblem“. Der Grund: Viele Fehlleistungen des Systems lassen sich nicht auf ihre Ursachen zurückführen. Ein weiteres Problem ist, dass die Fortschritte dieser Sprachverarbeitungstechnologie bislang an immer weiterwachsende Datenmengen gekoppelt sind. So soll das bereits angekündigte Nachfolgesystem GPT-4 auf eine noch gigantischere Ansammlung von Trainingstexten zurückgreifen. [...] Hinzu kommt, dass Datenmassen, wie sie ChatGTP-3 für sein Training verarbeitet, für die meisten der etwa 6000 Sprachen auf der Welt nicht zur Verfügung stehen.

Aus: Wolfgang Krischke: Trainingsrunden für Sprachroboter. Frankfurter Allgemeine Zeitung Nr. 21, 25. 1. 2023, S. 4,
*Wolfgang Krischke (*1959) ist Journalist und Sprachwissenschaftler.*

Anmerkung

1 Algorithmus: Verfahren zur schrittweisen Umformung von Zeichenreihen. Mittels Algorithmen ahmen künstliche Neuronen in einem neuronalen Netz die Nervenzellen im Gehirn nach. Die gigantischen Verknüpfungsmöglichkeiten in diesen künstlichen neuronalen Netzen ermöglichen es, mit dem Computer sehr komplexe Aufgaben zu lösen.

Material 5 Andreas Bernard: Wie Gefühle zu Buchstaben werden (2023)

Die Entwicklung von ChatGPT [kann] mit einer bedeutsamen Schwelle in der Geschichte des Schreibens zusammengedacht werden [...]. Die Literaturwissenschaftler Heinrich Bosse und Albrecht Koschorke haben in ihren großen Studien über die Herausbildung des modernen Subjekts in der zweiten Hälfte des 18. Jahrhunderts betont, dass Alphabetisierung und Empfindsamkeit[1] als Komplementärphänomene[2] aufzufassen sind; erst die „schriftkulturelle Mentalität“, so Koschorke, bringt „mit reichem Innenleben ausgestattete Subjekte“ hervor.

Schreiben heißt im Zuge dieser neuen Mentalität nicht mehr, vorgefertigte Elemente aus einem Bausatz rhetorischer Wendungen zu kombinieren, sondern die getreue Ausdrucksform einer individuellen Seele zu finden. Für die Gattung des Briefes wird dieser Wandel für den deutschen Sprachraum vor allem in Gellerts[3] Abhandlung um 1750 deutlich, in denen er die Unzulänglichkeit der im 17. und frühen 18. Jahrhundert obligatorischen „Briefsteller“[4] geißelt und die Notwendigkeit herausstellt, im Schreiben seinem „eignen Naturelle“ zu folgen, die einzigartige Innenwelt in einzigartige Worte zu kleiden. Praktische Einübung in diese Kulturtechnik des individuellen, aus der Einbildungskraft und dem Gefühl schöpfenden Schreibens sollen die höheren Schulen und Universitäten leisten. Nach 1750 mehren sich die pädagogischen Anleitungen, wie sich die Ablösung von auswendig gelernten lateinischen Reden durch das Verfassen selbstformulierter Texte in der Muttersprache vollziehen soll. Das empfindende Subjekt ist das schreibende Subjekt, das in den 1770er-Jahren dann sowohl den literarischen Kult um das Dichtergenie befeuert als auch das moderne Urheberrecht in die Welt bringt – denn die literarischen Ergüsse unvergleichlicher Seelen gehören allein ihnen selbst und können nicht beliebig nachgedruckt werden wie frühere Texte, die nur aus Wörtern bestanden, die aus anderen Wörtern zusammengesetzt waren.

In den sechs Wochen seit der Freischaltung von ChatGPT haben zahlreiche Artikel die Frage gestellt, ob der von Version zu Version leistungsstärkere Textgenerator in naher Zukunft die schriftlichen Leistungsnachweise an Schulen und Universitäten abschaffen werde. […]
Die unter den Bedingungen von Google immer schon mitlaufende Skepsis der Dozentinnen und Dozenten, dass Seminar- und Abschlussarbeiten dem latenten Plagiatsversuch[5] ausgesetzt sind, verwandelt sich mit dem Auftauchen von ChatGPT in eine nicht mehr kontrollierbare Situation. Ob ein Student seinen Essay zum Teil bei früheren, online verfügbaren Arbeiten abgeschrieben hat, lässt sich mit erheblichem Aufwand per Plagiatssoftware prinzipiell noch ermitteln. Ob er ihn durch Befragen des Textgenerators erstellt hat, kann nicht rekonstruiert werden, weil dessen Werk eine so einzigartige wie ursprungslose, aus der Rechenoperation des Moments hervorgegangene Fassung ist.
Der Verdacht ist daher begründet, dass die schriftliche Hausarbeit im Angesicht von ChatGPT und seinen optimierten Nachfolgern in naher Zukunft abgeschafft oder in ihren Fragestellungen stark modifiziert werden wird. […]
Für die Geschichte des Schreibens, für die historische Beziehung zwischen dem, was der Mensch ist, und der Art, wie er sich äußert, könnte mit der Freischaltung der Computerintelligenz von ChatGPT ein Zeitalter beginnen, in dem sich die Schrift 250 Jahre nach dem Innerlichkeitsprogramm der Philosophen, Pädagogen und Dichter wieder vom Individuum entkoppelt. […]

Aus: Andreas Bernard: Wie Gefühle zu Buchstaben werden. Süddeutsche Zeitung Nr. 12 vom 16. 1. 2023.
Andreas Bernard (1969) ist Kulturwissenschaftler, Journalist und Publizist.*

Anmerkungen

1 Die Empfindsamkeit ist eine literarische Strömung zur Zeit der Aufklärung. Sie setzt dem Rationalismus der Aufklärung das Gefühl entgegen.
2 Komplementärphänomene: Phänomene, die sich ergänzen
3 Christian Fürchtegott Gellert (1715–1769): deutscher Dichter und Moralphilosoph in der Übergangszeit von Aufklärung, Empfindsamkeit und Sturm und Drang
4 Als „Briefsteller" bezeichnet man ein Buch, das Anleitungen und Beispiele zum Briefeschreiben gibt – eine Textgattung, die vor allem im 17. und 18. Jahrhundert an Bedeutung gewann.
5 latent: nicht unmittelbar sichtbar; Plagiat: ein geistiger Diebstahl, weil man Aussagen oder Ideen anderer Personen so präsentiert, als ob es die eigenen wären

Material 6 Philippe Wampfler: Betrug, Verbote oder Nutzung. Was GPTChat für die Schule bedeutet (2022)

Ein Blogpost über die Frage, wie Programme, die automatisch Texte generieren, in der Schule benutzt werden können, muss damit beginnen, dass ich ihn von einem solchen Programm schreiben lasse. Das habe ich [mit folgender Texteingabe, einem sog. Prompt,] gemacht:

*„Schreibe einen Blogpost zur Frage, wie Schüler*innen Programme verwenden können, die für sie Texte schreiben. Gehe darauf ein, welche Formen von Betrug es dabei gibt, wie Betrug erkannt werden kann und was das für die Beurteilung in der Schule bedeutet."*

Das verwendete Programm ist die Chat-Version von GPT-3. […] Das Beispiel zeigt, dass jede Form von Schreibaufgabe automatisiert werden kann. [Unter anderem formuliert die Künstliche Intelligenz Folgendes:]
*„In der heutigen Zeit ist es für Schüler*innen einfach, Programme zu nutzen, die für sie Texte schreiben. Diese Programme, auch als Schreibhilfen oder Textgeneratoren bekannt, sind im Internet leicht zu finden und oft kostenlos verfügbar. Sie können Schüler*innen dabei helfen, ihre Texte schneller und einfacher zu schreiben, und sind daher für viele eine verlockende Möglichkeit, sich bei Schulaufgaben und Hausaufgaben zu unterstützen.*
*Allerdings birgt die Nutzung solcher Programme auch das Risiko des Betrugs. […] Zum Beispiel können Schüler*innen die Texte, die von einem Programm generiert wurden, als ihre eigenen ausgeben, ohne dass es jemand bemerkt. Oder sie können Teile des generierten Textes mit ihren eigenen Worten kombinieren, um den Eindruck zu erwecken, dass sie selbst alles geschrieben haben.*
*Um Betrug in diesem Zusammenhang zu vermeiden, ist es wichtig, dass Schüler*innen verstehen, dass die Nutzung von Schreibhilfen-Programmen unfair und unredlich ist. […]"*

[Die KI sieht also selbst die Benutzung ihres Programmes als unredlich an. Diese Erkenntnis aber] führt zu zwei Problemen:
1. Wie erkennt man, ob ein Tool verwendet wurde?
2. Wie geht man mit Verstößen gegen das Verbot um?

[Wir können] damit rechnen, dass wie bei früheren Plagiaten ein Katz-und-Maus-Spiel beginnt: (Hoch-)Schulen werden Detektoren[1] beschaffen, Texterzeugungsprogramme werden so programmiert, dass sie die Erkennung umgehen können etc. Erwischt werden dann die Lernenden, die dilettantisch arbeiten. Der Umgang mit diesen Schüler*innen wird dem mit Plagiaten gleichen: schlechte Bewertungen, disziplinarische Maßnahmen. Generell wird sich ein ungutes Gefühl einschleichen, ein permanenter Verdacht gegen alle guten Texte. Sobald Schüler*innen Erwartungen übertreffen, wird jemand vermuten, dass hier eine KI im Einsatz gewesen sei.

Aber es gibt eine Alternative, [wie sie auf einem englischsprachigen Blog[2] beschrieben wird. Sie] geht von der Einsicht aus, dass KI-Tools viele Fehler machen, und schlägt dann diesen Umgang mit Hausaufgaben vor:
*„Stell dir vor, eine Schule erwirbt eine KI-Software, welche die Schüler*innen nutzen sollen. Jede generierte Antwort wird aufgezeichnet, damit Lehrer sofort feststellen können, ob die Schüler*innen ein anderes System verwendet haben. […] Das System wird häufig falsche Antworten liefern […]. Die eigentliche Fähigkeit in der Hausaufgabe wird darin bestehen, die Antworten zu überprüfen, die das System liefert – zu*

lernen, wie man ein Prüfer und Redakteur ist, anstatt ein bloßer Kopist und Wiederholer. Was an diesen neuen Fähigkeiten des Überprüfens und Redigierens[3] *überzeugt, ist, dass sie Kompetenzen enthalten, die in einer von KI dominierten Welt unglaublich wertvoll sind. Schließlich ist es nicht so, als ob das Internet ‚richtig' ist, solange der Inhalt von Menschen und nicht von KI generiert wird."*[4]

Aus: https://schulesocialmedia.com/2022/12/08/betrug-verbote-oder-nutzung-was-gptchat-fur-die-schule-bedeutet/
*Philippe Wampfler (*1977) ist Deutschlehrer und Dozent für Fachdidaktik Deutsch an der Universität Zürich. Er ist der Autor des Buches „Digitales Schreiben. Blogs & Co im Unterricht" (2020). Zu diesem Themenbereich unterhält Wampfler die Website „Schule Social Media" mit ständig aktualisierten Blogs. Der obige Beitrag ist einem dieser Blogposts vom Dezember 2022 entnommen.*

Anmerkungen

1 Detektoren: Nachweisgeräte
2 Siehe https://stratechery.com/2022/ai-homework/
3 redigieren: Texte bearbeiten, in ihre endgültige Form bringen
4 Im Blog von Philippe Wampfler ist dieses Zitat in Englisch veröffentlicht. Für das Dossier wurde diese Passage von GPT ins Deutsche übersetzt, allerdings waren bei der Übersetzung Überprüfung und Bearbeitung notwendig, um fehlerhafte Wörter zu korrigieren und einen verständlichen Nachvollzug des Zitats zu sichern.

Material 7 Karikatur (2023)

ChatGPT in der Bildung

Tech Toons / Cloud-Science.de

TIPP **Bearbeitungshinweise**

1. Aufgabenstellung: Format, Situation und Zieltext
Grundsätzlich ist es zunächst wichtig, zwischen argumentierendem und informierendem Schreiben zu unterscheiden. Im vorliegenden Fall handelt es sich um das **informierende Format mit dem Zieltext eines mündlichen Vortrags**. Nun gilt es, die ausführliche Aufgabenstellung sehr genau zu lesen und sich plastisch vor Augen zu führen: In **welche Situation** muss ich mich hineinversetzen? *(→ Informationsveranstaltung)* Was ist ihr **Anlass**? *(→ hitzige Debatte an Ihrer Schule über die Möglichkeiten und Probleme textgenerierender Systeme)* In welcher **Rolle** befinden Sie sich? *(→ Mitglied der SMV)* Was ist Ihr **Ziel**? *(→ Mitbestimmung über die Nutzung von ChatGPT)* Welche genauen Angaben gibt es zum **Zieltext**? *(→ Es handelt sich um einen Einführungsvortrag im Rahmen einer Informationsveranstaltung)* Wer sind Ihre **Adressaten**? *(→ Schulleitung, Lehrkräfte, Schülerinnen und Schüler der Oberstufe sowie interessierte Eltern)* Wie genau lautet Ihr **Thema**? *(→ „Durch künstliche Intelligenz bedingte Veränderungen der Schreibkultur in Schule und Hochschule – Chancen und Risiken“)*

Achtung: Auch wenn Sie **informieren**, so hat Ihr Vortrag dennoch **auch argumentative Züge**. Sie wollen nicht nur über textgenerierende Systeme aufklären, sondern über deren Nutzung mitbestimmen, d. h., Ihnen geht es darum, „Chancen und Risiken“ (Pro und Kontra) abzuwägen. Es gilt also einen **eigenen Standpunkt**, den der SMV, zu vertreten. Dabei sollten Sie sich z. B. darüber im Klaren sein, dass sich Ihr Vortrag an eine sehr heterogene Zielgruppe richtet. Sprechen Sie daher eventuell bestimmte Adressatengruppen direkt an. Thematisch sollten Sie neben dem eigenen Bereich der Schule auch allgemein das **Verhältnis von Schreibkultur und Bildung** im Blick haben.

2. Vorüberlegungen: eigenes Wissen / eigene Einstellung zum Thema
Vor Sichtung des Dossiers sollten Sie sich kurz **eigene Gedanken** in Stichpunkten zum Thema machen. Haben Sie Verständnisfragen? *(→ z. B. Was bedeutet Schreibkultur?)* Was wissen Sie über künstliche Intelligenz? Haben Sie bereits Erfahrung mit textgenerierenden Systemen? Wie ist Ihre Haltung bezüglich der Nutzung von ChatGPT in Schule und Hochschule? Können Sie sich Veränderungen in der Schreibkultur für die Zukunft vorstellen?

3. Textrezeption: Materialien sichten und auswerten
Die Bezugsmaterialien aus dem Dossier behandeln das Thema in der **Reihenfolge vom Allgemeinen zum Besonderen**, d. h. sie führen zunächst in das Spektrum „Künstliche Intelligenz“ ein (M 1, M 2), stellen dann ethische Schlussfolgerungen an (M 3) und wenden sich schließlich konkret dem Phänomen des Textgenerators ChatGPT zu (M 4), um seine Problematik zeitgeschichtlich (M 5) sowie pädagogisch für den Bereich der Schule (M 6, M 7) zu reflektieren. Dabei kommen **unterschiedliche Textsorten** zum Einsatz *(Rezension, journalistische Texte, Blogpost, Karikatur)*.

In einem ersten Lesedurchgang sollten Sie **Schlüsselbegriffe** markieren und die Texte mit **Randbemerkungen** versehen *(kurze Zwischenüberschriften, Pfeile, Verbindungslinien, Ausrufezeichen, Fragezeichen)*. **In einem zweiten Lesedurchgang** ist es sinnvoll, zu jedem Material eine **Leitfrage** zu formulieren, die Sie **stichpunktartig beantworten**. Dieses Vorgehen hilft Ihnen, sowohl **übergreifende Gesichtspunkte** zu finden als auch **wesentliche Detailaspekte** aus den Materialien herauszufiltern, die Sie in ein **Verhältnis zueinander** stellen können *(Gegensätze, Ähnlichkeiten, Schlussfolgerungen)*.

4. Von der Textrezeption zur Textproduktion: Inhaltspunkte erstellen und gliedern

Aus Ihren **stichpunktartigen Notizen** lassen sich in Verbindung mit Ihrem **Vorwissen** sog. **Inhaltspunkte** bilden. Diese gilt es nun im Sinne eines **Schreibplans zu gliedern**. Eine solche Gliederung macht sich von der Struktur der Bezugstexte frei und folgt der durch die Redesituation bedingten Struktur Ihres Zieltextes *(z. B. zunächst Sachverhalte erklären, dann Folgen und mögliche Probleme – also „Risiken“ – ableiten und schließlich konstruktive Vorschläge – also „Chancen“ – unterbreiten)*.

5. Textproduktion: Zieltext ausformulieren

Versetzen Sie sich beim **Ausformulieren Ihres Schreibplans** in die **vorgegebene Situation hinein** und achten Sie darauf, dass Sprache und Stil auf den Zieltext *(mündlich vorgetragene Rede)* abgestimmt sind *(Zuhörer*innen begrüßen, bestimmte Adressat*innen ansprechen, rhetorische Mittel verwenden)*. Wählen Sie zwischen Textbausteinen des **Informierens und Erklärens** *(definieren, mit Beispielen illustrieren, unterscheiden etc.)* und des **Überzeugens** *(hervorheben, abschwächen, vergleichen, rhetorische Fragen stellen, Wir-Gefühl vermitteln, eine Vision formulieren, appellieren etc.)*. Nutzen Sie bei der Integration fremder Aussagen verschiedene Formen der Redewiedergabe *(direktes oder indirektes Zitat)* und vergessen Sie nicht, die Namen der Autor*innen und die Textsorte zu nennen.

6. Überarbeitung

Nehmen Sie sich für die Überarbeitung Zeit und achten Sie neben der **Überprüfung der Sprachrichtigkeit** auch auf folgende Aspekte: Haben Sie einen attraktiven Einstieg *(Ohröffner)* gewählt und einen klaren Schluss gesetzt? Beziehen sich evtl. Anfang und Ende aufeinander? Ist in **Ihrem Vortrag ein roter Faden** erkennbar? Haben Sie sich in Ihren Ausführungen auf **möglichst alle Materialien** bezogen und eigene Aspekte aus Ihrem Wissensbestand integriert? Sind Ihre **Formulierungen eigenständig** genug und gehen Sie in Wortlaut und Struktur über die Bezugstexte hinaus? Werden die Sachverhalte anschaulich dargestellt, gibt es passende Überleitungen? Greifen Sie auf verschiedene Mittel zurück, um die Zuhörerschaft anzusprechen?

Lösungsvorschlag

Am Anfang war das Wort. Dann wurden ganze Sätze daraus. Und am Ende war der Text vollendet. Aber sah jemand, dass es gut war?

verfremdetes Zitat als Ohröffner

Verehrte Zuhörerinnen und Zuhörer, liebe Eltern, liebe Lehrerinnen und Lehrer, liebe Mitschülerinnen und Mitschüler,

Anrede

Sie haben es sicherlich bemerkt, ich habe mich soeben bei einer berühmten Textstelle aus der Bibel bedient, dabei aber den ursprünglichen Wortlaut willkürlich verändert. Ob dies urheberrechtlich redlich ist, sei erst einmal dahingestellt. Wichtiger scheint mir zunächst, dass dieser Eingriff in das biblische Zitat Sinn ergibt. Denn wir alle hier wissen, dass zwischen Welt und Sprache ein unmittelbarer Zusammenhang besteht. Dabei wird vor allem der Bereich der Sprache, genauer: die **Genesis von Texten**, im Blickpunkt unserer heutigen Informationsveranstaltung stehen. Es geht in meinem Vortrag um die grundsätzliche Frage, wie Texte heutzutage entstehen können und welche **Risiken und Chancen** für unsere Welt damit verbunden sind.

Hinführung

Anlass zu dieser wichtigen Frage bietet die rasante Entwicklung der **künstlichen Intelligenz** – abgekürzt KI – in den letzten zehn, zwanzig Jahren. Viele innovative Produkte aus der KI-Forschung sind für uns mittlerweile schon Alltag geworden: Wir kommunizieren mit Sprachassistenten wie Alexa oder Siri, wir nutzen Apps, die Gesichter erkennen, oder Haushaltsroboter, die unsere Fußböden reinigen, und wir diskutieren bereits die Vorzüge und Gefahren selbstfahrender Autos. Ein neuer Meilenstein, vielleicht aber auch ein Scheidepunkt in der Geschichte der KI ist nun das **textgenerierende System ChatGPT-3**, welches das amerikanische Unternehmen Open AI im November 2022 im Internet für die Öffentlichkeit freigeschaltet hat.

Entwicklung der künstlichen Intelligenz

(Bezüge zu M 1 und 4)

Was ist so revolutionär an diesem Chatbot? Warum erregt er so sehr die Gemüter, wieso spaltet er auch unsere Schulgemeinschaft in Befürworter und Kritiker und sorgt sogar für **hitzige Debatten** in den jeweiligen Lagern, also sowohl unter uns Schülern als auch unter den Lehrkräften und Eltern? Kurz und knapp gesagt, der Chatbot ist in der Lage, auf Kommando alle erdenklichen Texte auszuspucken, Hausaufgaben, Schulaufsätze und Seminararbeiten inklusive. Kein Wunder, dass das einen **Hype** entfacht. So manche Lernende sehen paradiesische Zeiten am Horizont, viele Pädagogen und Erziehungsberechtigte hegen dagegen immense Befürchtungen, dass den jungen „Digital Natives" neben dem selbstständigen Schreiben auch noch das Denken abhandenkommt, und Schulleitungen erwägen ein Verbot, ChatGPT-3 in ihren Einrichtungen zu nutzen.

Reaktionen auf ChatGPT-3

Liebe Schulgemeinschaft, wir von der SMV möchten gern die Diskussion um die Chancen und Risiken von ChatGPT versachlichen. Dazu gehört zunächst einmal, uns die **Funktionsweise** der textgenerierenden Systeme klarzumachen. Im Grunde **ahmen** diese Maschinen die **Nervenzellen im menschlichen Gehirn nach**. Sie tun das mit künstlichen Neuronen, die über Algorithmen mehrere Millionen digitale Trainingstexte durchforsten. Je nach Texteingabe (Prompt oder Input) werden in Windeseile wahrscheinliche Wortfolgen im Internet gesucht, bis das gewünschte Textergebnis (Output) erreicht ist. Sinnvolle und inhaltlich richtige Resultate kommen durch diese „statistisch getriebene Wort-an-Wort-Stückelei", wie der Sprachwissenschaftler Wolfgang Krischke es nennt, freilich nicht immer zustande. Er hat für einen Bericht in der FAZ den Chatbot testweise danach befragt, wo das gebeugte Verb in deutschen Sätzen überall positioniert werden kann. Krischkes Fazit: Der Chatbot GPT-3 hat die Informationen „sprachlich korrekt, aber inhaltlich falsch zusammengeleimt". Allerdings muss man einräumen, dass diese Sprachmaschine in der Lage ist **dazuzulernen**. In erneuten Trainingsdurchläufen justiert sich das System neu, zudem wird es sowohl durch menschliche Kontrolleure als auch durch die millionenfachen Eingaben der Nutzer beständig optimiert. Würden wir also erneut die grammatische Frage nach möglichen Positionen des Verbs stellen, erhielten wir auf jeden Fall eine andere Textversion, vielleicht mit einer dieses Mal auch inhaltlich richtigen Antwort.

Funktionsweise von ChatGPT

(Bezug zu M 4)

Gerade aber diese Fähigkeit der Maschinenintelligenz, sich selbst zu verändern und zu verbessern, ist auch ein großes **Problem**. Zum einen können selbst Fachleute nicht immer die inneren neuronalen Vorgänge durchschauen. Zum anderen werden wir stets mit neu generierten Satzfolgen konfrontiert, auch wenn wir denselben Prompt eingegeben haben. Das aber heißt, dass die künstlich gewonnenen Texte **keinen identifizierbaren Ursprung** haben. Wenn ich mich wie zu Beginn meines Vortrages auf einen Gedanken aus dem Buch der Bücher beziehe und ihn verändere, dann könnte man bei dieser Art der Textübernahme von einem „geistlichen" – nein, im Ernst – geistigen Diebstahl sprechen, sofern ich den ursprünglichen Ort dieses Gedankens verheimliche. Was aber ist, wenn ich einen Text erstellen lasse, den es so noch nicht gegeben hat? Wo kein Eigentum – da kein Diebstahl: Intelligente Maschinen sind eben keine Autoren, die ein Urheberrecht für sich beanspruchen können. Der **Plagiatsvorwurf** gegenüber solch künstlich erstellten Texten ist daher **gegenstandslos**.

Plagiatsproblematik

(Bezug zu M 5)

Wir haben es also mit einer technologischen Innovation von großer Tragweite zu tun. Mit dem Chatbot steht jedem von uns in Zukunft ein **eigener Ghostwriter** zur Verfügung, der uns das mühsame

Wie original sind unsere Texte eigentlich?

Formulieren von sprachlich korrekten Texten abnimmt, die wir als unsere eigenen ausgeben können. Da muss man sich nicht wundern, dass die Vertreter unseres Bildungswesens in höchste Aufregung geraten. Andererseits: Wie **original** sind unsere vermeintlich selbst formulierten Texte eigentlich, kommen sie nicht zu einem großen Anteil immer von irgendwoher? Ist nicht das neuronale Netzwerk in unserem eigenen Hirnkasten voll von Begriffen, Redewendungen und ganzen Sätzen, die wir, liebe Eltern, zu Hause oder bei Ihnen, liebe Lehrkräfte, im Unterricht aufgeschnappt haben? Der postmoderne Mensch ist, wie es der Kultur- und Medienwissenschaftler Roberto Simanowski formuliert, „der Schnittpunkt seiner Diskurse: der Reden, die er hört, der Texte, die er liest". Wir von der SMV fragen uns: Kann da für jeden Gedankengang die Quelle benannt werden? Und soll ich etwa nicht von den Formulierungshilfen und rhetorischen Mitteln für einen Redevortrag Gebrauch machen, die mir der Deutschlehrer auf einer Liste zur Verfügung gestellt hat? Ist es nicht selbstverständlich, dass ich für meinen Redetext auf dem Computer die Rechtschreibprüfung aktiviere und auf Duden Online nach alternativen Ausdrucksmöglichkeiten suche? Ja, bediene ich mich letztlich etwa nicht, genau wie der Chatbot auch, bei Wikipedia-Artikeln sowie bei anderen Websites und Online-Zeitungen, um meine Texte mit den notwendigen informativen Details anzureichern?

(Bezug zu M 3)

Ich glaube, dass wir im fortschreitenden digitalen Zeitalter ein anderes **Verständnis entwickeln** müssen, was das **Verfassen von Texten betrifft**. Wenn wir digital schreibend im World Wide Web unterwegs sind, entstehen nicht unbedingt klar identifizierbare Textprodukte. Oft **beziehen** wir **uns beim Schreiben auf schon bestehende Texte**, fassen sie zusammen und entwickeln sie weiter, wie wir dies ja auch in der Schule z. B. bei materialgestützten Aufsätzen tun. Dabei wird der Schreibprozess auch von **Textüberarbeitungsprogrammen** und **automatisch generierten Texten** bestimmt werden. Ja, an der Entstehung eines Textes könnten auch mehrere Verfasser, in Form von wiederkehrenden Rückmeldungen oder Posts, beteiligt sein, sodass das Geschriebene weder auf einen einzigen Urheber zurückzuführen noch als endgültige Version erhältlich ist. So erstellt beispielsweise der Deutschlehrer und Universitätsdozent Philippe Wampfler auf seiner Website ständig aktualisierte Blogs, die sich mit dem digitalen Schreiben befassen. Solche Internet-Blogs können dann auch künstlich generierte Textpassagen enthalten sowie Ausschnitte aus anderen internationalen Blogs, die sich wiederum durch Übersetzungen ins Deutsche verändern. Was ich damit sagen will: **Digitale Texte sind im Fluss**, sie haben nicht notwendigerweise eine abgeschlossene Identität, auf die urheberrechtlich zu verweisen ist.

Schreiben im digitalen Zeitalter

(Bezug zu M 6)

Ich schaue in die Runde und sehe unter den Zuhörern das eine oder andere Stirnrunzeln. Aber ich darf Sie beruhigen: Natürlich halten wir es nach wie vor für unerlässlich, **Ausschnitte aus Fremdtexten zu belegen** und auf recherchierte Quellen mit der Nennung des Autors bzw. der Autorin zu verweisen. Das tue ich ja auch, wenn ich aus dem in der Frankfurter Allgemeinen Zeitung veröffentlichten Artikel von Herrn Krischke zitiere oder auf die Blogs von Herrn Wampfler aufmerksam mache. Weitere Materialien mit Quellenangaben sind an Stellwänden hier im Raum angebracht. Dort werden Sie auch auf einen Bericht des Kulturwissenschaftlers Andreas Bernard stoßen, der darlegt, dass es das geistige Urheberrecht nicht schon immer gegeben hat. Unsere Schreibkultur hat sich dahingehend erst seit der Aufklärung und der Vorstellung vom Dichter als Genie entwickelt. Plötzlich sah man nicht nur in literarischen Werken, sondern auch in anderen Texten wie z. B. Briefen einzigartige Wortschöpfungen, die ein Individuum für sich als Verfasser beanspruchen durfte. Es stellt sich die Frage, ob sich jetzt mehr als 200 Jahre später mit der Erfindung der Textgeneratoren allmählich „die Schrift", wie es in dem Bericht heißt, „wieder vom Individuum entkoppelt".

Veränderungen in der Geschichte des Schreibens

(Bezug zu M 5)

Die Evolution zeigt uns, dass Veränderungen in der Geschichte des Menschen unabdingbar sind – und dazu gehört sowohl die **Weiterentwicklung des Schreibens als auch die der Intelligenz**. Die Frage mag provokativ klingen, aber ist Intelligenz auf höherem Level nur etwas für ausgewählte Menschen mit superhohem Intelligenzquotienten? Oder haben nicht wir alle das Recht, uns geistig weiterzuentwickeln, indem wir uns die künstliche Intelligenz zu eigen machen? Sind nicht sprachgenerierende Systeme ebenso nützliche Werkzeuge für das Schreiben von Aufsätzen wie die schon längst zum Schulalltag gehörenden Taschenrechner für den Umgang mit Zahlen in Mathematik?

Evolution der Intelligenz

(Bezug zu M 2)

Wir von der SMV glauben, dass es weder möglich noch zweckdienlich ist, ChatGPT gänzlich von der Schule und Hochschule fernzuhalten. Wir können die technologische Entwicklung nicht einfach stoppen und diesen ‚Schreibgeist' in eine verschlossene Flasche zurücksperren. Vielmehr sollten wir bewusst an den Schulen den **Umgang mit den künstlichen Sprech- und Schreibassistenten** trainieren. In einem Extra-Fach für Medienkompetenz hätten die Schülerinnen und Schüler Raum und Zeit zu lernen, wie man sich informationssicher im Netz bewegt, wie man mit seinen persönlichen Daten umgeht und wie man eine richtige Quelle von einer falschen unterscheidet. Hier wäre auch der Ort, die vielen Anwendungsmöglichkeiten des Chatbots auszuprobieren, um mit den richtigen

ChatGPT in der Schule: künstlich erstellte Texte korrigieren und redigieren

Prompts Texte zu erstellen, zu vervollständigen und zusammenzufassen. Dabei geht es nicht darum, dass uns die GPT-Sprachmodelle die Arbeit des Schreibens und Denkens abnehmen. Im Gegenteil, wir müssen **lernen, die künstlich erstellten Texte wie ein Redakteur durchzugehen**, sie sprachlich zu korrigieren und inhaltlich zu überprüfen. Denn die künstliche Intelligenz wird immer wieder Fehler machen, da ihr zur Einschätzung ihrer Ergebnisse der gesunde Menschenverstand und das Hintergrundwissen fehlen, wie die Philosophin Manuela Lenzen feststellt. Das Recherchieren, Redigieren und Umformulieren wird uns geistig viel abverlangen, insofern sind die Schülerinnen und Schüler mit der Einführung des Chatbots von den vermeintlich paradiesischen Zuständen des Nichtstuns weit entfernt. Übrigens: Auch Sie, liebe Lehrerinnen und Lehrer, können dem aufwändigen Korrigieren von Klausuren nicht entrinnen, denn es darf nicht sein, dass Sie der Versuchung erliegen, einen Fehler produzierenden Chatbot die Korrekturarbeit machen zu lassen.

(Bezug zu M 6)

(Bezug zu M 1)

(Bezug zu M 7)

Insofern **plädieren** wir Oberstufenschülerinnen und -schüler dafür, **textgenerierende Systeme als Werkzeuge für die schulische Arbeit** zu integrieren. Dabei sollten wir allerdings im Umgang damit höchst wachsam und kritisch bleiben. Diese Haltung ist auch für unseren weiteren Lebens- und Bildungsweg von sehr großer Bedeutung. ChatGPT ist ein Kind der amerikanischen Kultur, die Mehrzahl der eingespeisten Trainingsdaten stammt von englischsprachigen Websites aus den USA. **Einseitige Perspektiven und Vorurteile** sind damit vorprogrammiert, kulturelle Traditionen und ideologische Sichtweisen aus anderen Kontinenten und weniger verbreiteten Sprachräumen finden zu wenig Berücksichtigung. Umso mehr ist ein aufgeklärter und geübter Umgang mit künstlichen Sprech- und Schreibassistenten von hohem Wert, damit wir nicht auf Fehlinformationen, voreingenommene Sichtweisen und manipulative Strategien hereinfallen. Unsere Haltung zur KI und zu den damit verbundenen Veränderungen in der Schreibkultur ist also nicht jubelschreiend bejahend, sondern im Ansatz positiv bei gebotener Skepsis. Gerne stellen wir im Anschluss diesen unseren Standpunkt zur Diskussion. Doch zunächst schlagen wir eine 15-minütige Pause vor, die Sie für einen Rundgang an den Informationsstellwänden nutzen können.

kritisches Schlussplädoyer für den Einsatz von GPT in der Schule

(Bezug zu M 3)

Am Anfang war das Wort. Dann wurden ganze Sätze daraus mit vielen Textbruchstücken und Gedanken aus fremder Hand. Aber am Ende war ich es, der diese Rede gestaltet, zusammengefasst und überprüft hat, bis ich sah, dass der Text gut war … Ich danke Ihnen für Ihre Aufmerksamkeit!

Bezug zum Anfang der Rede

PRÜFUNGSAUFGABEN

INTERPRETATION EINES KURZPROSATEXTES

Thema: Johannes Bobrowski: Im Verfolg städtebaulicher Erwägungen (1965)

Arbeitsanweisung

Interpretieren Sie den Text.

Material

Johannes Bobrowski (1917–1965): Im Verfolg städtebaulicher Erwägungen (entstanden 1965)

Durch eine frühere Allee, die sich, baumlos, auf einen leeren Platz zu verbreitert, immer entschiedener, je weiter sie sich von der Ecke, an der ich wohne, entfernt, kann ich in eine Querstraße hineinblicken. Eine alte Straße von ziemlich neunzig Jahren, alte Häuser mit breiten Simsen[1], Pilastern[2], von Halbsäulen getragenen Fensterstürzen[3], Balkonen, die von Atlanten[4] gestützt werden, und Rundportalen, die vielleicht einfielen, schmiegten nicht Karyatiden[5] von derber Anmut fleischig-kräftige Rücken unter die Wölbung.

Seit einiger Zeit allerdings bemerke ich von meinem Fenster aus, daß sich Unruhe in dieser Straße verbreitet, daß dort etwas angefangen hat, was allgemein unter der Bezeichnung Regulierung[6] des Stadtkerns begriffen wird und gar nichts anderes bedeutet, als daß die Häuser in dieser Straße zum Abriß bestimmt worden sind.

Alte Häuser. Von unten her hat der Schwamm[7] an ihnen gearbeitet und von oben, vom Dachstuhl aus, der Holzwurm. Auf halbem Wege ungefähr haben sie sich getroffen; ohne Aufheben davon zu machen, aber, wie man sieht, nicht unbemerkt.

Die Bewohner des ersten Hauses, kann man annehmen, warten eine Benachrichtigung gar nicht erst ab, vielleicht ist sie auch vor Jahren schon erfolgt. Mit Sack und Pack ziehen sie in das nächststehende hinüber, ohne zu fragen und unbegrüßt von dessen Bewohnern, liegen dann in allen Fenstern, vom Keller bis zum Dachboden, und rufen den Arbeitern draußen, die mit Geräten und Maschinen den Abriß durchführen, ihren Zorn und ihre Verachtung ins Gesicht.

Da sind sie also untergekommen. Aber in der nächsten Woche bereits ist auch dieses Haus an der Reihe. Die Greifbagger rücken vor, Bewohner und Gäste siedeln gemeinsam ins nächste Haus über. Und eine Woche darauf ist es schon wieder so weit, Kisten, Gerät, Kleidungsstücke werden in das nächststehende Haus geschleppt, dessen Türen sich widerwillig öffnen. Jetzt blicken bereits sechs oder acht Köpfe aus jedem Fenster.

Da wird sicher geschrien, und man weiß ungefähr: was, aber bis hierher ist nichts zu hören, nur die offenen Münder erkennt man und Fäuste, erstarrt jetzt in einer drohenden Bewegung, denn die Greifer manövrieren und bewegen sich, nach einer halben Drehung, auf das nächste, noch stehende Haus zu. So geht es voran, ein Haus, und wieder ein Haus.

Wir werden hinübergehn müssen, vor Abend, die Laternen entzündet man in dieser Straße nicht mehr, oder uns wenigstens nach der Länge der Straße erkundigen, oder doch besser einen Blick in die Straße werfen, nach ihrem Ende zu, solange es das noch gibt. Wir müssen doch vielleicht wissen, wieviel Wochen es noch so gehen kann.

Übrigens werden die Häuser auf das Ende der Straße zu niedriger und enger. Schmale Türen, immer weniger Fenster. Erst noch achtzehn oder sechzehn in der schon recht schmucklosen Fassade, schließlich noch vier. Wie werden die Leute da alle herausschauen können?

Es findet sich ja noch immer ein Haus, vielleicht eins mit zwei Fenstern, das ist wenigstens etwas. Denn das letzte, denke ich, hat keines mehr.

Es können ja neue Häuser an die Stelle der alten gesetzt werden; alles neu, ein neuer Name für die Straße, neue Bewohner, man hat präzise, ausreichend detaillierte Vorstellungen, wenn es um die Zukunft geht. Aber wie das mit dem Alten, Früheren, dem Vergangenen gewesen ist, da bleibt man auf Vermutungen angewiesen. Das ist gewesen, und ist vergangen, Zeit, und verlorene Zeit. Wie Geschwätz.

Aus: Johannes Bobrowski, Die Erzählungen in chronologischer Folge, Berlin 1992 (Buchverlag Union), S. 166 f.

Anmerkungen

1 Sims: Mauervorsprung unter dem Fenster
2 Pilaster: Wandpfeiler
3 Fenstersturz: Mauerrand oberhalb des Fensters
4 Atlant: eine das Gebälk tragende Männergestalt
5 Karyatide: Gebälkträgerin, weibliche Statue anstelle einer Säule
6 Regulierung: direkte Eingriffe des Staates durch Vorschriften
7 Schwamm: Der Hausschwamm ist ein hochschädigender Pilz, der durch Mauerwerk wächst.

TIPP **Bearbeitungshinweise**

Die Arbeitsanweisung „Interpretieren Sie den Text" löst bei vielen Schülerinnen und Schülern mitunter eine gewisse Panik aus. Man könnte glauben, dem Text möglichst zügig die eine und richtige Deutung entlocken zu müssen – und wenn sich diese nicht schnell genug einstellt, entsteht Unruhe. Deshalb lautet der erste Hinweis**: Lassen Sie sich Zeit**. Erinnern Sie sich zweitens daran, was unter dem Operator „Interpretieren" zu verstehen ist. Die **Deutung** ist zwar ein wichtiger, aber nur ein Teil der Aufgabenstellung. Sie gelangen dorthin über die mindestens so wichtigen Schritte der **Texterfassung** und der **Beschreibung**, also der **Analyse**. Die Deutung erschließt sich selten durch eine spontane Eingebung, sondern vielmehr durch diesen **Weg des genauen Lesens**. Deshalb empfiehlt sich der folgende Aufbau Ihrer Interpretation:

Sie können die **Einleitung** mit einer thematischen Anmoderation beginnen, sie ist aber nicht verpflichtend. Worauf Sie an dieser Stelle jedoch eingehen müssen, sind **Autor, Titel, Textsorte** und vor allem das **Thema** des Kurzprosatextes. Mit dem Thema ist nicht die oberflächliche Handlung gemeint, sondern die darunterliegende Problematik, die sich verallgemeinern lässt. Im Fall von Johannes Bobrowskis Text wäre das zentrale Thema also nicht der Häuserabriss, sondern vielmehr die Frage, was der Preis des menschlichen Fortschrittes ist.

Für den **Hauptteil** können Sie zwischen einem aspektorientierten oder einem linearen Aufbau wählen. Möglich ist auch eine Mischform, wie sie der nachfolgende Lösungsvorschlag praktiziert. Vor der eigentlichen Analyse steht eine Inhaltsangabe. Behalten Sie im Kopf, dass **nicht alle Analysekriterien**, die Sie kennen, **gleich wichtig** sein müssen. Auf welche Aspekte Sie detailliert eingehen, hängt vom konkreten Text ab. Bei Bobrowskis Text etwa ausführlich über den Ort und die Zeit der Handlung spekulieren zu wollen, würde vom Thema wegführen. Das **gestalterische Mittel der Kontrastierung** ist für die Geschichte allerdings sehr wichtig. Achten Sie außerdem darauf, Ihre Aussagen inhaltlich sinnvoll und formal korrekt am Text zu belegen.

Der **Schluss** der Interpretation soll die wichtigsten Erkenntnisse Ihres Aufsatzes knapp zusammenführen. Dabei können Sie einen **Rückbezug zum Titel** herstellen. Bei einem vergleichsweise aktuellen Thema wie dem, das Bobrowskis Text behandelt, ist es auch möglich, einen **Bezug zur Gegenwart** herzustellen. Unter dem Begriff der Gentrifizierung werden auch heute vielerorts Stadtteile ohne Rücksicht auf die Natur oder die Bewohner modernisiert.

Das folgende **methodische Vorgehen** ist empfehlenswert:

- Lesen Sie den Text mehrmals. Nach dem ersten Lesen notieren Sie **erste Beobachtungen**. Schreiben Sie hier unbedingt auch Dinge auf, die Sie im ersten Moment irritieren oder die Ihnen unklar erscheinen. Oft erweisen sich gerade diese später als hilfreich für das Verständnis.

- Bearbeiten Sie den Text anschließend. Das beinhaltet, dass Sie **Schlüsselbegriffe unterstreichen**, **Sinnabschnitte bestimmen** und am Rand zusammenfassen sowie **verschiedene Aspekte farbig markieren**.
- Verschaffen Sie sich einen Überblick über den Zwischenstand. Dazu eignet sich eine **Mindmap**, in der Sie die wichtigen Analyseaspekte sammeln.
- Nach diesem Arbeitsschritt empfiehlt es sich, eine **Gliederung** zu verfassen. Sie hilft dabei, Ihre Ergebnisse strukturiert darzustellen. Außerdem wird Ihnen mit einer durchdachten Gliederung anschließend das Schreiben leichter von der Hand gehen. Ein Tipp: Springen Sie nicht zwischen dem Erstellen von Gliederungsabschnitten und dem Schreiben einzelner Aufsatzabschnitte hin und her, sondern stellen Sie Ihre Gliederung zuerst fertig.
- **Schreiben Sie Ihren Aufsatz**. Wenn Sie sich bei einer Formulierung unsicher sind, hängen Sie sich nicht zu lang daran auf. Markieren Sie die Stelle lieber mit Bleistift, um im nächsten Schritt darauf zurückzukommen.
- Lesen Sie Ihren Text **zweimal Korrektur:** Zunächst überprüfen Sie den Inhalt, dann die sprachliche Gestaltung.

Lösungsvorschlag

Einleitung
Benennen des Themas

Heutzutage würde man das, was in Johannes Bobrowskis Kurzprosatext „Im Verfolg städtebaulicher Erwägungen" (1965) vor sich geht, als **Gentrifizierung** bezeichnen. Der Text schildert den **Abriss alter Häuser** und die **erzwungene Umsiedelung** ihrer Bewohner, um Platz für neue Gebäude zu machen. Er stellt dabei zugleich die Frage nach dem Preis, den das **Streben nach Fortschritt** für den einzelnen Menschen hat – und nach der Verantwortung derjenigen, die nicht eingreifen, obwohl sie Unrecht beobachten.

Hauptteil
Inhaltsangabe

In einer nicht genauer bezeichneten Stadt, in der bereits einige Bäume zugunsten breiterer Straßen gefällt wurden, beobachtet ein anonym bleibender Erzähler in seiner unmittelbaren Nachbarschaft Veränderungen: Nach und nach werden in einer alten Straße alle marode gewordenen Häuser abgerissen. Die Bewohner, zunehmend verzweifelt, ziehen jeweils ein Haus weiter, wodurch die Wohnsituation für alle immer enger wird. Sie **protestieren erkennbar gegen die Abrissmaßnahmen**. Es gelingt ihnen jedoch nicht, sie aufzuhalten. Der Erzähler bezieht erst am Schluss etwas deutlicher Stellung zu dem, was in seiner Umgebung vor sich geht.

Aufbau des Textes

Trotzdem erhält der Leser schon früher Einblick in die Gedanken des Erzählers. Denn geschildert wird nicht nur das Geschehen auf der Straße, der Text verknüpft diese Ereignisse an verschiedenen Stellen mit den jeweiligen Überlegungen des Erzählers dazu. Er verbindet dadurch die **äußere Handlung mit punktuellen Einblicken in die innere Handlung**, die Gedankenwelt des Erzählers. Bei der Schilderung der Abrissarbeiten ist eine **Steigerung** zu beobachten: Während zu Beginn noch ausführlich dargestellt wird, wie die ersten Bewohner der abzureißenden Häuser ein Haus weiterziehen (vgl. Z. 15–20), werden diese Darstellungen immer knapper – ebenso wie auf der inhaltlichen Ebene die verbleibenden Bewohner immer enger zusammenrücken müssen (vgl. Z. 25). Trotz der Steigerung, die beim Geschehen auf der Straße deutlich wird, hat der Text **keinen Höhepunkt** auf der Handlungsebene. Er endet vielmehr auf der Reflexionsebene mit den Gedanken des Erzählers.

Schilderung der Abrissarbeiten – Gedanken des Erzählers

Verhalten des Erzählers

In der Haltung des Erzählers ist **kaum eine Entwicklung** zu beobachten. Er bleibt bis kurz vor Schluss des Textes distanziert und beschäftigt sich nur gedanklich mit dem, was in der Straße vor sich geht. Die gegen Ende formulierte Überlegung, einmal „hinübergehn" (Z. 31) und sich „erkundigen" (Z. 32) zu „müssen", wird durch das wiederholte Modalverb „müssen" **eher als Pflichtgefühl denn als echtes Bedürfnis erkennbar**.

Das Geschehen erstreckt sich zeitlich über mehrere Wochen (vgl. Z. 21, 23). Es wird also **zeitraffend erzählt**, was den Leseeindruck verstärkt, dass die Menschen **durch die schnellen Abrisskommandos überrumpelt** und überwältigt werden. Über den Ort wird keine genauere Angabe gemacht – es handelt sich jedoch offensichtlich um eine Stadt, in der nach und nach die Natur diversen Baumaßnahmen hat weichen müssen (vgl. Z. 1). Diese Anonymität macht die Ereignisse **auf andere Städte übertragbar** und dadurch auch **als Trend bzw. Massenphänomen erkennbar**.

Zeit- und Raumgestaltung

Ein zentrales Gestaltungsprinzip des Textes ist die Kontrastierung, die den zugrundeliegenden Gegensatz von Vergangenheit und Fortschritt zuspitzt und die bis in die Sprache hineinreicht. Das wird bereits in den ersten Sätzen der Erzählung deutlich. Der Text beginnt mit einer **anschaulichen Darstellung der Vergangenheit**, indem der Erzähler die „alte[n] Häuser" (Z. 3 f.) in der „frühere[n] Allee" (Z. 1) beschreibt. Er verwendet dafür **architektonische Fachbegriffe**, die teilweise kaum noch in Gebrauch sind. Aber gerade durch diese altmodisch gefärbte Sprache entsteht ein **Bild von kunstvoll erbauten Häusern** mit ihren „Pilastern", „Fensterstürzen", „Atlanten" und von „Karyatiden" gestützten „Rundportalen" (Z. 4 ff.) vor dem inneren Auge. Der später thematisierte Abriss dieser Häuser muss **auch in architektonischer Hinsicht als bedauernswerter Verlust** gelten – so der Subtext dieser Passage.

Kontrastierung als Gestaltungsprinzip: Vergangenheit vs. Gegenwart

Fachvokabular

Der Satzbau, den der Erzähler in den ersten Sätzen wählt, ist hypotaktisch. Durch die zahlreichen verschachtelten Nebensätze wirkt er zwar ein wenig umständlich. Er **spiegelt** aber dadurch in gewisser Weise die **verspielte, verschnörkelte Architektur früherer Zeiten** wider. Das wird sich später ändern.

Entsprechung von Syntax und Aussage

Im ersten Satz wird der Gegensatz zu den altertümlich verzierten Häusern schon vorbereitet, wenn der Erzähler berichtet, er schaue durch eine „frühere Allee", die sich nun „baumlos, auf einen leeren Platz zu verbreitert" (Z. 1). Die fehlenden Bäume deuten bereits hier den **Verlust der Natur** an. Auch Menschen sind auf dem Platz offenbar nicht zu sehen. Die Allee wird sogar personifiziert, wenn sie sich „immer entschiedener" (Z. 1 f.) verbreitert und dadurch eine Art Eigenleben gewinnt.

Zurückdrängen der Natur

Dieser inhaltliche Gegensatz zwischen der Natur und dem sich fast schon organisch ausbreitenden Asphalt wird im zweiten Absatz verstärkt. Dies geschieht zum einen durch die Ankündigung einer Veränderung („allerdings", Z. 8), womit der Erzähler seine Beobachtungen zu den Abbrucharbeiten – und damit zur beschleunigten Zerstörung des „Alten" – einleitet. Zum anderen macht sich der Gegensatz

Veränderung im zweiten Abschnitt

sprachlich bemerkbar. Der Erzähler spricht **in euphemistisch-bürokratischen Formulierungen** von der „Regulierung des Stadtkerns" (Z. 10), die nun begonnen werde, übersetzt und benennt diesen Ausdruck aber zugleich mit „Abriß" (Z. 11).

Distanz des Erzählers

In dieser doppelten Bezeichnung des Geschehens kommt eine für den Erzähler typische Eigenschaft zum Ausdruck: Er äußert im Hauptteil des Textes nie eindeutig seine Meinung zu dem, was er beobachtet. Aufgrund des Ausdrucks „Abriß" (Z. 11) lässt sich zwar **eine kritische Einstellung vermuten**, mehr gibt er aber nicht preis. Gerade zu Beginn verhält sich der Erzähler distanziert. Er stellt lediglich fest, es verbreite sich „Unruhe" (Z. 8) in der Straße. Der Erzähler benennt **keine Verantwortlichen für die Abrissarbeiten**, wenn er vorsichtig feststellt, dass „dort etwas angefangen hat" (Z. 9). Weder von einem städtischen Bauamt noch von einem privaten Wohnhausbesitzer oder einer Immobilienfirma ist die Rede. Die Schäden an den alten Häusern seien „[n]icht unbemerkt" (Z. 14) geblieben – aber auch diese **Feststellung ist unpersönlich gehalten**.

kein Wort über die Verantwortlichen

zunehmendes Interesse des Erzählers

Je weiter die Geschichte fortschreitet, desto deutlicher wird aber auch, dass der Erzähler neugieriger wird. Er beginnt, über das Verhalten der Hausbewohner nachzudenken. Dies ist erkennbar an der Häufung von Formulierungen wie „kann man annehmen" (Z. 15), „vielleicht" (Z. 5, 16, 34, 39) und an Abtönungspartikeln wie „sicher" (Z. 26), „wenigstens" (Z. 39 f.) oder „ja" (Z. 41). Diese **Neugier entwickelt sich aber nicht weiter zu echter Anteilnahme am Schicksal der Bewohner**. Als personaler Ich-Erzähler ist er zwar Teil der erzählten Welt, steht jedoch **abseits des eigentlichen Geschehens**.

„wir" als Ausdruck von Sorge

Dies wird auch an der Stelle deutlich, als er von der ersten Person Singular in die erste Person Plural wechselt („Wir", Z. 31 ff.). Dieser Wechsel irritiert zunächst und ist nicht eindeutig zu erklären. Man könnte das „wir" etwa als **Sorge um die eigene Wohnsituation** deuten, da die Bagger immer weiter vorrücken und so die Wohnung des Erzählers und seiner Nachbarn bedrohen. Weil der Erzähler aber bis zum Schluss emotional unbeteiligt und neutral berichtet, scheint es plausibler, sich das **„wir" als Kollektiv neugieriger Nachbarn** vorzustellen, die spähend um die Ecken sehen. Diese interessieren sich nur insoweit für das Geschehen, als die „Unruhe" (Z. 8) sich möglichst bald wieder legen soll.

„wir" als Ausdruck von Neugier

Menschen vs. Maschinen

Neben diesem Nachbarkollektiv gibt es zwei weitere Gruppierungen. Denn der Erzähler stellt „den Arbeitern draußen [...] mit Geräten und Maschinen" (Z. 19) die Menschen drinnen im Haus gegenüber, die jenen „ihren Zorn und ihre Verachtung ins Gesicht" (Z. 19 f.) rufen. Dabei werden die **Menschen allerdings nie konkret oder einzeln**

beschrieben, sondern sie sind immer **nur als Gruppe sichtbar**, die aus den Fenstern schaut (vgl. Z. 18, 25). Insofern tauchen Menschen in Bobrowskis Text nur in Kollektiven auf: die ehemaligen Bewohner, die Arbeiter und die Nachbarn. Alle drei Gruppen wirken überzeichnet, fast schon karikiert und **auf ihre typischen Eigenschaften reduziert:** die Bewohner auf Protest (vgl. Z. 26), die Arbeiter auf ihre maschinengleiche Tätigkeit (vgl. Z. 19), die Nachbarn auf neugieriges Beobachten (vgl. Z. 31–34).

Figuren: Bewohner, Arbeiter, Nachbarn

Die **Entindividualisierung**, die mit dieser Darstellung einhergeht, enthält einen Subtext: In dieser „städtebaulich entwickelten" Welt verlieren die Menschen derart an Bedeutung, dass damit symbolisch auch ihre Gesichter und damit ihre Einzigartigkeit verloren gehen. Die Stadt bekommt damit ein **inhumanes Gesicht**.

keine Rücksicht auf individuelle Schicksale

Während der Erzähler zu Beginn die Umzüge der Menschen von einem abrissbedrohten Haus ins nächste noch genauer schildert, kürzt er diese Darstellungen mit jedem neuen Umzug immer stärker ab. Der Satzbau verändert sich zur Parataxe, um die **Geschwindigkeit des fast schon automatischen Umzugs** zu betonen: „Die Greifbagger rücken vor, Bewohner und Gäste siedeln gemeinsam ins nächste Haus über. Und eine Woche darauf ist es schon wieder so weit, Kisten, Gerät, Kleidungsstücke werden in das nächststehende Haus geschleppt [...]." (Z. 22 ff.)

zunehmende Zeitraffung in der Darstellung

Der **Konflikt zwischen den Maschinen und den Menschen** spitzt sich dabei zu: Immer weniger, enger und kleiner werden die Häuser, in die sich immer mehr Menschen flüchten müssen. Immer aggressiver scheint die Stimmung zu werden, mit der die Menschen den Maschinen gegenübertreten. Der Erzähler spricht von „offenen Münder[n]", „Fäuste[n]" und „einer drohenden Bewegung" (Z. 27 f.). In diesem Zusammenhang werden auch keine menschlichen Arbeiter mehr erwähnt – ein weiteres Indiz für die Entmenschlichung, die der Sanierungsprozess verursacht. Durch die personifizierte Darstellung wird den Maschinen außerdem zusätzliche Macht zugeschrieben: „[...] die Greifer manövrieren und bewegen sich [...] auf das nächste, noch stehende Haus zu." (Z. 28 f.)

Protest der Bewohner gegen drastisches Vorgehen

Personifikation der Maschinen

Im Mittelteil des Textes verändert sich dadurch auch der **Realitätsbezug des Geschehens**. Während die geschilderte Straßenszene zu Beginn noch realistisch gewirkt hat, entsteht im Fortgang der Handlung zunehmend der **Eindruck einer übertrieben dargestellten Wirklichkeit**. Das zeigt sich an verschiedenen Stellen – etwa an der Feststellung, die Bewohner lägen „in allen Fenstern, vom Keller bis zum Dachboden" (Z. 18), oder es blickten „bereits sechs oder acht Köpfe aus jedem Fenster." (Z. 25) Es gipfelt in dem Einwurf, der mit

hyperbolische Darstellung

„[ü]brigens" (Z. 35) eingeleitet wird: Die Häuser würden zum Ende der Straße hin immer niedriger, enger und fensterloser (vgl. Z. 35 ff.), und das „letzte" Haus (Z. 40) habe vermutlich gar keine Fenster mehr. Man kann diese Aussage als eine **Sarg-Metapher** verstehen: Die Tatsache, dass es das „letzte" Haus ist – vergleichbar der Formulierung der „letzten Ruhestätte" – und dass es keine Fenster hat, lassen darauf schließen. Tatsächlich ist ja unklar, was mit den vertriebenen Bewohnern geschieht, wohin sie gehen, wenn sie aus der Straße verschwunden sind. Sie sind gewissermaßen wie tot, jedenfalls **aus ihrem sozialen Umfeld entfernt**.

Metapher: „letztes" Haus

Durch die übertriebene Darstellung der mit Menschen vollgestopften, geradezu schrumpfenden Häuser erhält die Geschichte Züge einer Parabel. Die überladenen Häuser stehen dabei bildlich für eine Welt, in der **Fortschritt und Erneuerung zum Selbstzweck** geworden sind. Diejenigen, die eigentlich davon profitieren sollten, werden an den Rand gedrängt. Dabei stellt sich auch die Frage, welche Verantwortung denjenigen zukommt, die bei dieser Entwicklung nur tatenlos zusehen.

parabelhafte Wirkung

Der Erzähler versucht am Ende erfolglos, die Entwicklung zu verharmlosen, was sich an der wiederholten **Abschwächung mit dem Ausdruck „ja"** zeigt: „Es findet sich ja noch immer ein Haus, denke ich, vielleicht eins mit zwei Fenstern, das ist wenigstens etwas." (Z. 39 f., vgl. auch Z. 41) Er klingt dabei allerdings sehr kleinlaut und wenig überzeugend. An der Formulierung „es" fällt auf, dass er sich weiterhin scheut, die Maßnahmen als die Zumutung zu benennen, die sie sind. Hier und im Rest des Schlussabsatzes, in dem er den leitmotivischen Kontrast zwischen Vergangenheit und Gegenwart noch einmal aufnimmt, gibt der Erzähler aber zu erkennen, dass ihm die **Bewohner und ihr Schicksal zweitrangig** sind.

verharmlosende Reflexion des Erzählers

zurückhaltende Formulierungen

Denn bei der Überlegung, die alten Häuser und Bewohner durch neue zu ersetzen, konstatiert er wiederum mit unpersönlich gehaltenem Personalpronomen: „[M]an hat präzise, ausreichend detaillierte Vorstellungen, wenn es um die Zukunft geht." (Z. 42 f.) Dem stellt er das „Alt[e], Früher[e]" (Z. 43) gegenüber, das man nicht genau genug kenne. Man bleibe „auf Vermutungen angewiesen" (Z. 44). Der letzte Satz schließlich enthält eine Wertung: „Das ist gewesen, und ist vergangen, Zeit, und verlorene Zeit. Wie Geschwätz." (Z. 44 f.) **Die Bewertung der Zeit als „verlorene" im Sinne verschwendeter Zeit** und der elliptische Vergleich entwerten die Vergangenheit, die mit den Häusern und ihren Bewohnern gelöscht wird, gleich doppelt. Wie soll man diese Aussage des Erzählers verstehen? Meint er das, was er sagt, ernst? Dann wäre ihm das Schicksal der Hausbewohner tatsächlich egal. Er würde sie dem Fortschritt unterordnen.

keine Solidarität mit den Bewohnern

auffällige Formulierung: „Geschwätz"

Man kann den Schluss aber auch ironisch lesen: In diesem Fall würde der Erzähler das Gegenteil dessen ausdrücken wollen, was er sagt. Er würde dann in den letzten beiden Absätzen (vgl. Z. 39–45) die **nüchterne, mitleidlose Haltung gegenüber dem Schicksal der Bewohner nur zitieren**, um diejenigen, die die Abrissmaßnahmen zu verantworten haben, indirekt zu kritisieren. Diese Lesart würde zum Beginn des Textes passen, in dem der Erzähler in seiner umständlichen, detailverliebten Art die altmodische Architektur beschreibt und sich so als jemand ausweist, der die Vergangenheit zumindest gut kennt. Dass der Text **kaum Anhaltspunkte** dazu liefert, **über die Position des Erzählers zu entscheiden**, macht eine eindeutige Antwort schwierig. Es lässt sich aber festhalten, dass der Erzähler nicht eingreift und **zwischen den Fronten keine klare Position** bezieht.

andere Deutungsmöglichkeit:

kritische Ironie des Erzählers

Das letzte Wort des Textes, „Geschwätz“, erinnert als eine Art Schlusspunkt an die ursprünglichen Hausbewohner, die **Opfer eines unmenschlichen Fortschritts geworden** sind. Möglich wird dieser nicht nur, aber auch wegen der Tatenlosigkeit derer, die zusehen, ohne einzugreifen. Am Beispiel des Erzählers wird veranschaulicht, wie derjenige, der Unrecht beschönigt, diesem Unrecht heimlich zustimmt. Der Ausdruck „Geschwätz“ wirkt besonders intensiv, wenn man ihn mit dem Titel in Verbindung bringt. Die **umgangssprachliche, wertende Formulierung „Geschwätz“** steht dann in starkem Kontrast zu dem fast schon **klinisch neutralen Ausdruck der „städtebaulichen Erwägungen“**. Gerade in dieser Gegenüberstellung von Anfang und Ende wird das ernüchternde Fazit von Bobrowskis Text besonders deutlich: dass **Bürokratie und städtebaulicher Profit über dem Wohlergehen der Menschen** stehen.

Schluss

Verantwortung der tatenlosen Beobachter

Deutsch (Baden-Württemberg) ▪ Abiturprüfung 2020
Aufgabe 5

ANALYSE UND ERÖRTERUNG PRAGMATISCHER TEXTE
Schwerpunkt: Erörterung

Thema: Jens Jessen: Lob der Blase (2018)

Arbeitsanweisungen

– Arbeiten Sie die Kernaussagen des Textes heraus.

– Setzen Sie sich mit der Position des Autors auseinander.

[Bitte beachten Sie, dass der Schwerpunkt der Gewichtung auf der zweiten Teilaufgabe liegt.]

Material **Jens Jessen: Lob der Blase**

Es ist kaum zehn Jahre her, aber gefühlt eine ganze Epoche, da wurde das Internet als Instrument der Freiheit gepriesen, mehr noch: der Befreiung und Demokratisierung der Welt. Im Netz gibt es keine Zensur, Anonymität schützt seine Nutzer, die Meinungsfreiheit schien unbegrenzt und das probate Mittel zu sein, lügengestützte Diktaturen und Totalitarismen zu stürzen. Man wundert sich heute sehr, wenn man die Utopien von gestern liest. […]

Das Internet ist zwar in der Tat ein Instrument des freien Meinungsaustausches, aber er dient nicht mehr der Befreiung, sondern der Einschüchterung. Durch das Netz ziehen marodierende Horden von Gesinnungstätern, die alles verfolgen, was ihrer Weltanschauung nicht entspricht. Aus der Meinungsfreiheit ist der Meinungskampf geworden. […]

Für die bedrohliche Entwicklung hat sich eine Erklärung etabliert, die interessanterweise von der persönlichen Verantwortung der radikalisierten Meinungskämpfer abstrahiert. Es ist die Blasentheorie, und sie besagt, dass durch die Filteralgorithmen der sozialen Netzwerke ihren Teilnehmern immer nur die eigene Überzeugung und das ihr Entsprechende, Gesinnungsgenossen und die Gesinnung stützende „Fakten“, angezeigt werden. Facebook, Instagram und Twitter legen eine schützende Blase um den Nutzer, gebildet aus „Likes“ und „Freunden“. In dieser Blase bewegen und radikalisieren sich die Menschen. Sie werden von allem abgeschirmt, was ihre Weltsicht stören könnte. Das macht sie selbstgerecht, blind und intolerant.

Die Blase gilt als Schlüssel zur Bosheit des Netzes, mehr noch: als Grund für die alarmierende Polarisierung der Gesellschaft. [...] Aber ist die Blasentheorie überhaupt plausibel? Warum werden die Nutzer in ihrer wärmenden Blase, die sie vor allem bewahrt, was sie verunsichern könnte, nicht ganz friedlich und still? [...]

Es lohnt sich vielleicht, einen Blick zurück zu werfen auf die Gesellschaft vor Entstehung der digitalen Netzwerke. Lebten die Menschen damals ungeschützt und unbehaust, frei von kollektiven Ressentiments[1] und in stetem, vorurteilslosem Austausch mit anderen, auch den scharf entgegengesetzt denkenden Zeitgenossen? Setzten sie allüberall ihr Haupt dem schneidenden Gegenwind der Gegenmeinungen aus?

Das wird man wohl kaum behaupten können. Sie lebten vielleicht nicht in einer Blase, aber doch in etwas, das man Milieu nannte, und dieses Milieu konnte genauso passgenau zugeschnitten und herzerwärmend borniert[2] sein. Tierschützer wärmten sich an Tierschützern, Jäger an Jägern, Feministinnen an Feministinnen, Abtreibungsgegner an Abtreibungsgegnern. [...]

Die Menschen saßen in ihren selbst gewählten Schützengräben nicht anders als heute, hatten aber keine Waffe, sich direkt zu beschießen. Oft kannte man die gegnerischen Stellungen gar nicht genau. Das galt vor allem, wenn sich potenziell verfeindete Milieus nicht an einer ideologisch sichtbaren Oberfläche identifizieren ließen, sondern auf Herkunft, Bildung, Berufen oder regionalen Besonderheiten beruhten. [...]

Der Zeitungskiosk von ehedem bildete das kommunikationslose Nebeneinander recht gut ab. Die großen politischen Lager hatten ihre großen Blätter, die kleinen Lager ihre kleinen, die radikalen Nischen ihre radikalen Nischenmagazine[3], egal ob sich der Fanatismus aufs Bienenzüchten bezog oder auf die verlorenen Ostgebiete. [...] Alles fand dicht gedrängt nebeneinander auf den Regalen Platz, weil die Leser nicht ebenfalls dicht gedrängt nebeneinander Platz nehmen mussten. [...] Die Vielgestaltigkeit der Gesellschaft, in alten Zeiten durch Unkenntnis geschützt, wurde erst im Netz zum Gegenstand der Empörung.

Mit anderen Worten: Das Problem ist nicht die Blase, sondern ihre Durchsichtigkeit – die Einsehbarkeit jeder Blase von jeder anderen Blase aus. Es sind nicht mehr der Entschluss und die Überwindung nötig, am Kiosk Geld hinzulegen, um sich einen Adrenalinstoß der Empörung zu geben; ein Klick genügt, und manchmal weniger als ein Klick, denn ein anderer hat schon geklickt und einen Hasskommentar zu dem gepostet, was für seine Augen nie bestimmt war.

Die Zwangskommunikation im Netz erzeugt den Hass, der von dort in die reale Welt strömt. Wie nett oder auch nur gleichgültig eingestellt bliebe man gegenüber seinem Nachbarn, wenn man nicht aus dem Netz erfahren könnte, was er denkt. [...]

Falsch wäre es indes, im Internet selbst die Ursache zu sehen. Verheerend ist nur der Gebrauch, der von ihm gemacht wird, und an diesem sind nicht einmal die sozialen Netzwerke und ihre Algorithmen wesentlich schuld. Die Idee der Blase ist kein falscher Ansatz, insofern sie so etwas wie die Heimatlichkeit eines selbstbezüglichen Sozialmilieus reproduziert. Die Blase ist aber unzureichend dicht. Weit davon entfernt, ihre Bewohner zu schützen, präsentiert sie diese unter einer Glasglocke und setzt sie damit der Missbilligung und Zerstörungslust aus.

Solange diese Einsehbarkeit ein Ideal bleibt, wird eine Befriedung des Internetpöbels, die dringend notwendige Separierung der Meinungssoldaten nicht gelingen. In Wahrheit müsste man, wie einst bei Beendigung von Kriegen, die Armeen entflechten, außer Sichtweite bringen, entwaffnen und in die Heimat schicken. Das große Gespräch aller mit allen, das einmal als friedensstiftende Utopie erschien, muss beendet werden. Es hat sich als Gemetzel erwiesen. Viele genießen es als Unterhaltungsspektakel, viele verdienen auch viel Geld damit. Die Schlachtfelder im Netz sind profitabel.

Sie zeigen aber auch etwas, das nicht nur im Netz vergessen worden ist: wie wichtig Distanz für den sozialen Frieden ist. Man muss sich aus dem Weg gehen können, besser noch: nicht die gleichen Wege benutzen. Im freundlichen Dulden und wohlwollenden Ignorieren von Parallelgemeinschaften liegt die Zukunft einer pluralen und, ob es gefällt oder nicht, schon weitgehend segmentierten[4] Gesellschaft. Intoleranz gehorcht dem Gesetz der Einmischung. Toleranz dagegen verlangt vor allem und zunächst: wegschauen. Andere anders leben lassen, anders denken, fühlen und sprechen lassen.

Den brüllenden Kindern im tobenden Meinungskindergarten des Internets möchte man am liebsten, wenn es nicht selbst etwas kindisch wäre, zurufen: Geht nach Hause! Belauscht die Leute nicht, die ihr nicht mögt. Lasst sie quatschen. Aus der Ferne, wenn man nicht so genau hinhört, wird dieses Quatschen sich gar nicht so viel anders als euer eigenes Gequatsche anhören…

Quelle: Jens Jessen: Lob der Blase, DIE ZEIT 40/2018

Anmerkungen

1 Ressentiment: auf Vorurteilen und einem Gefühl der Unterlegenheit beruhende Abneigung von Personen oder Gruppen gegenüber anderen
2 borniert: engstirnig
3 Nischenmagazine: Fachzeitschriften, deren Themen nur einen darauf spezialisierten, engen Leserkreis ansprechen
4 segmentiert: zerlegt, in einzelne Bestandteile gegliedert

TIPP **Bearbeitungshinweise**

TEILAUFGABE 1: Hier werden Sie aufgefordert, Jens Jessens Kommentar wertungsfrei **auf seine wesentlichen Gedanken zu reduzieren**. Der Text ist umfangreich: Isolieren Sie Jessens zentrale Thesen und Argumente und bilden Sie deren **gedanklichen Zusammenhänge** so knapp wie möglich ab. Entfernen Sie allen überflüssigen Ballast. Beachten Sie auch, sich in diesem Aufsatzteil jedweder Stellungnahme zum Text zu enthalten.

Ein wichtiger Bestandteil der Zusammenfassungsleistung ist außerdem, **fremde Gedanken in eigenen Worten** wiederzugeben. Wörtlich zitieren sollten Sie also nur in Ausnahmefällen: Das könnten z. B. Begriffe sein, die für das Textverständnis grundlegend sind und deren Weiterverwendung durchaus Sinn macht.

TEILAUFGABE 2: In dieser Teilaufgabe, die den Schwerpunkt der gesamten Aufgabe bildet, sollen Sie zu einem **begründeten, eigenen Urteil über Jessens Standpunkt** zum Thema gelangen: Welchen Thesen und Argumenten des Autors können Sie beipflichten, welchen nicht? Wie begründen Sie Ihre Position? Argumentiert Jessen unvollständig oder lässt er womöglich Aspekte sogar gänzlich aus, die Sie als essenziell für eine umfassende Betrachtung des Themas erachten?

Entwickeln Sie Ihren persönlichen Standpunkt. Berücksichtigen Sie dabei die **Mängel in Jessens Argumentation**, die Ihnen im Zuge der Bearbeitung von Teilaufgabe 1 aufgefallen sind: Steht Jessens Hauptthese auf einem soliden argumentativen Fundament oder muss dieses zusätzlich gestärkt, erweitert, womöglich aber auch grundlegend angezweifelt werden?

Entfalten Sie Ihre Argumente jeweils in Dreischritten: **Thesen müssen begründet, Begründungen gestützt werden, etwa durch Beispiele, Belege oder Analogien**. Sorgen Sie für argumentative Abwechslung: Es bedarf nicht immer Gegenargumente, um eine Position anzuzweifeln. Auch die Zuspitzung einer Aussage kann ein ansprechendes Mittel sein, um aufzuzeigen, dass diese nicht überzeugt. Wenn Jessen z. B. vorschlägt, Meinungskämpfe zu beenden, indem man Parallelgesellschaften ignoriert und die gesellschaftliche Segmentierung somit aktiv vorantreibt, bietet es sich an, diesen als Lösung präsentierten Zersetzungsprozess konsequent bis zu dessen Endpunkt weiterzudenken: Wäre eine Gesellschaft, die in unzählige voneinander völlig isolierte Milieus zerteilt ist, tatsächlich befriedet oder nicht vielmehr höchst instabil? Wäre der Gesellschaftsbegriff hier überhaupt noch anwendbar?

Schließen Sie mit einem pointierten **Fazit**, in dem Sie Ihre Ergebnisse noch einmal in aller Kürze zusammenfassen.

Lösungsvorschlag

TEILAUFGABE 1

Einleitung
Basissatz

In seinem 2018 in der Zeitung DIE ZEIT veröffentlichten Kommentar „Lob der Blase“ stellt Jens Jessen fest, das Internet habe sich von einem beschaulichen Marktplatz der Meinungen zu einem **Schlachtfeld oft bösartiger Meinungskämpfe** gewandelt, das nur durch Ignoranz zu befrieden sei.

Kernaussagen des Textes
Internet als einstiger Hoffnungsträger

Jessen blickt zunächst ein knappes Jahrzehnt weit zurück und erklärt, das Internet sei damals als **„Instrument der Freiheit“** (Z. 2) gefeiert worden, als anonymer Schauplatz eines angstlosen Meinungsaustausches und als Bollwerk gegen Desinformation, z. B. in totalitären Staaten. Ernüchtert bemerkt er im Anschluss, es habe sich bei all den Hoffnungen, die man einst in das junge Medium gesetzt habe, um **reine Wunschvorstellungen** gehandelt (vgl. Z. 5 f.)

Meinungskämpfe zwischen Internetnutzern

Das Internet fördere nicht länger eine **Pluralität von Meinungen**. Einfache Bürger würden sich zwischenzeitlich in **Hetzjagden auf Andersdenkende** ergehen und einen regelrechten „Meinungskampf“ (Z. 10) gegen diese führen.

Blasentheorie als Erklärungsversuch

Jessen erklärt, die **Filteralgorithmen sozialer Netzwerke**, welche die Interessen ihrer Nutzer analysieren und ihnen dazu passende Inhalte präsentieren, würden als möglicher Auslöser dieser Entwicklung gehandelt. Der Blasentheorie zufolge erschaffe die **Einseitigkeit der dargebotenen Informationen** regelrechte Informationsblasen um die Teilnehmer. Diese würden sich dann, **von der Meinungsvielfalt in der Welt nun abgeschirmt**, radikalisieren und alles attackieren, was ihrem persönlichen, gefilterten Weltbild widerspreche (vgl. Z. 12–24).

Durchsichtigkeit der Blasen als Hauptproblem

Jessen hält diese Erklärung allerdings nicht für ausreichend und führt an, dass bereits vor der Erfindung des Internets ähnliche Mechanismen in Form von **Milieus** existiert hätten, in denen Gleichgesinnte zusammenfanden (vgl. Z. 25 ff.). Konflikte zwischen Interessengruppen seien damals vor allem deshalb ausgeblieben, da es **mangels Vernetzung kaum Berührungspunkte** zwischen den unterschiedlichen Lagern gegeben habe (vgl. Z. 35 ff.). Dies habe sich durch die nie dagewesene **Transparenz der Kommunikation im Internet** grundlegend geändert: Andersdenkende seien heutzutage ohne aktives Zutun wahrnehmbar, Hasskommentare zu konträren Meinungen schnell verfasst und einer breiten Öffentlichkeit zugänglich gemacht (vgl. Z. 47 ff.). Eine **Polarisierung der Gesellschaft** sei die Folge.

Konsequenz: Spaltung

Als einziges probates Mittel gegen den digitalen Meinungskampf sieht Jessen eine neuerliche **Abschottung** der Informationsblasen voneinander, ein Aufgeben des einst bejubelten Transparenz-Ideals im Internet – gemäß dem Prinzip: aus den Augen, aus dem Sinn (vgl. Z. 64 ff.). Hieraus leitet Jessen eine Lehre fürs analoge Leben ab: Ein friedliches Nebeneinander in pluralistischen Gesellschaften sei nur möglich, indem man **Abstand zu Andersdenkenden** halte und sie nicht weiter beachte (vgl. Z. 71 ff.).

Jessens Lösungsvorschlag: Isolierung und Distanz

TEILAUFGABE 2

kritische Auseinandersetzung

Man kann nicht von der Hand weisen, dass wir **in einem aufgeregten Zeitalter** leben, in dem Menschen sehr leidenschaftlich um Standpunkte ringen. Wirklich neu ist das allerdings nicht, wie Jessen richtig anmerkt: Die Stammtische, an denen einst „Gesinnungsgenossen" (Z. 16) zusammenkamen, sind lediglich **in das globale Gasthaus Internet umgezogen**. Dessen Speisekarte hält für wirklich jeden Geschmack etwas Passendes bereit.

teilweise Zustimmung: Internet als neuer Stammtisch

Am Ende aber, und da unterscheidet sich das weltumspannende Kommunikationsnetzwerk nicht wirklich vom „Ochsen" oder „Hirschen" in der Innenstadt, wird einem das serviert, was man bestellt. Missfällt einem der Nachbartisch, weil man z. B. mit „Tierschützern, […] Jägern, […] Feministinnen, […] [oder] Abtreibungsgegnern" (Z. 33 f) nicht viel anzufangen vermag, kann man sich einen neuen suchen, vielleicht sogar hinter verschlossenen Türen in einem „schützend[en]" (Z. 17), ruhigen Nebenzimmer – es gibt nämlich unbegrenzte Sitzplätze und freie Platzwahl. Wer sucht, der findet, heißt es so schön: Wer **nach Öffentlichkeit lechzt**, dem bietet das Netz einen Ort, an dem er sich als Marktschreier betätigen oder sich einem Protestmarsch anschließen kann.

Klarstellung: kein Zwang zur Konfrontation

Bewegungsfreiheit im Internet

Wer hingegen Konflikte scheut und deshalb das **Spektakel aus sicherer Entfernung** verfolgen möchte oder gar am liebsten in völliger „Anonymität" (Z. 3) lebt, der kann auch das im Internet tun: Keine Plattform – außer sie liebäugelt mit einer behördlichen Zwangsschließung – stellt ihre Nutzer gegen deren Willen „unter […] Glasglock[en]" (Z. 62) zur Schau – das verbieten alleine schon die geltenden **Datenschutzgesetze**.

Verteidigung der Privatsphäre durch Gesetze

Selbst Facebook, das sich nicht gerade eines sehr verantwortungsvollen Umgangs mit Mitgliederdaten rühmen kann, lässt seinen Nutzern die **Wahl zwischen öffentlichen und privaten Profilen**. Letztere können sehr genau **an die eigenen Bedürfnisse angepasst** werden: Möchte man sein Leben nur mit seinen Freunden teilen oder dürfen auch Freundesfreunde einen Blick darauf werfen? Jeder entscheidet

Autonomie der Nutzer

aus freien Stücken, wie viel er von sich preisgibt, wem gegenüber er das tut und welchen Ton er dabei anschlägt.

Widerspruch: Meinungskämpfe als Folge menschlicher Schwäche

Dass angeblich „jed[e] Blase [grundsätzlich] von jeder anderen Blase aus“ (Z. 49) einzusehen ist und das Internet zur Kommunikation, auch mit Andersdenkenden, zwingt (vgl. Z. 54), ist deshalb ein Mythos: Es gibt **keine dunkle Macht, die die Internetbewohner in die Öffentlichkeit drängt** oder sie gar zu „Bosheit“ (Z. 21), „Hasskommentar[en]“ (Z. 52), „Missbilligung“ und „Zerstörungslust“ (Z. 63) nötigt. Erregungsspiralen werden immer noch von mündigen Menschen angetrieben und genau diese stehen deshalb in der **Pflicht, sich in Selbstkontrolle zu üben**, anstatt sich kopflos ins „Gemetzel“ (Z. 69) zu stürzen.

Eigenverantwortlichkeit der Nutzer

Verhaltensregeln in sozialen Netzwerken

Wer dennoch einmal menschelt und sich zofft, befindet sich aber noch lange nicht an einem gesetzlosen Ort: Denn **Netiquetten**, wie sie bei unzähligen Diensten schon lange gang und gäbe sind, **fordern die User zu einem gesitteten Miteinander auf**. Die Anbieter behalten sich indes ihr gutes Recht vor, freundlich um etwas mehr Contenance zu bitten, wenn der Gesprächston rauer wird. Wer dann immer noch nicht davon ablassen kann, Mitgäste anzupöbeln, läuft eben Gefahr, die Runde verlassen und sein Foristenglück woanders suchen zu müssen.

Kritik: digitale Isolierung als schlechte Lösung

Ja, leider sind Menschen nicht immer vernunftbegabt, leider schlagen sie zuweilen über die Stränge, leider kann das belastend sein. Doch wenn Jessen aus diesem Grund eine **digitale Ghettoisierung** fordert, ist das nicht nur **realitätsfern** und wenig zielführend, sondern geradezu bedenklich. Soll sich, analog dazu, nun etwa der große Stammtischverband Bundestag auflösen, nur weil die AfD gerade wieder einmal die Regierungsparteien geärgert hat? Sollen **Kundgebungen fortan nur noch in geschlossenen Hallen** stattfinden, weil wir über deren Forderungen den Kopf schütteln und sie uns zu laut sind?

Streit als Grundprinzip

Nicht immer einer Meinung zu sein, ist urdemokratisch. **Streit, aber auch die anschließende Versöhnung** gehören in freiheitlichen Gesellschaften zum alltäglichen Miteinander. Konsens erfordert mitunter viel Geduld und Nervenstärke, ist vor allen Dingen aber eine gesamtgesellschaftliche Anstrengung. Separiert man Interessengruppen willentlich, hemmt man einen Prozess, der das Leben gerechter und lebenswerter macht. Schlimmer noch: Indem man eine **Zersplitterung in Parallelgesellschaften** forciert, bereitet man den Boden für eine irreversible und konfliktträchtige **Entfremdung voneinander** und buddelt die „Schützengräben“ (Z. 35) von morgen.

Gefahr: Zunahme gesellschaftlicher Konflikte

USA als Beispiel

Solche Überlegungen sind keine Hirngespinste: Man blicke z. B. nach Nordamerika, wo Afroamerikaner schon seit Jahrhunderten dafür kämpfen, gehört zu werden. Sie sind nach Teilerfolgen im Sezessionskrieg und in der Bürgerrechtsbewegung ein weiteres Mal **in eine Parallelexistenz gezwungen** worden. Dem Wahrnehmungsfeld der weißen, oft wohlhabenderen Bevölkerungsschicht bequem entrückt, fordern sie immer noch weitestgehend vergeblich ein endgültiges Niederreißen rassistischer Mauern.

Rassismus und Parallelgesellschaften

Die augenöffnende Erkenntnis hieraus ist: **Nicht das Aufeinanderprallen der zwei Lager befeuert den Konflikt, sondern deren Trennung**, weil sie einander fremd geworden sind bzw. sich eigentlich nie wirklich gekannt haben. Wie sonst ist es zu erklären, dass Afroamerikaner **in einem aufgeklärten Zeitalter nach wie vor Benachteiligung erfahren**, oft unter Generalverdacht gestellt werden und Gewalt erleiden müssen, auch durch die Hand weißer Gesetzeshüter?

Entfremdung und Konflikte durch Separierung

George Floyd, der bei einer gewaltsamen Festnahme im Mai 2020 auf fürchterliche Weise zu Tode kam, ist lediglich eines der jüngeren Beispiele. Sein Schicksal verdeutlicht aber nicht nur, dass im Land der Freiheit etwas ganz grundsätzlich nicht stimmt. Sondern es zeigt auch, dass das Internet gerade aufgrund seines Potenzials zur „Durchsichtigkeit“ (Z. 48) **die Macht besitzt, Vorurteile abzubauen, Menschen zusammenzuführen und Einheit zu stiften**, wo man sie vielleicht nicht vermuten würde: *Black Lives Matter* hat sich von einer ursprünglich afroamerikanischen Anti-Rassismus-Bewegung zu einer globalen ausgeweitet, der sich Menschen unterschiedlicher Herkunft und Interessengruppen angeschlossen haben – auch weiße Amerikaner.

Black Lives Matter: einendes Potenzial des Internets

Leider wurden die Proteste, die Floyds Tod nach sich zog, wie viele andere zuvor zur **Zielscheibe rassistischer und diskriminierender Botschaften in sozialen Netzwerken**. Und hier schließt sich der Kreis auf eine Art und Weise, die nicht so recht zu Jessens Menschenbild zu passen scheint: Die Angefeindeten griffen nicht etwa zu denselben Waffen wie ihre „selbstgerecht[en], blind[en] und intolerant[en]“ (Z. 20) Peiniger, sie bildeten nicht die nächste „marodierende Hord[e] von Gesinnungstätern“ (Z. 9), sie befeuerten die „Bosheit des Netzes“ (Z. 21) nicht weiter. Sie **forderten stattdessen einen menschlicheren Umgang miteinander** und zogen (Mit-)Verantwortliche zur (Mit-)Verantwortung.

Reaktion der Angegriffenen: Plädoyer für Menschlichkeit

Gegen Facebook, das seit Jahren dafür kritisiert wird, mit **zu wenig Entschlossenheit gegen Hassreden** auf seiner Plattform durchzugreifen, wurde im Juni 2020 die Kampagne *Stop Hate for Profit* ins Leben gerufen. Unzählige Unternehmen folgten dem Aufruf, Facebook im darauffolgenden Monat nicht als Werbeplattform zu nutzen,

Kampagne *Stop Hate for Profit*

um den Konzern zum längst überfälligen Umdenken zu bewegen. Diesem entstand dadurch in kürzester Zeit ein beträchtlicher wirtschaftlicher Schaden. Die Aktion und die große Unterstützung, die sie erfuhr, belegen eindrücklich, **dass die Menschen nicht vergessen haben, was gutes Benehmen ist**, und dass Gäste von ihrem Gastgeber auch erwarten, dieses von allen Anwesenden einzufordern.

Erwartungshaltung der Nutzer

Jessen irrt also, wenn er von den Querulanten ohne Tischmanieren auf die Allgemeinheit schließt. Es ist leicht, von einer gemütlich eingerichteten bildungsbürgerlichen Blase aus die menschliche Unvollkommenheit zu beklagen und **trivialisierende, vorschnelle Ratschläge** zu erteilen. Realitätsnah ist es aber nicht. Verlieren wir nicht den **Glauben an die Menschen**!

Fazit

Kritik an Jessens Position

INTERPRETATION EINES KURZPROSATEXTES

Thema: Thomas Bernhard: Von einem Nachmittag in einer großen Stadt (1952

Aufgabenstellung

Interpretieren Sie den Text.

Material

Thomas Bernhard (1931–1989):
Von einem Nachmittag in einer großen Stadt (1952)

Ich weiß es nicht mehr genau, aber ich suchte irgendwo die Sonne. Ich wußte, daß es sie gibt. Und das hielt mich aufrecht. Was mir aber die meiste Kraft verlieh, war meine Jugend. Ich hatte erst (oder schon?) zwanzig Jahre durchschritten. Eine wundervolle Zeit, vielleicht zu schön. „Je ergreifender die Erinnerung, desto schwerer die Gegenwart", dachte ich. So seltsam und doch „lebendig" erschien mir das Leben.

Drei Tage hielt ich mich hier auf, in einer großen Stadt. – Wir waren Millionen Menschen, alle anders und doch im Grunde dieselben. Ich sah sie täglich, ja stündlich, und nur die Nacht schob sich wie ein Wunder vor diese konzentrierte Welt. Jeden Tag waren es fünfhundert oder tausend Gesichter, an denen ich vorüberging. Und jedes verbarg hinter sich ein anderes Geheimnis. Es gab breite, schmale, runde, blasse, aufgedunsene, fröhliche, kindliche, entsetzte, gleichgültige, dumme und solche, die nur mehr aus Fleisch und einem unangenehmen Wassergemisch bestanden. Diese hatten keinen Ausdruck mehr. Sie lebten ihrer selbst willen. Ich habe sie noch gut vor den Augen, diese „Fleisch"gesichter.

Sie war mir sehr fremd, die Stadt. Und diese Fremde verwandelte sich von Stunde zu Stunde in eine rücksichtslose Kälte. War es vielleicht schon Feindschaft? Vergangene Nacht träumte ich, daß ich einen alten Eichenbaum umarmte, und daß ich ihn atmen fühlte …

Das schrille Abbremsen eines Autos riß mich zurück. Aus einem Wagenfenster drohte ein verzerrtes Gesicht. Ringe glänzten an breiten Fingern, ein mächtiger Hals ragte aus einem Anzug. Von rückwärts schrie eine Männerstimme laut und drohend. Das Auto verschwand um die Ecke. Eine riesige Gaswolke nahm mich auf. Für Sekunden glaubte ich den Tod …

Der Sang der Straßenbahnschienen schwoll immer mehr an. Ich fühlte ihr Zittern unter meinen Füßen. Es klang aufregend, unendlich hastend. Irgendwo heulte ein Zug.

Kleine Hunde bellten durcheinander und eine ekelhafte Frauenstimme mischte sich darein. Ich zählte die Randsteine, die großen und kleinen, dann sah ich die Türen und Fenster, einhundert, zweihundert. Es waren so viele. Ein Drahtgewirr spannte sich zwischen mir und der Weite. Ich kam mir vor wie ein Tier innerhalb der Stäbe eines großen Käfigs. Und ich ging und ging, immer weiter. Und über allem schwebte der Rauch aus den hohen, starren Kaminen in den gelblich-grauen Himmel.

Ich hatte kein Ziel. Die Stadt wollte ich kennenlernen, in ganzen acht Tagen. Es gab an manchen Straßenkreuzungen, die mich in ihrer Art, nämlich mit den roten, gelben und grünen Lichtern, die in kurzen Abständen aufblitzten, an früheres Spielzeug erinnerten, kleine Parks. Vielleicht sechs oder zehn Bäume standen dort im Rasen. Alles war gepflegt, alles war der übrigen Umgebung angepaßt. Die kleinen Sträucher mit den roten Blüten waren numeriert. Ein kleines Schild war an ihren zarten Stämmen festgenagelt. Sie trugen hohe Nummern, weit über tausend, denn die Stadt war groß, eben eine Millionenstadt mit vielen Parks. Langsam begann ich vieles zu begreifen. Schmale Edelkieswege durchquerten das Grün. Ich ging eine lange Reihe von Eisenrohrsesseln entlang. Und wieder sah ich Gesichter, sie glichen den anderen. Sie waren schmal und bleich, hatten sehr viel „Verbrauchtes“ an sich. Alte, gebrechliche Frauen wurden in Fahrstühlen vorübergeschoben. Und die Stadt? Ihr Getöse setzte sich fort, eine Unterbrechung schien undenkbar. Es war nur etwas gedämpft, etwas entfernt.

Ich setzte mich und rastete. Vielleicht hatte ich sogar das Bedürfnis, zu schlafen? Noch einmal hob ich den Kopf und … da stand plötzlich ein mächtiges Weib vor mir, grinsend, mit angefaulten Zähnen und einem flatternden Doppelkinn. Mit der Rechten nestelte sie in einem ihrer beiden Nasenlöcher, die Linke wühlte in einer schwarzen Ledergeldtasche.

„Sechzig Groschen der Herr!“ sagte sie und hielt einen weißen Zettel vor meine Augen. Ihr Mund öffnete sich, ihre Augen starrten in eine Richtung, die unendlich war.

Im Moment wußte ich nicht, was geschah, aber dann griff ich in meine Tasche, suchte lange Zeit, war enttäuscht und zornig zugleich, starrte in das rote Gesicht mit den langen Haaren, stand rasch auf und ging. Es war mir, als hörte ich ein Schimpfwort hinter meinem Rücken, da ich über den Kies ging, die Hände am Rücken verschränkt und plötzlich wieder in der belebten Straße stand, mit den vielen Menschen und den rot-grün-gelben Lichtern, die mich an mein frühes Kinderspielzeug erinnerten …

Aus: Thomas Bernhard: Werke. Band 14: Erzählungen und Kurzprosa. Hrsg. von Hans Möller, Martin Huber und Manfred Mittermayer. Suhrkamp Verlag: Frankfurt am Main 2003, S. 463–465.

TIPP **Bearbeitungshinweise**

Wenn Sie sich für die Interpretation eines Kurzprosatextes entscheiden, lautet die **knappe und einteilige Aufgabenstellung:** „Interpretieren Sie diesen Text." Sie sollten bei der Erarbeitung Ihres Aufsatzes schrittweise und strukturiert vorgehen, um aus einer sorgfältigen Analyse eine schlüssige Deutung zu entwickeln.

Die Einleitung kann zunächst **thematisch zum Text hinführen**, darf sich aber auch auf den **Basissatz** beschränken, in dem Sie Autor, Titel, Erscheinungsjahr, Textsorte und – am wichtigsten – das Thema des Textes nennen. Es folgt eine knappe **Inhaltsangabe**, die einen Überblick über die wichtigsten Handlungsschritte gibt. Denken Sie daran, dass Sie hier nicht aus dem Text zitieren sollten. Sofern Figurenrede wirklich wichtig ist, geben Sie sie in indirekter Rede wieder.

Im Hauptteil analysieren Sie in strukturierter Weise, wie der Text Bedeutung erzeugt. Sie können dabei entweder **linear dem Handlungsverlauf** folgen oder **aspektorientiert** vorgehen. Empfehlenswert ist erfahrungsgemäß jedoch eine Mischform, wie sie auch im nachfolgenden Lösungsvorschlag gewählt wurde. Wichtig ist vor allem, dass Sie eine Auswahl treffen: darüber, welche Abschnitte des Textes und **welche Analyseaspekte relevant und deutungswürdig** sind, und welche nicht thematisiert werden müssen.

Es gibt verschiedene Möglichkeiten, den Schluss zu gestalten. Von einer persönlichen Wertung sollten Sie in einem Abituraufsatz absehen. Sie können den Kurzprosatext in seinen zeitgenössischen Kontext einordnen, sollten dies aber nur tun, wenn Sie sich sicher sind. Oft empfiehlt es sich, einen **Bezug zur Einleitung** herzustellen und dem Aufsatz auf diese Weise einen Rahmen zu geben.

Methodisch beginnt jede Interpretation mit genauem Lesen des Textes. Das kann beim ersten Mal auch unvoreingenommen und ohne Stift geschehen – notieren Sie sich dann aber im Anschluss **Fragen oder Ungereimtheiten**, die Ihnen beim Lesen auffallen. Der zweite Lesedurchgang erfolgt mit verschiedenfarbigen Stiften für verschiedene Aspekte und Randnotizen. Es ist sinnvoll, wenn Sie die einzelnen Abschnitte **in wenigen Stichworten am Seitenrand** zusammenfassen.

Bevor Sie an die Gliederung gehen, können Sie eine **Themensammlung** in Form einer Liste oder einer Mindmap erstellen. Die Gliederung verfassen Sie entsprechend dem oben vorgeschlagenen Aufbau und in Stichworten. Stellen Sie Ihre Gliederung unbedingt vollständig fertig, bevor Sie mit dem Schreiben beginnen. Der eigentliche Aufsatz darf und wird später stellenweise von Ihrer Gliederung abweichen, weil beim Schreiben selbst oft noch Gedanken dazukommen. Nach dieser Vorarbeit schreiben Sie den Aufsatz. Achten Sie dabei auf **strukturierende Satzanfänge** und darauf, Ihre **Beobachtungen inhaltlich treffend und formal richtig mit Zitaten am Text zu belegen**. Sie sollten den Aufsatz anschließend mindestens **zweimal kritisch auf Fehler durchlesen**. Beim ersten Mal können Sie sich auf den Inhalt und beim zweiten Mal auf die Sprache konzentrieren.

Lösungsvorschlag

Ein junger Mensch in einer Großstadt – was könnte er dort zu suchen haben? Thomas Bernhards Erzählung „Von einem Nachmittag in einer großen Stadt“ aus dem Jahr 1952 gibt auf diese Frage keine einfache Antwort. Sie erzählt anhand dieses Szenarios vielmehr von verschiedenen **Möglichkeiten, sich mit den Zumutungen des Neuen auseinanderzusetzen.**

Einleitung

Dem Text ist eine Art **kurze Einführung** vorangestellt, in welcher der Erzähler **wenige Informationen zu seiner Person** gibt, nämlich zu seinem Alter und dem vermeintlichen Ziel seiner Suche, der Sonne. Erst dann beginnt die eigentliche Erzählung. Der Erzähler blickt auf einen vergangenen Aufenthalt in einer Stadt zurück, wobei er einen Ausschnitt dieses Aufenthaltes – den titelgebenden Nachmittag – nach dem ersten Drittel des Rückblicks gleichsam noch einmal real zu durchleben scheint. Zunächst macht er **Angaben zu Ort und Zeit:** Er habe sich drei Tage lang in der nicht näher benannten Stadt aufgehalten. Er charakterisiert die Menschen, die ihm begegnen, in Form ihrer Gesichter – erst scheinbar neutral, dann zunehmend abwertend. Er gesteht, der Stadt gegenüber ein **Gefühl der Fremdheit** verspürt zu haben. Nach einem kurzen Exkurs in die Erzählgegenwart springt der Text unvermittelt in das erste konkrete Ereignis des vergangenen Stadtaufenthaltes, in den Moment, als ein **vollbremsendes Auto** den Erzähler aus seinen Gedanken reißt. Der Insasse, ein bedrohlich wirkender Mann, schreit ihn an. Der Erzähler erschrickt und nimmt in der Folge die **Geräusche der Stadt** so überdeutlich wahr, dass er davon überwältigt wirkt. Es folgen widersprüchliche Angaben zur Dauer seines Aufenthaltes, bevor der Erzähler in der zweiten Hälfte der Erzählung einen Park aufsucht. Hier, in der geordneten Natur, beruhigt er sich und wird schläfrig. Doch im **Einschlafen** schreckt ihn eine Frau auf, die ebenfalls bedrohlich wirkt und Geld einfordert – wofür, wird nicht näher ausgeführt. Der Erzähler sucht nach Geld, findet jedoch keines und verlässt die Situation fluchtartig, um seine **Suche in der unverändert belebten Stadt** fortzusetzen.

Hauptteil
Inhaltsangabe:

Rückblick auf Aufenthalt in unbekannter Stadt

Beinahe-Kollision mit Auto

Begegnung mit seltsamer Frau

Der Text folgt in seinem Aufbau den **Bewegungen des Erzählers** – so, wie er auch durchgehend aus dessen Sicht wiedergegeben wird. Er bewegt sich von der Beobachtung der vielen verschiedenen Menschen und Gesichter zu immer genaueren **Sinneswahrnehmungen im Straßenverkehr und im Park**, bis er in der einzigen echten Begegnung des Erzählers mit einem anderen Menschen – der Frau – seinen Höhepunkt erreicht. Diese bleibt jedoch seltsam karg und folgenlos, weil **kein echter Kontakt** zustande kommt. Der Erzähler

Aufbau
des Textes:

Bewegungen und Wahrnehmungen des Erzählers

flüchtet vielmehr in die Stadt zurück, wo sich seine **Suche nach etwas Unbestimmtem** vermutlich fortsetzt, wie die drei abschließenden Punkte andeuten (vgl. Z. 57).

Man erfährt wenig über die- oder denjenigen, der in **personaler Erzählhaltung** über sein Leben berichtet. Er benennt sein Alter zum Zeitpunkt der Handlung mit „zwanzig Jahre[n]" und betont seine „Jugend" (Z. 3). Besonders jung oder kraftvoll wirkt er allerdings nicht: Nur das Wissen um die Existenz der Sonne halte ihn „aufrecht" (Z. 2) und auch der sentenzartige Gedanke „Je ergreifender die Erinnerung, desto schwerer die Gegenwart" (Z. 4 f.) lässt ihn **eher vergangenheitsorientiert als auf den Moment bezogen** wirken. Er scheint seiner Kindheit und Jugend, die er als „vielleicht zu schön" (Z. 4) charakterisiert, bereits nachzutrauern (vgl. Z. 3 f.).

Infos zum Erzähler

Orientierung an Vergangenheit

Zu Beginn des Textes gibt er an, „die Sonne" (Z. 1) zu suchen. Diese Aussage scheint im Widerspruch zu einer späteren zu stehen: „Ich hatte kein Ziel." (Z. 32) Auch das wird im darauffolgenden Satz relativiert, wenn er sagt: „Die Stadt wollte ich kennenlernen." (ebd.) Die **Absichten und Äußerungen des Erzählers wirken dadurch unstet und unzuverlässig**. Dies wird durch die sprachliche Gestaltung seiner Aussagen verstärkt: Er verwendet häufig Fragen (vgl. Z. 3, 16, 45) und relativierende Ausdrücke wie „vielleicht" (Z. 4, 35, 45), „glaubte ich" (Z. 23), „wußte ich nicht" (Z. 52), „kam mir vor wie" (Z. 29). Besonders deutlich wird diese Unsicherheit aber in der Tatsache, dass der Text mit dem Satz beginnt: „Ich weiß es nicht mehr genau." (Z. 1)

unsicherer Erzähler

sprachliche Manifestierung der Unsicherheit

Der Erzähler befindet sich offenbar in einer **Phase der Sinnsuche**, die für ihn mit Verunsicherung einhergeht. Es lässt sich aber in den scheinbar widersprüchlichen Aussagen doch ein erster gemeinsamer Nenner finden. Auch wenn der Erzähler sich über das Ziel seiner Suche selbst nicht im Klaren ist: Er kennt „die Sonne" (Z. 1), die als **Symbol für Wärme und Ursprung allen Lebens** und im **Zusammenhang mit seiner Kindheit** steht. Sie dient womöglich als Orientierung dafür, in der Stadt etwas ihr Ähnliches zu finden.

Erzähler auf Suche nach Sinn

Symbol Sonne

Die Stadt, die er erkundet, wird lediglich als „ein[e] groß[e] Stadt" (Z. 6) näher benannt, wirkt dadurch **anonym und austauschbar**. Während er zu Beginn noch das Personalpronomen „[w]ir" (ebd.) verwendet und sich seinen Mitmenschen zurechnet („alle anders und doch im Grunde dieselben", Z. 7), lässt er schnell eine **Distanz** zu denjenigen entstehen, die er beobachtet. Er staunt über die „konzentrierte Welt" (Z. 8), die ihm nur nachts eine Pause gönnt von den vielen Eindrücken, die er tagsüber sammelt. Die Menschen nimmt er zunehmend als eine Flut von „Gesichter[n]" (Z. 9) wahr. Zwar macht

Gesichter der Stadt

er darin individuelle „Geheimnis[se]“ (Z. 10) aus und charakterisiert sie mit verschiedenen Attributen (vgl. Z. 10–12), aber die Aufzählung lässt sie zugleich **unspezifisch und austauschbar wie die Stadt selbst** wirken.

Austauschbarkeit und Anonymität

Wenn der Erzähler die Stadt zunächst neutral beschreibt, bekommt die Darstellung nun eine negative Konnotation. Von den Gesichtern sind ihm vor allem ausdruckslose **„,Fleisch‘gesichter“** (Z. 14) in Erinnerung, für deren Beschreibung er diesen **Neologismus** verwendet. Im Zusammenhang mit ihnen erinnert sich der Erzähler auch an ein Gefühl der **„Fremde“** (Z. 15) gegenüber der Stadt, das sich mit der Dauer des Aufenthaltes in eine **„rücksichtslose Kälte“** (Z. 16) steigert. Möglicherweise könne es sogar eine **„Feindschaft“** (ebd.) gewesen sein, mutmaßt der Erzähler am Ende dieser **Klimax**.

fremd gegenüber Stadt und Menschen

Dieser Gedanke wird **von einer plötzlichen Erinnerung an einen Traum aus der Erzählgegenwart unterbrochen**, der einen Kontrast zu den unbehaglichen Erinnerungen an die Stadt darstellt: „Vergangene Nacht träumte ich, daß ich einen alten Eichenbaum umarmte, und daß ich ihn atmen fühlte…“ (Z. 16 f.) Der Eichenbaum steht für einen ganz anderen Zustand als den, den der Erzähler in der Stadt erfährt: In der Umarmung kommt **Geborgenheit** zum Ausdruck, im Atem **Lebendigkeit**, der Erzähler fühlt anstatt genau zu beobachten. Als Symbol steht der Eichenbaum mit seinem Alter für **Verlässlichkeit, Beständigkeit und auch Vergangenheit**. All das bleibt in dem knappen Satz nur angedeutet. Die drei Punkte am Ende fordern gewissermaßen dazu auf, ihn weiterzudenken: Der Traum gibt dem Erzähler – ähnlich wie die Erinnerung an die Sonne (vgl. Z. 1 f.) – eine Ahnung dessen, was er sucht.

Kontraste: Stadt und Natur, Tag und Nacht, Wirklichkeit und Traum

Ziel der Suche nur angedeutet

Nach diesem kurzen Einwurf springt die Erzählung unvermittelt in den Stadtaufenthalt zurück. Diese Plötzlichkeit steigert den **Kontrast zwischen der Ruhe des Traumes und der Hektik der Stadt**. Denn die Gefahr, die von ihr ausgeht, wird durch das erste konkrete Ereignis, an das sich der Erzähler erinnert, anschaulich: Er entgeht nur knapp dem Zusammenstoß mit einem Auto (vgl. Z. 19–23). Seine Erinnerungen an die Episode sind nur in einzelnen Bildern erhalten, etwa von einem „verzerrte[n] Gesicht“ (Z. 20), Ringen an „breiten Fingern“ (ebd.) und dem Schreien einer „laut[en] und drohend[en]“ (Z. 21) Männerstimme. Der Erzähler bleibt erschrocken „in einer Gaswolke“ zurück, fürchtet sogar kurz den Tod (vgl. Z. 23). Der Vorfall wirkt fast **unrealistisch verzerrt und überzeichnet**, was sich mit dem großen Schrecken erklären lässt, den er offensichtlich im Erzähler ausgelöst hat.

Zusammentreffen mit wütendem Autofahrer

Schock des Erzählers

Die Stadt überwältigt den Erzähler nach diesem Ereignis zunehmend. Das wird vor allem daran deutlich, wie sie seine Wahrnehmung prägt: „Der Sang der Straßenbahnschienen schwoll immer mehr an." (Z. 24) **Die variierende Wiederholung der s-Laute ahmt hier onomatopoetisch den Klang der Stadt nach**, die für den Erzähler immer stärker körperlich spürbar wird. Im Kontrast zum ruhigen Atem des Eichenbaumes fühlt er jetzt ihr nervöses „Zittern" (ebd.), hört Bellen, Stimmen und das Heulen eines Zuges (vgl. Z. 25), das die **Stadt wie einen lebendigen, aber bedrohlichen Organismus** wirken lässt: Als „aufregend, unendlich hastend" (Z. 25), „ekelhaf[t]" (Z. 26) empfindet der Erzähler die Geräusche der Stadt.

überforderte Sinne in der Stadt

Stadt als Bedrohung

Um Ordnung in die Flut an Reizen zu bringen, konzentriert er sich auf **kontrollierbare Objekte in der Umgebung:** Er zählt Randsteine, Fenster und Türen (vgl. Z. 27 f.), doch auch hier wirkt er schnell überfordert von deren schierer Menge. Das **Fremdheitsgefühl** fasst der Erzähler in Bilder: „Ein Drahtgewirr spannte sich zwischen mir und der Weite. Ich kam mir vor wie ein Tier innerhalb der Stäbe eines großen Käfigs." (Z. 28 f.) Draht und Stäbe veranschaulichen den Abstand, den der Erzähler in der Stadt zwischen sich und seiner Umwelt wahrnimmt. Er fühlt sich nicht nur von den anderen Menschen getrennt, sondern – indem er sich als Tier darstellt – ihnen **nicht mehr ebenbürtig, ja kaum noch zugehörig und gefangen**.

Gefühl der Fremdheit und des Gefangenseins

Trotzdem setzt der Erzähler seine Erkundung der Stadt fort mit einer **Unbeirrtheit**, die die parataktische Satzkonstruktion spiegelt: „Und ich ging und ging, immer weiter. Und über allem schwebte der Rauch […] in den gelblich-grauen Himmel." (Z. 30 f.) Im Gegensatz zu seiner Aussage zu Beginn der Erzählung will er die Stadt nun in „acht Tagen" (Z. 2) erkunden – als ob der Erzähler sich noch mehr Zeit geben möchte. Es zieht ihn jetzt in einen der vielen „kleine[n] Parks" (Z. 35) in der Nähe der Ampeln. Diese erinnern ihn mit ihren leuchtenden Farben, die einen Kontrast zum als fahl beschriebenen Himmel darstellen, „an früheres Spielzeug" (Z. 34 f.). Ein weiteres Mal holt ihn also die **Erinnerung an etwas Vergangenes** ein.

ungenaue Aussagen über Dauer des Aufenthalts

Im Gegensatz zum knorrigen Eichenbaum aus seinem Traum ist die Natur im Park **von der menschlichen Zivilisation gezeichnet:** Der Erzähler nennt sie zunächst „gepflegt" und „der übrigen Umgebung angepaßt" (Z. 36). Die genauere Darstellung macht aber deutlich, wie sehr der menschliche Eingriff die Natur verletzt: „Die kleinen Sträucher mit den roten Blüten waren numeriert. Ein kleines Schild war an ihren zarten Stämmen festgenagelt." (Z. 36 ff.) Die Attribute „klein", „zart", „rot" stehen sowohl im Kontrast zu der Grobheit, mit der sie mit Nägeln beschlagen wurden, als auch zur technischen Nummerierung. Die Zivilisation macht selbst vor der Natur nicht halt.

gebändigte Natur im Park

Immerhin kann der Erzähler im Park die Geräusche der Stadt auf Abstand halten (vgl. Z. 44). Als ob er sich dadurch besser besinnen könne, gelangt er zu einer ersten Erkenntnis, die er aber nicht näher ausführt: „Langsam begann ich vieles zu begreifen." (Z. 39) Möglicherweise versteht er die **Erbarmungslosigkeit der Großstadt** besser, die sich – aus seiner kritischen Perspektive betrachtet – nicht nur die Natur untertan macht. Auch die Menschen, die er hier beobachtet, sind „bleich und schmal, hatten sehr viel ‚Verbrauchtes' an sich" (Z. 42). Alles Lebendige, so scheint es, wird von der Stadt zermürbt.

erste unspezifische Erkenntnis des Erzählers

Auf einem der vielen „Eisenrohrsessel[n]" (Z. 40 f.), die eher unbequeme Assoziationen hervorrufen, macht der Erzähler nun eine Pause und **scheint fast schon zu schlafen**, als eine Frau ihn davon abhält. In Analogie zu dem bedrohlichen Mann im Straßenverkehr wird auch sie in bruchstückhaften Bildern und fast unheimlich, auf jeden Fall abstoßend beschrieben: „ein mächtiges Weib […], grinsend, mit angefaulten Zähnen und einem flatternden Doppelkinn." (Z. 46 f.) Sie „nestel[t]" und „wühl[t]" (Z. 47 f.), hat einen Finger im Nasenloch – sie wirkt **fast wie ein Tier**. Mit der einzigen wörtlichen Rede in der gesamten Erzählung fordert sie Geld ein: „‚Sechzig Groschen der Herr!'" (Z. 50) Dazu präsentiert sie ihm einen „weißen Zettel" (ebd.). Handelt es sich um die Aufforderung, für das Ausruhen zu zahlen? Ist es eine Bettel-Nachricht? Der Text lässt den Inhalt offen. **Der Erzähler ist jedenfalls irritiert** (vgl. Z. 52).

Ruhepause des Erzählers

Störung der Pause durch eine unheimliche Frau

Der Erzähler sucht nach Geld, findet aber keines oder will keines finden, und verlässt die Frau ohne ein Wort, „enttäuscht und zornig" (Z. 53). Die Gefühle lassen sich mit der enttäuschten Hoffnung erklären, zur Ruhe und zu sich zu kommen – und mit der **Erkenntnis, dass er in dieser schonungslosen Taktung der Großstadt mit seiner Suche nicht erfolgreich sein wird**. Der Erzähler geht zurück in Richtung Stadt. Er meint, „ein Schimpfwort" (Z. 54) zu hören. Die einzige Begegnung, von der der Erzähler berichtet, verstärkt das Gefühl der Kälte und Distanz zwischen den Menschen in der Stadt.

Verlassen des Parks und Rückkehr in die Stadt

Der Erzähler wirkt überrascht, als er sich „plötzlich" mitten in der Stadt wiederfindet (Z. 56). Den Lesern stellt sich die Frage, ob er nach der enttäuschenden Begegnung seine Suche trotzdem fortsetzen wird. Die Erzählung bleibt die Antwort schuldig. Auffällig ist allerdings, dass der Erzähler im letzten Satz den Hinweis wiederholt, die Ampeln erinnerten ihn „an mein früheres Kinderspielzeug" (Z. 57). Erneut entdeckt er also **in der Stadt Erinnerungen an Vertrautes**, die auch die eingangs genannte Sonne zitieren könnten. Die grellen Farben der Ampeln oder der fahle gelbe Himmel (vgl. Z. 31) wirken allerdings gegenüber dem Spielzeug und der Sonne wie eine billige Kopie, ein schwacher Abglanz.

offenes Ende der Erzählung

Aus diesen Überlegungen ergeben sich mehrere Deutungsansätze. Eine Möglichkeit besteht darin, die Erzählung als **massive Kritik an der Lebensfeindlichkeit der Stadtgesellschaft** zu lesen. Dies wird durch die scharfen Kontraste in der Erzählung nahegelegt: Kindheit, Vergangenheit, Natur und Traum sind der Gegenwart, Stadt und Wirklichkeit entgegengesetzt, wobei das Frühere positiv und das Jetzt deutlich negativ konnotiert ist – auch dadurch, dass Ersteres mit **Lebendigkeit** und Letzteres mit **Alter und Tod** in Verbindung gebracht wird. Trotzdem endet der Text nicht mit einer endgültigen Absage an die Stadt, etwa mit einer Abreise des Erzählers.

Deutungsmöglichkeiten:

Kritik am Lebensraum Stadt

Der Erzähler – mit Blick auf sein Alter und die Aufbruchssituation am Beginn eines neuen Lebensabschnittes – wird **in der Stadt mit Neuem und Unbekanntem konfrontiert**. Wie an verschiedenen Stellen deutlich wird, hat er bislang wenig Erfahrung oder Strategien entwickeln können, wie mit dieser neuen Situation umzugehen ist. Trotz frustrierender Erlebnisse gibt der Erzähler nicht auf: Er stellt sich am Ende des Textes weiter den **Zumutungen und Herausforderungen der Stadt**. Was ihm dabei Halt und Kraft zu geben scheint, hat er schon zu Beginn des Textes angedeutet – es ist die „wundervolle Zeit" (Z. 3 f.) der Kindheit, die er am Schluss in Form einer Erinnerung ein weiteres Mal erwähnt.

Konfrontation mit neuen Erfahrungen und Umbrüchen

Diese Herangehensweise, **gestärkt durch Vertrautes ins Unbekannte aufzubrechen**, lässt sich auf verschiedene Bereiche übertragen. Als Leser oder Leserin kann man sie auf die eigene Situation beziehen, sofern man gerade – beispielsweise als Abiturientin oder Abiturient – selbst am **Beginn eines neuen Lebensabschnittes** steht. Sie lässt sich aber auch allgemeiner als **Umgang mit Brüchen im Leben oder in Gesellschaften** deuten. Zum Zeitpunkt der Veröffentlichung von Bernhards Erzählung war das **Wachsen der Städte im Zuge der Urbanisierung** etwa noch lange nicht beendet, und die damit einhergehenden Zumutungen waren für viele Menschen eine Herausforderung.

Übertragbarkeit der Aussage des Textes

Kritik an Urbanisierung

Unabhängig davon, welche Bezüge man herstellen will, endet der Text damit, dass der Erzähler sich wieder auf die Stadt einlässt, sich ihr erneut stellt und das trotz aller Irritation nicht pessimistisch. Das Leben mag „seltsam" (Z. 5) sein, es ist dennoch „lebendig" zugleich (ebd.), wie der Erzähler anfangs formuliert. Thomas Bernhards Erzählung veranschaulicht eindringlich, welche **Herausforderung** es bedeutet, **das wie auch immer geartete Lebendige beharrlich weiter zu suchen** – trotz all der seltsamen Zumutungen, die das Neue mit sich bringt.

Schluss

MATERIALGESTÜTZTES VERFASSEN EINES ARGUMENTIERENDEN TEXTES (KOMMENTAR)

Thema: Geschlechtergerechte Sprache

Aufgabenstellung

Eine überregionale Tageszeitung hat einen Schreibwettbewerb zum Thema „Geschlechtergerechte Sprache" ausgeschrieben.

Verfassen Sie auf der Grundlage der Materialien 1 bis 6 sowie Ihres eigenen Wissens zu diesem Thema einen Beitrag in Form eines Kommentars (Umfang ca. 1000–1500 Wörter). Formulieren Sie eine geeignete Überschrift.

Material 1 **Definition ‚Gender'**

Der Begriff *gender* wird mittlerweile in den verschiedensten Bereichen der Gesellschaft genutzt. Doch was ist damit gemeint? […]

In der Linguistik bezeichnet das Wort *gender* zunächst im Englischen das Genus bzw. das grammatikalische Geschlecht – d. h. die Unterscheidung zwischen weiblich, männlich und sächlich. Im wissenschaftlichen Sprachgebrauch wird *gender* als Bezeichnung für das soziale Geschlecht und in Abgrenzung dazu sex als biologisches Geschlecht definiert.

Als Begrifflichkeit wurde *gender* erstmals in der Medizin in der Forschung mit Intersexuellen in den 1960er Jahren verwendet, um die Annahme zu verdeutlichen, dass die Sozialisation der Individuen für die Geschlechterzugehörigkeit bzw. Geschlechtsidentität verantwortlich ist. So wurde das soziale Geschlecht (*gender*) im weiteren Verlauf als unabhängig vom biologischen Geschlecht (*sex*) betrachtet. […] Geschlechterrollen sind kein biologisches Phänomen, sondern stellen soziale Zuschreibungen dar. Sie werden in sozialen Interaktionen und symbolischen Ordnungen konstruiert und sind damit veränderbar. […]

Quelle: https://www.uni-bielefeld.de/gendertexte/gender.html (letzter Zugriff am 19. 03. 2020)

Material 2 Ronald Düker: Gendergerechte Sprache – Eins mit Sternchen

Ende der 1970er Jahre etablierte sich, vor allem durch die Arbeiten der Sprachwissenschaftlerin Luise Pusch, die akademische feministische Linguistik. Pusch hatte es auf das generische Maskulinum abgesehen, eine bislang nicht im Sinne des Sexus verstandene maskuline Form, die sowohl das männliche als auch das weibliche biologische Geschlecht unter sich versammeln kann. Zur sprachlichen Gleichberechtigung von Frauen schwebte Luise Pusch ein Stufenmodell vor, das auf die Abschaffung der weiblichen Endung „-in" hinauslief. „Die Professor, der Professor, das Professor": Natürlich polarisierte dieser Traum von der Egalisierung der Geschlechter durch eine neutrale Gattungsbezeichnung. Dabei wären solche Eingriffe ja noch zaghaft gewesen […].

Und jetzt? Am 8. Juni, also in zwei Wochen, trifft sich in Wien der Rat für deutsche Rechtschreibung, was unter gewöhnlichen Umständen kaum ein Datum wäre, das die Öffentlichkeit elektrisiert, sondern eher etwas für die sprachwissenschaftliche Fachwelt. Die Umstände sind aber nun einmal nicht gewöhnlich. Es trifft sich nämlich bei dieser Gelegenheit auch die „AG Geschlechtergerechtes Schreiben": Weil im Rechtschreibrat diesmal nicht nur über Zeichensetzung, Schuldidaktik und linguistische Textkorpora verhandelt werden soll, sondern – zum ersten Mal in seiner Geschichte – auch über die Rolle der Rechtschreibung im Geschlechterverhältnis, ist das Gremium in die Genderdebatte geraten. Für die hier versammelten Fachwissenschaftler ein Problem: Sie haben es nun nicht bloß mit einer orthografischen, sondern vor allem mit einer politischen Angelegenheit zu tun.

Aus der Politik kam jedenfalls der Anstoß, sich überhaupt mit dem neuen Diskussionspunkt zu befassen. Die Gleichbehandlungsstelle der Berliner Senatsverwaltung für Justiz, Verbraucherschutz und Antidiskriminierung hatte den Rechtschreibrat um Formulierungshilfen gebeten. Die Frage lautete: Wie sollen Personen angeredet werden, die sich nicht anhand der Kategorien von Mann und Frau identifizieren lassen?

Quelle: Ronald Düker: Eins mit Sternchen, DIE ZEIT 23 / 2018 (29.05.2018)

Material 3 Anatol Stefanowitsch: „Wir müssen unsere Sprache ändern"

Gendergerechte Sprache ist eine gesellschaftliche Forderung, mit der man sich auseinandersetzen muss – egal ob man ihr zustimmt oder nicht. Je weiter die Gleichstellung voranschreitet, desto lauter werden auch die Stimmen, die sich eine Änderung der Sprache wünschen. Und das ist berechtigt, wie Studien belegen.

Das sogenannte generische Maskulinum, die männliche Form im Plural wie bei ‚die Studenten' oder ‚die Beamten', wird meist als ein tatsächliches Maskulinum gelesen, also eben nicht geschlechtsneutral. Man liest es, und vor dem inneren Auge erscheint eine Gruppe Männer. Das zeigen Dutzende wissenschaftliche Experimente. Aus ihnen geht hervor, dass maskuline Formen, selbst mit der generischen Intention, häufiger männlich interpretiert werden. Bis erkannt wird, dass nur oder auch Frauen im entsprechenden Kontext gemeint sind, braucht es Zeit. Ob sich Frauen vom generischen

Maskulinum angesprochen fühlen, ist zweitrangig. Tatsache ist, dass sie nicht angesprochen werden.

Wir müssen also unsere Sprache ändern. Wie das gehen soll, darüber müssen wir diskutieren. Am neutralsten ist wohl die Doppelform – also das Ausschreiben beider Geschlechterbezeichnungen, ‚Studentinnen und Studenten'. Dass die Texte damit lang werden, ist meiner Meinung nach ein Scheinargument, weil die Form verhältnismäßig selten vorkommt.

Zudem gibt es verschiedene Formen der Verkürzung: Schrägstrich, Binnen-I, Gendersternchen, Gendergap. Das sieht in belletristischen Texten meist unschön aus, das gebe ich zu. Aber auch da lässt sich das Problem relativ einfach mit der Ausschreibung oder einer anderen Wortwahl umgehen. [...]

Quelle: Anatol Stefanowitsch, Der SPIEGEL (online), 13.08.2018, aufgezeichnet von Vivien Krüger

Material 4 **Thomas Steinfeld: Gender-Debatte: Geschlechtergerechtes Deutsch? Grammatikalisch unmöglich!**

Veränderungen in der Sprachstruktur sind nicht nur ungleich folgenreicher und beständiger als Veränderungen im Wortschatz. Vielmehr setzt die Grammatik dem Willen zum Umbau der Sprache einen viel größeren Widerstand entgegen. [...]

Die Forderung nach einer geschlechtergerechten oder geschlechter- neutralen Sprache ist ein idealistisches Vorhaben. [...]

Im Deutschen führt diese Forderung zu einem Widerspruch, der so allgemein und elementar ist, dass er sich durch die gesamte Debatte um die geschlechtergerechte Sprache zieht: Denn die „Wählerinnen und Wähler", von denen die Politiker sprechen, die „Leserinnen und Leser", die „Polizistinnen und Polizisten" sind einander keineswegs gleichgestellt, so freundlich oder höflich die Formel auch manchmal gemeint sein mag. Das liegt daran, dass die „Bäckerin" eine Ableitung aus dem „Bäcker" ist und auch gar nichts anderes sein kann: Grammatisch ist die männliche Variante die Grundform, die weibliche Endung tritt hinzu – wohlgemerkt: nicht biologisch, sondern grammatisch. Wer „ich gehe zum Bäcker sagt", denkt dabei nicht notwendig an einen Mann. [...]

Der Widerspruch zwischen dem Wunsch, im Verhältnis der Geschlechter in der Sprache Gleichheit zu schaffen, und der grammatischen Notwendigkeit, die Vorherrschaft des Männlichen zu wiederholen, ist eine Kleinigkeit gegenüber dem zweiten Widerspruch, der in der geschlechtergerechten Sprache steckt: Denn Gleichheit ist eine kulturelle Errungenschaft. Als solche aber geht sie, wie man die Sache auch dreht und wendet, mit der Emanzipation des Menschen von der Natur einher (wobei man hinzufügen muss, dass die Lasten dieser Emanzipation sehr ungleich verteilt waren). Und tatsächlich: wäre es nicht tatsächlich das Beste für den intellektuellen Umgang miteinander, wenn man sich in einer Gemeinschaft freier Geister bewegen könnte, unbeschwert den Gedanken folgend, ohne Rücksicht auf biologische Voraussetzungen? So aber ist die geschlechtergerechte Sprache, wie sie bislang propagiert wird, nicht beschaffen. Stattdessen stößt sie jeden Mann und jede Frau auf seine oder ihre biologische Bedingtheit zurück. Und schlimmer noch: Viele Anhänger der geschlechtergerechten Sprache bestehen darauf, das Geschlecht sei etwas „konstruiertes“ oder kulturell „gemachtes“. Wenn ausgerechnet Verfechter solcher Lehren den Menschen mit allem Nachdruck in die Bedingtheit des natürlichen Geschlechtes zurückdrängen wollen, verwandeln sich Fragen nach Wahrheit oder Unwahrheit in der Sprache in Konflikte um eine kulturelle Hegemonie.[1] […]

Quelle: Thomas Steinfeld: Gender-Debatte: Geschlechtergerechtes Deutsch? Grammatikalisch unmöglich!, Süddeutsche Zeitung vom 14. 03. 2021, https://www.sueddeutsche.de/kultur/gender-geschlechtergerechte-sprache-verein-deutsche-sprache-1.4365716

Anmerkung

1 Hegemonie: Vormachtstellung, Vorherrschaft

Material 5 Linguist kritisiert geschlechtergerechte Sprache „Ein Säugling ist nicht dasselbe wie ein Gesäugter“

[…] Peter Eisenberg im Gespräch mit Britta Fecke

BRITTA FECKE: […] Herr Eisenberg, wie lässt sich denn die Existenz der weiblichen Form in unserer Sprache elegant verankern?

PETER EISENBERG: Frauen sollten hörbar oder sichtbar in der Sprache sein, am besten beides. Es gibt zwei Strategien: Das eine ist, dass man überhaupt das grammatische Geschlecht vermeidet. Das ist so was, wie wenn man sagt, hier ist eine Professur zu besetzen. Oder indem man Formen verwendet, die Frauen besonders thematisieren. Das ist die berühmte Professorin.

FECKE: Es gibt aber Nomen, die können sich nicht in die weibliche Form umwandeln lassen, wenn ich zum Beispiel an Flüchtling denke. Die Flüchtlingin gibt es ja nicht. Was dann?

EISENBERG: Ja. Wenn man das Wort Flüchtling verwendet, dann meint man damit Männer und Frauen. Das ist die logische Konsequenz. Der Ausweg über Geflüchtete ist nicht gangbar. Das ist eine Sprachmanipulation, die nicht hingenommen werden kann, jedenfalls nicht von einem Sprachwissenschaftler. Ein Flüchtling ist was vollkommen anderes als ein Geflüchteter.

[…] es ist immer etwas anderes, wenn Sie das Partizip nehmen als die suffigierte Form, wie wir sagen, also die Form mit „-er“ hinten wie Bäcker oder mit „-ling“ wie Flüchtling oder Säugling. Ein Säugling ist auch nicht dasselbe wie ein Gesäugter. Dann ist es eben so und jemand, der sich erdreistet, in einer der größten Sprachen Europas Formen einzuführen, die es nicht gibt und sie dann zu verordnen, der hat doch irgendwie ein schräges Verhältnis zur Demokratie. Das sind Leute, die sind gewählt worden, um den Willen ihrer Wähler zu verwirklichen. Und was machen sie als Erstes: Sie wollen die erziehen.

Es gibt niemanden, der das Recht hat, in eine Sprache einzugreifen. Das ist das Credo, was ich hier gleich mal zum besten geben möchte. Das hat aber nichts damit zu tun, dass man nicht Frauen sichtbar machen will.

Quelle: Peter Eisenberg im Gespräch mit Britta Fecke: Linguist kritisiert geschlechtergerechte Sprache, „Ein Säugling ist nicht dasselbe wie ein Gesäugter", https://www.deutschlandfunk.de/linguist-kritisiert-geschlechtergerechte-sprache-ein.691.de.html?dram:article_id=380828, 08. 03. 2017

Material 6 Reto U. Schneider: Wir lernen Gumbuzi[1]

Manchmal können einfache Fragen zu überraschenden Antworten führen, wenn man sie nur den richtigen Leuten stellt, so wie die Psychologin Lera Boroditsky von der Standford University in Palo Alto es 2003 tat. Boroditsky bat Versuchspersonen deutscher Muttersprache, die ersten drei Adjektive aufzuschreiben, die ihnen zum Begriff Brücke einfielen. Dann stellte sie dieselbe Aufgabe spanischsprechenden Probanden. Die Auswahl der Adjektive unterschied sich dramatisch.

Lera Boroditsky beschäftigt sich mit dem Problem, wie die Sprache unser Denken beeinflusst. Sehen Leute, die unterschiedliche Sprachen sprechen, die Welt auch unterschiedlich? Darüber wird seit langem heftig gestritten. […].

In Boroditskys Experiment ordneten deutsche Muttersprachler der Brücke Adjektive wie elegant, schön, friedlich oder fragil zu, spanische hingegen stark, lang, gross oder gefährlich. Der Grund für diesen auffälligen Unterschied liegt für Boroditsky auf der Hand. Er liegt in einem scheinbar unbedeutenden sprachlichen Detail: die Brücke heisst el puente; das grammatische Geschlecht ist im Deutschen weiblich, im Spanischen männlich. […]

Quelle: Reto U. Schneider: Wir lernen Gumbuzi, Neue Zürcher Zeitung 01. 06. 2021, https://folio.nzz.ch/2012/august/wir-lernen-gumbuzi

Anmerkung

1 Gumbuzi: Name einer von Boroditsky erfundenen Kunstsprache

TIPP **Bearbeitungshinweise**

Das Verfassen eines Kommentars erfordert eine vertiefte und differenzierte Auseinandersetzung mit dem vorgegebenen und im Materialdossier entfalteten Themenkomplex. Dabei sollen Sie, **unter Einbeziehung des Materials und Ihres eigenen im Unterricht und darüber hinaus erworbenen Wissens** einen eigenständigen Text schreiben, der Ihre Position zu dem Thema darlegt, dabei aber auch informierende Anteile enthält. Zentral im Hinblick auf die Berücksichtigung der Textsorte Kommentar ist es, dass Sie eine **eigene Position klar und deutlich vertreten**. Sie gehen dabei auch auf Gegenargumente (u. a. aus dem Material) ein und setzen sich mit diesen auseinander. Stets sollte jedoch die argumentative Darlegung Ihrer eigenen Position im Mittelpunkt stehen.

Das vorliegende Thema der „geschlechtergerechten Sprache" wird seit einigen Jahren kontrovers diskutiert. Es gewinnt immer wieder an Aktualität – etwa im Hinblick auf die Frage, wie Menschen sprachlich benannt werden sollen, die sich weder mit dem männlichen noch dem weiblichen Geschlecht identifizieren.

Zur Strukturierung Ihres Schreibprozesses sollten Sie in einer vorbereitenden Phase zunächst **Ideen sammeln** und etwa in Form einer Tabelle festhalten. Hier können Sie Ihre ersten Einfälle etwa in folgender Form strukturieren und sich dabei an den folgenden **Leitfragen** orientieren: Was versteht man unter gendergerechter Sprache? Was bedeutet der Ausdruck Gender? Hier ist auch eine Recherche im Ihnen in der Prüfung zur Verfügung gestellten Wörterbuch möglich. Inwieweit spielt Gender im Alltag von Menschen und im Hinblick auf ihre Identität eine Rolle? Was haben Gender und Sprache miteinander zu tun? Inwiefern begegnet uns gendergerechte Sprache in Alltagssituationen? In welchen gesellschaftlichen Institutionen und Bereichen des täglichen Lebens spielt sie eine Rolle? In welchen mündlichen und schriftlichen Ausdrucksformen? Auf welche Weise bin ich (zum ersten Mal) persönlich mit ihr in Kontakt gekommen? In welcher Form tritt gendergerechte Sprache auf? Welche Aspekte an dem Thema sind diskussionswürdig – etwa im Hinblick auf die Notwendigkeit der gendergerechten Sprache und auf die sprachlichen Formen, in denen sie sich realisiert? Welche Position nehme ich zu diesen Fragen ein? Wie lässt sich meine Position begründen? Mit welchen Fakten und konkreten Beispielen lässt sie sich untermauern? Wie positioniere ich mich zu abweichenden Positionen?

Anschließend sollten Sie das **Dossier lesen** und in Ihren Notizen zu Sachwissen und Argumentation Aspekte ergänzen, die Sie darin entdeckt haben, und dabei auch solche markieren, die Sie in Ihrem Text gerne wörtlich zitieren möchten. Strukturieren Sie Ihre Stichwortliste (z. B. durch die Nummerierung einzelner Aspekte), sodass ein **Schreibplan** für Ihren Text entsteht. Überlegen Sie sich zudem einen passenden **Einstieg in das Thema**, z. B. anhand eines aktuellen oder persönlichen Beispiels, das die Relevanz und Diskussionswürdigkeit des Themas verdeutlicht. Am **Schluss** fassen Sie Ihre Position – evtl. verbunden mit einem Appell – bündig zusammen. Finden Sie zudem eine passende **Überschrift**.

Schreiben Sie Ihren Text nieder und vergessen Sie nicht, Zeit für eine abschließende Korrektur und Überarbeitung einzuplanen.

Es ist wichtig, dass Sie in Ihrem Text auch im Hinblick auf die gewählten Formulierungen zwischen **informierenden und argumentativen bzw. wertenden Passagen** unterscheiden. Zudem sollten Sie Ihren inhaltlichen Aussagen durch die **Wahl geeigneter stilistischer Mittel** (wie etwa Metaphern und Vergleiche, rhetorische Fragen etc.) einen passenden Ausdruck verleihen. Beim vorliegenden Thema ist es zudem wichtig, dass Sie sehr bewusst darauf achten, ob und wie Sie selbst in Ihrem Text eine geschlechtergerechte Sprache verwenden. Denn Ihr eigener Sprachgebrauch sollte auch in diesem Aspekt zu Ihren inhaltlichen Aussagen und den von Ihnen entfalteten eigenen Positionen passen.

Lösungsvorschlag

Gendergerechte Sprache: ein kleiner Schritt für die Sprecher*in, ein großer Schritt für die (Sprach-)Gemeinschaft!

Einleitung

Seit einiger Zeit hat sich im deutschen Fernsehen hörbar etwas verändert. Anne Will, Gastgeberin einer der bekanntesten Polit-Talkshows im deutschen Fernsehen, spricht, ebenso wie viele andere Moderatorinnen und Moderatoren im öffentlich-rechtlichen Rundfunk, statt wie bisher von Politikern, Steuerzahlern oder Zuschauern, nun von Politiker*innen, Steuerzahler*innen und Zuschauer*innen – mit einer deutlich hörbaren Pause im Wortinneren, dem sog. Glottisschlag. Diese Form der Aussprache wird gelegentlich auch als **gesprochenes Gendersternchen** bezeichnet. Hier wird also etwas verlautbart, das in der geschriebenen Sprache schon länger präsent ist: **Schreibweisen, die einer gendergerechten Sprache dienen sollen**, wie das sog. Binnen-I („StudentInnen"), der Unterstrich („Student_innen") oder eben der Genderstern („Student*innen").

persönliche Beobachtung: Sprechweise im Rundfunk

Hauptteil

Diese Form des Sprachgebrauchs wird in Anlehnung an den englischen Begriff Gender als Gendern bezeichnet. Ein sprachlich gesehen kleiner Schritt – mit dem **Anspruch auf eine große gesellschaftliche Wirkung**. Denn verbunden mit diesen und weiteren Formen ist das Ziel, das **weibliche Geschlecht und zunehmend auch weitere Geschlechteridentitäten in der Sprache sichtbar zu machen** – in Zeitungen, Zeitschriften, auf Internetseiten und in allen möglichen Formen der alltäglichen Kommunikation, etwa in Behörden und anderen Institutionen.

Definition von Gendern

Ziel: Sichtbarkeit aller Geschlechter

Apropos Institution: Wenn ich mich in der Schule umsehe, oder besser umhöre, scheint von diesem Wandel dort wenig angekommen zu sein. Die allermeisten meiner Lehrer*innen sprechen in ihrem Unterricht von „Wissenschaftlern" und „Künstlern" oder adressieren die Mitglieder ihrer Kurse als „Schüler" – wobei sich etwa viele meiner Mitschülerinnen – ich gendere hier bewusst im Sinne der rein weiblichen Form – zumindest **sprachlich nicht angesprochen fühlen** werden. Folgen Anne Will und ihre Kolleg*innen in der medialen Öffentlichkeit dem, wie ich finde, durchaus sinnvollen, Fortschritt, während die Bildungsinstitution Schule (wieder einmal) länger braucht, um in der Gegenwart anzukommen? Oder zeigen sich hier **inhaltliche Vorbehalte gegen das Gendern**? Immerhin ist das Phänomen nicht unumstritten, wird in der Öffentlichkeit und in privaten Kreisen doch zum Teil heftig darüber gestritten. Sogar vom Gender-Wahn oder einer Verhunzung der deutschen Sprache ist mitunter die Rede. Doch warum löst ein sprachliches Phänomen so heftige Debatten aus?

weiteres Beispiel: Schule

Kritik an sprachlicher Rückständigkeit

teils heftige Ablehnung des Genderns

Zunächst einmal handelt es sich bei „Gender" um ein sprachliches Phänomen: Es ist das englische Wort für den in der deutschsprachigen Sprachwissenschaft üblichen lateinischen Begriff Genus, der für das grammatische Geschlecht steht. Im Deutschen gibt es drei Genera, die sich direkt oder indirekt auf Nomen beziehen: **weiblich, männlich und sächlich**. Sie offenbaren sich in Artikeln (z. B. „der Tisch", „der Lehrer", „die Freiheit", „die Professorin", „das Buch", „das Mädchen"), Endungen (z. B. die weiblichen Formen „Ärztin", „Schauspielerinnen") oder Adjektiven (z. B. „eine gute Schülerin"). Wie diese Beispiele zeigen, sind die **Zuordnungen eines Nomens zu einem Genus zum Teil willkürlich** bzw. folgen sie inhaltlich nicht immer offensichtlichen Konventionen (wie etwa bei „der Tisch" oder „die Lampe"), zum Teil beziehen sie sich auf das tatsächliche Geschlecht der mit dem Wort bezeichneten Bedeutung.

Genera im Deutschen

Verhältnis zwischen Genus des Wortes und Wortbedeutung

Hier kommt eine zweite Bedeutung des Wortes Gender ins Spiel. Dieses meint nämlich auch das soziale Geschlecht, in Abgrenzung zu „sex", dem biologischen Geschlecht. Damit wird ausgedrückt, dass es einem **Wechselspiel von sozialen Interaktionen und individuellen Wahrnehmungen und Entscheidungen** unterliegt, ob sich jemand als Frau oder Mann betrachtet oder eine andere Geschlechtsidentität für sich beansprucht. Dies impliziert, dass Gender keine rein biologische Gegebenheit ist, sondern ein **Teil der von Menschen hervorgebrachten Kultur** – und als solche gestalt- und veränderbar. So kann etwa mittels Kleidung ausgedrückt werden, welchem Geschlecht sich jemand zugehörig fühlt. Auf diese Weise können sich Personen, auch unabhängig vom biologischen Geschlecht, eine Geschlechtsidentität „anziehen". Beispielsweise kann

Gender als soziales Geschlecht

Bezug zu M 1

jemand im Körper eines Mannes geboren sein, aber als Frau leben und sich wünschen, als solche angesprochen zu werden (oder umgekehrt), oder sich gar keinem Geschlecht zugehörig fühlen.

Oft sind es aber auch **Zuschreibungen von anderen**, die Menschen eine Geschlechterrolle aufdrängen. So wird oft schon mit der Art, wie ein Baby angezogen wird oder wie sein Zimmer ausgestattet wird – mithilfe der stereotypen Farben rosa oder blau – darüber entschieden, ob ein Mensch als Junge oder als Mädchen gesehen oder erzogen wird. Das setzt sich in der Wahl der Spielzeuge fort: Ritterburgen und Autos für die Jungs, Puppen und Spielzeugküchen für die Mädchen. So werden **frühzeitig Geschlechterrollen etabliert**, die sich im weiteren Leben oft fortsetzen und etwa zum gesellschaftlichen Bild von typischen Männer- und Frauenberufen führen. Aber warum sollte ein Junge nicht rosa tragen, warum sollte eine junge Frau nicht Automechanikerin werden?

Geschlecht als Zuschreibung

Hinterfragen verfestigter Geschlechterrollen

Was bei Spielzeugen und Kleidung anfängt, setzt sich in der Sprache fort. Im besten Fall eröffnet die Sprache als veränderbares Kulturgut aber auch **neue Denkweisen und Handlungsmöglichkeiten**. Insofern liegt ein wichtiger, wenn auch nicht der einzige Grund dafür, dass Frauen etwa auch traditionell „männliche" Berufe ergreifen, darin, dass diese **Möglichkeiten auch in der Sprache repräsentiert** werden: Dort sind eben auch eine Pilotin und ein Krankenpfleger, ein Kindergärtner oder eine Automechanikerin vorgesehen. Sprache beeinflusst eben, neben der realen Welt, unser Denken.

Einfluss der Sprache auf das Denken

Vielleicht ist es nicht bei jeder und jedem so, dass vom biologischen oder sozialen Geschlecht abgekoppelte grammatische Genderformen wie „die Brücke" stereotyp weibliche Vorstellungen hervorrufen, wie es manche wissenschaftlichen Studien nahelegen, wie etwa die der Psychologin Lera Boroditsky. Das ist auch nicht das Entscheidende, denn kaum jemand wird ernsthaft das grammatische Geschlecht von Bezeichnungen für Dinge oder abstrakte Sachverhalte ändern wollen. Viel wichtiger ist es, sich der Macht bewusst zu werden, die sprachliche Benennungen auf die Vorstellungen haben, die sich Menschen von anderen Menschen machen. Und da ist es nicht ganz unerheblich, dass sich beispielsweise bei der wiederholten Nennung der „Ärzte" die **Konnotation mit einem Männerberuf** festsetzt, die sich dann in Form von **Vorurteilen, Berufsentscheidungen** und dem immer noch in vielen Berufsfeldern existierenden **Gender-Pay-Gap**, also der ungleichen Bezahlung von Frauen und Männern, im Wortsinne fortschreibt! Sprache, Denken und Handeln scheinen sich gegenseitig zu beeinflussen. Und insofern ist es nicht unerheblich, wie etwas ausgedrückt wird.

Verweis auf wissenschaftliche Studie

Bezug zu M 6

Sprache als Teil der Geschlechtergerechtigkeit innerhalb einer Gesellschaft

Damit bewegen wir uns wieder auf dem Feld der Sprache und der Grammatik. Im Singular ist das Ganze noch relativ unproblematisch: Über eine Frau wird seit Langem in aller Regel mit der femininen Genderform gesprochen oder sie wird mit dieser direkt adressiert, also etwa als „Teilnehmerin", „Schülerin" oder „Chemikerin". Anders im Plural: Hier herrscht im Deutschen seit Jahrzehnten das sog. **generische Maskulinum**. Das bedeutet: Die männliche Pluralform wird **gleichermaßen für weibliche wie für männliche Personen** verwendet. Dann sollen also mit „Teilnehmern" sowohl Männer und Jungen als auch Frauen und Mädchen gemeint sein. Warum sollte man diese aber in einer grammatisch männlichen Form verstecken, wenn eine weibliche Form existiert? Offenbart sich in der sprachlichen Form am Ende eine gesellschaftliche Realität? Ist mit dem sprachlichen Ausschluss ein **tatsächlicher Ausschluss von Frauen gemeint**?

Pluralbildung im Deutschen

Problem des generischen Maskulinums

Wenn etwa der Journalist Thomas Steinfeld davon ausgeht, dass die „männliche Variante die Grundform" sei und die weibliche Endung hinzutrete, dann offenbart sich hier wiederum jenes **traditionelle Denkmuster, dass das Männliche als Norm fungiert**. Auch wenn Steinfeld betont, dass er das rein grammatisch und nicht biologisch meine, wird es doch zum Problem, wenn eine grammatische Form zweideutig ist, also sowohl das männliche als auch das allgemein menschliche bezeichnet. Wie soll das menschliche Vorstellungsvermögen hier unterscheiden, vor allem wenn die Konnotation von „männlich" und „menschlich" so **tief im kollektiven Gedächtnis verankert** ist – und oftmals in der gesprochenen und geschriebenen Sprache erklärende Kontexte zu den tatsächlich gemeinten Geschlechterverhältnissen fehlen?

Kritik an Vorrang des Männlichen in der Sprache

Bezug zu M 4

Und so wird das, was angeblich als geschlechtsunabhängige, verallgemeinernde Form fungiert, „meist als ein tatsächliches Maskulinum gelesen", wie Anatol Stefanowitsch in seinem Plädoyer für geschlechtergerechte Sprache feststellt. Er beruft sich dabei auf zahlreiche wissenschaftliche Experimente. Diese haben alle gemeinsam, dass **bei der Verwendung des generischen Maskulinums die meisten Teilnehmer*innen Männer imaginieren**.

Experimente zur Wahrnehmung des generischen Maskulinums

Bezug zu M 3

Nun gibt immer wieder einzelne Personen, die betonen, dass sie durchaus auch an Frauen denken oder sich als Frau angesprochen fühlen, wenn eine Form des generischen Maskulinums verwendet wird. Selbstverständlich sind individuelle Erfahrungen immer ernst zu nehmen und zu respektieren. Doch ändert dies nichts daran, dass in den meisten Fällen eben doch Personen direkt angesprochen und bei Verwendung des generischen Maskulinums ausgeschlossen werden. Und ein Großteil der Mitglieder unserer Gesellschaft erlebt das

Frage der Teilhabe in demokratischer Gesellschaft

auch so, wie die erwähnten wissenschaftlichen Studien beweisen. Experimente wie das oben beschriebene können im Übrigen ein **erster Anstoß sein, sich dieses Problems bewusst zu werden** und auch den eigenen Sprachgebrauch kritisch zu reflektieren. Und selbst wenn sich in einer konkreten Gruppe oder einem Adressat*innenkreis nur wenige Personen ausgeschlossen fühlen, gehört es sich doch **im Sinne eines demokratischen Grundprinzips, alle Personen wertzuschätzen und einzubinden**. Mindestens ebenso wichtig ist es aber, dass mit der Frage der sprachlichen Benennung der Geschlechter größere **Fragen der gesellschaftlichen Teilhabe** verbunden sind, wie eben die Frage nach der gleichberechtigten Repräsentation von Frauen und Männern im öffentlichen Leben.

notwendige Reflexion des eigenen Sprachgebrauchs

Seit einiger Zeit beschäftigt sich der **Rat für deutsche Rechtschreibung** mit dem Thema der geschlechtergerechten Sprache. Und das im Auftrag der Politik. So hat die Gleichbehandlungsstelle des Berliner Senats, unter anderem zuständig für Fragen der Antidiskriminierung, im Jahr 2018 den Rechtschreibrat um sprachlichen Beistand bei der Frage gebeten, **wie Personen angesprochen werden sollen, die sich nicht als Mann oder Frau identifizieren**. Der Duden, das bekannteste Wörterbuch der deutschen Sprache, weist seit 2021 auch weibliche Personenbezeichnungen explizit aus und gibt Empfehlungen für einen geschlechtergerechten Sprachgebrauch.

politischer Anstoß für Änderungen

Bezug zu M 2

Damit stellt sich also die Frage nach dem Wie. Und gerade daran entzünden sich oft heftige Debatten. In den Fokus geraten dabei zunächst die drei Formen: die Beidnennung, das Binnen-I und das Gendersternchen. Der sprachliche Weg, der wohl am stärksten einleuchtet, besteht in der Doppelform, also der **Nennung der männlichen und weiblichen Geschlechterbezeichnung**, wie etwa bei „Schülerinnen und Schüler". Kritiker*innen bemängeln daran, dass Texte und Reden damit lang werden, diese Form der Sprachverwendung also nicht ökonomisch sei. Gemessen am Gesamtvolumen mündlicher oder schriftlicher Beiträge in der alltäglichen Kommunikation halte ich diesen Mehraufwand jedoch für sehr überschaubar. So ist mir nicht bekannt, dass Fernseh-Talkshows länger gingen oder die Redezeit verkürzt würde, weil die Teilnehmerinnen und Teilnehmer mit ihren Kolleginnen und Kollegen über Politikerinnen und Politiker reden – ganz abgesehen davon, dass es hier ja auch **Möglichkeiten des verkürzten gendergerechten Sprachgebrauchs** wie etwa das eingangs zitierte gesprochene Gendersternchen gibt. Vielleicht sollte sich der eine oder die andere lieber im Hinblick auf ausschweifende Reden zur eigenen Selbstinszenierung kürzer fassen. Aber das ist ein anderes Thema …

Möglichkeiten für geschlechtergerechte Sprache:

Beidnennung

Entkräften eines Gegenarguments: kein zeitlicher Mehraufwand

Kommen wir nun zu der Form, die ich bereits unhinterfragt fast in meinem gesamten bisherigen Kommentartext verwendet habe: das Gendersternchen. Das große Plus dieser Form liegt darin, dass damit nicht nur Zweigeschlechtlichkeit bezeichnet wird, sondern alle Geschlechter, auch jenseits der binären Opposition von Mann und Frau einbezogen werden. Gleiches gilt für den Unterstrich: Formulierungen wie Lehrer*innen oder Schriftsteller_innen verweisen gerade durch das eingefügte Zeichen, dass sich hier ein **großer Spielraum für alle möglichen Formen der Geschlechtlichkeit** öffnet, die in allen bisher angesprochenen sprachlichen Formen nicht repräsentiert werden.

Vorteile des Gendersternchens und des Unterstrichs

Zu bedenken ist allerdings das Argument, dass diese Formen, die **gegen bisherige amtliche Regeln der deutschen Sprache verstoßen**, eine größere Hürde darstellen – insbesondere für viele ältere Menschen, oder für Sprecher*innen anderer Sprachen, die das Deutsche noch nicht so gut beherrschen. Tatsächlich sollte darauf geachtet werden, diese Menschen durch zu große sprachliche Hürden nicht auszuschließen – denn dann würden Menschen ausgegrenzt, obwohl es doch gerade ein wesentliches Ziel gendergerechter Sprache ist, mehr Teilhabe zu ermöglichen.

Relativierung: Warnung vor unnötigen Hürden durch Genderstern

Dabei ist **sprachliche Kreativität** gefragt. Ein Ausprobieren, ein Spiel mit unterschiedlichen Formen, in unterschiedlichen Situationen, das von allen Sprecherinnen und Sprechern der deutschen Sprache gespielt wird, von Professor*innen, Lernenden, Kolleginnen und Kollegen in den Firmen, dem Lesepublikum, den Schreibenden, den Arbeitnehmer_innen- und -geber_innen im ganzen Land … mal so, mal so, um zu schauen, was passt – kurzfristig und mittelfristig. Um dann zu sehen, was sich langfristig durchsetzt. Auf welche Regeln sich die Gesellschaft als ganze einigt. Vielleicht braucht es auch **unterschiedliche Regeln für unterschiedliche Situationen**. Auch jetzt schon sprechen doch Freundinnen und Freunde untereinander anders als Patientin und Arzt oder Amtspersonen …. Man nennt das Sprachvarietäten.

Plädoyer für spielerisch-situativen Umgang mit gendergerechter Sprache

Und dann hoffentlich bald auch in der Schule. Diese soll ja schließlich auf das Leben vorbereiten. Gehen wir es geschlechtergerecht an – als Lehrende, Lehrkräfte, Lehrpersonen, Lehrerinnen und Lehrer, Lernende, Schülerinnen und Schüler, Schüler_innen oder Schüler*innen. In jedem Fall aber sensibel, kreativ, offen – auch für sprachliche „Irrwege" –, diskussionsfreudig und **in dem Bewusstsein, dass viele kleine sprachliche Schritte Großes bewirken können**.

Fazit
Forderung nach geschlechtergerechter Sprache in der Schule

ANALYSE UND ERÖRTERUNG EINES PRAGMATISCHEN TEXTES
Schwerpunkt: Erörterung

Thema: Peter Strasser: Der Selbstbetrug in der digitalen Selbstverwirklichung – über das Elend des Nicht-vergessen-Könnens (2019)

Aufgabenstellung

- Arbeiten Sie die Argumentation des Textes heraus und bestimmen Sie die Position des Verfassers. (ca. 30 %)
- Setzen Sie sich mit der Position Strassers zur Selbstdarstellung im Internet auseinander. (ca. 70 %)

[Bitte beachten Sie, dass der Schwerpunkt der Gewichtung auf der zweiten Teilaufgabe liegt.]

Material Peter Strasser: Der Selbstbetrug in der digitalen Selbstverwirklichung – über das Elend des Nicht-vergessen-Könnens

[…] „The End of Forgetting" heisst das kürzlich publizierte Buch von Kate Eichhorn, einer Kulturwissenschaftlerin an der New Yorker New School. Warum das Ende des Vergessens? Weil, so Eichhorns wenig überraschende These, im Universum der sozialen Netzwerke nichts verloren geht; und je früher man als junger Mensch beginnt, sich dort zu äussern, zu exponieren[1], Fotos von sich und seinen Freunden zu posten, umso weniger wird man später noch in der Lage sein, seiner Vergangenheit zu entkommen, bis hinein ins kleinkindliche Töpfchenalter.

Schliesslich sind heutzutage nicht wenige Eltern Tag für Tag damit beschäftigt, die Entwicklung ihrer lieben Kleinen mit möglichst originellen Bildern zu dokumentieren. Dass es dann aber dem pubertierenden Sohn – nennen wir ihn Sam – zu einer Identitätsfalle werden mag, wenn seine Mitschüler entdecken, wie er als Dreijähriger mit einer Mädchenperücke, „like an angel", und sonst nackt, wie Gott ihn schuf, abgelichtet und auf Facebook gestellt wurde – das war damals, als solche „love jokes" noch harmlos schienen, den Eltern nicht in den Sinn gekommen.

Wie ging es weiter mit Sam? Mobbings an unterschiedlichen Highschools. Später wurden potenzielle Arbeitgeber im Rahmen der routinemässigen Internetüberprüfung auf das erwähnte Kindheitsfoto aufmerksam. Weitere Recherchen ergaben – auch Arbeitgeber leben im Zeitalter der Political Correctness –, dass Sam ein Scheidungskind war, dessen Vater sich eines Tages als bisexuell outete. […]

Sam hingegen, als junger Erwachsener vielfach traumatisiert wegen seines Nacktfotos mit Engelsperücke, engagierte sich seinerseits bei einem Verein zur Wahrung christlicher Werte, der das LGBT-Movement[2] als gottlos und pervers brandmarkte. Entsprechende Statements, allesamt politisch inkorrekt, sind nach wie vor auf Youtube einsehbar. Deshalb wurde in jedem Fall von einer Anstellung Sams bedauernd Abstand genommen.

Mittlerweile ist Sam dabei, sich „neu zu erfinden". Er hat als freier Journalist der Internet-Community mitgeteilt, sein sexistisches Verhalten von ehedem tief zu bedauern, nicht ohne ein Comingout anzufügen: Er, Sam, fühle sich seit je zuinnerst als Frau. […]

Das geschilderte Szenario besteht aus Versatzstücken, die für das Leben vieler Zeitgenossen und erst recht derer, die heute in das digitale Universum hineinwachsen, prägend sind und sein werden. In der präelektronischen Zeit waren die persönliche Entwicklung und die spätere Lebenslaufbahn zwar locker durch Vorkommnisse in der Kindheit und Jugend geprägt. Gleichzeitig wurde vieles vergessen oder im Lichte der Persönlichkeitsreifung neu gesehen und bewertet. Das Modell der Selbstverwirklichung funktioniert nur, solange es weisse Flecken und formbare Erzählepisoden in der Biografie eines Menschen gibt.

Während in China die Überwachung total, doch weitgehend geheim ist, wird bei uns, im liberalen, menschenrechtsbewussten, individualistischen Westen, das legitim Geheime, weil Private zusehends lustvoll ins Netz gestellt. Man verzichtet, scheint's, freiwillig auf alle dunklen Ecken, Ambivalenzen, Hintertüren des eigenen Lebens. Und die gar nicht triviale Frage lautet: Warum? Woher kommt diese – man findet kaum ein passendes Wort – Publizitätspsychose[3]?

Verschiedenes mag hier zusammenwirken, primär die allzu menschliche Eitelkeit, sich selbst und sein „Eigenstes" öffentlich zu präsentieren, es den Weltstars gleichzutun. Hinzu tritt die spezielle Reizbarkeit der postmodernen Psychodynamik[4]. Diese hat das Modell der Selbstverwirklichung durch die permanente Anstrengung ersetzt, „sich selbst neu zu erfinden". Die klassische Bildungsgeschichte wurde vor einem offenen Horizont geschrieben: „Was du ererbt von deinen Vätern, erwirb es, um es zu besitzen" (Goethe). Nun formen Brüche die „serielle Persönlichkeit" des Einzelnen. Dabei unterliegt der höchstpersönliche Narzissmus ironischerweise den sozial normierten Schemata, wie das alte Selbst gegen eine frische Individualität auszutauschen sei. […]

„Werde, der du bist." Ist erst alles, Erwünschtes und Unerwünschtes, im globalen Netz für alle Zeiten festgehalten und im Prinzip von allen einsehbar, dann wird „Authentizität" ein leerlaufendes Wort. […]

Dass der humanistisch geprägte Mensch authentisch, also nicht entfremdet leben wollte, drückte sein Verlangen aus, „sich selbst zu finden" – Goethes Faust und Stifters Protagonist im „Nachsommer"[5] sind herausragende literarische Beispiele. Der Mensch hingegen, der sich immer wieder neu erfindet, gleicht Tantalus[6], dem das Wasser grausam vor dem Munde zurückweicht: Während er jede künstliche Neuformierung seines

Persönlichkeitsdesigns als Lebendigkeitsgewinn verbucht, kreiert er eine seelenlose Gestalt – einen potenziell unendlich hochladbaren Digitalzombie. […]

Quelle: Peter Strasser: Der Selbstbetrug in der digitalen Selbstverwirklichung über das Elend des Nicht-vergessen-können, NZZ 05. 08. 2019, https://www.nzz.ch/meinung/digitale-unsterblichkeit-das-elend-des-nicht-vergessen-koennens-ld.1488693 (letzter Zugriff am 31. 07. 2020)

Anmerkungen

1 sich exponieren: sich in eine der Aufmerksamkeit ausgesetzte Situation bringen
2 LGBT: Lesbian, Gay, Bisexual, Transgender
3 Psychose: schwere geistig-psychische Störung
4 Psychodynamik beschreibt die innerseelischen Vorgänge und Wirkweisen, die das Erleben und Verhalten steuern.
5 *Der Nachsommer*: Roman von Adalbert Stifter aus dem Jahr 1857
6 Tantalus: In der griechischen Sage König in Phrygien, der zur Strafe für seine Freveltaten in der Unterwelt bis zum Kinn im Wasser stehen musste, jedoch seinen Durst nicht stillen konnte, weil das Wasser vor ihm zurückwich, wenn er trinken wollte. Auch von über seinem Kopf wachsenden Früchten konnte er nicht essen, da sie der Wind wegblies, sobald er nach ihnen greifen wollte.

TIPP **Bearbeitungshinweise**

TEILAUFGABE 1: Die erste Teilaufgabe erfordert eine kurze Inhaltsangabe, die sich auf die **Argumente**, den **logischen Aufbau** des Textes und die **Position** des Verfassers konzentriert. Dazu müssen Sie Strassers Text zunächst gründlich lesen und durchdringen. Machen Sie sich dabei Notizen und markieren Sie sich, welche Behauptungen der Autor aufstellt und wie er sie mit Argumenten bzw. Belegen stützt. In diesem Fall sollte deutlich herausgestellt werden, dass der Autor sich **vehement gegen die Selbstpräsentation im Internet** positioniert.

Bei der ersten Teilaufgabe sind eigene Meinungen oder Stellungnahmen nicht gefragt, Ihre Darstellung soll **knapp, sachlich und objektiv** sein.

TEILAUFGABE 2: Die zweite Teilaufgabe fordert von Ihnen eine **eigenständige Auseinandersetzung mit dem Thema des Textes**. Die Position des Autors Strasser soll als These angesehen werden, die es zu diskutieren gilt. Peter Strasser lehnt die Selbstdarstellung im Internet ab, weil sie die Persönlichkeitsentwicklung unmöglich mache. Hierbei liefert er Argumente, die Sie als Schüler oder Schülerin auch in einem anderen Licht sehen können. Denn Strassers sehr konservative Position fordert eine **Gegendarstellung aus Sicht der jüngeren Generation** geradezu heraus.

Wichtig ist, dass Sie klar benennen, in welchen Punkten Sie Strasser – wenn auch nur in einem Detail – zustimmen und wo Sie ihm ganz oder teilweise widersprechen möchten. Stützen Sie Ihre **Pro- und Kontra-Argumente** immer durch **überzeugende Begründungen und anschauliche Beispiele**. Es empfiehlt sich, dass Sie hier auch auf **Ihr eigenes Wissen bzw. Ihre eigenen Erfahrungen mit sozialen Medien** zurückgreifen, denn das verleiht Ihren Ausführungen zusätzlich Glaubwürdigkeit.

Meist wird ein Erörterungsaufsatz zweiteilig aufgebaut. Falls Sie die zu erörternde Aussage eher verneinen wollen, listen Sie am besten zunächst die Pro-Argumente, dann die Kontra-Argumente auf. Dieses **Sanduhr-Prinzip** schlägt zudem vor, die **Reihenfolge nach der Gewichtung** vorzunehmen: die starken Pro-Argumente zuerst und Ihre starken Kontra-Argumente am Ende.

Beim nachfolgenden Lösungsvorschlag wird das sogenannte **Pingpong-Prinzip** angewendet: Zu jedem Pro-Argument wird unmittelbar ein inhaltlich passendes Kontra-Argument genannt. Auch hier sollten Sie die Argumente, die am stärksten zu gewichten sind, ans Ende des Hauptteils setzen. Das Pingpong-Prinzip kann für den Schreibenden und die Leser anspruchsvoller sein, weil die Perspektive ständig wechselt. Es ist aber auch reizvoller, da **thematisch zusammengehörende Aspekte** unmittelbar aufeinanderfolgen.

Egal, welchen Aufbau Sie hier wählen: Bündeln Sie Ihre Ausführungen am Schluss in einem knappen **Fazit**. Hier können Sie z. B. Ihre eigene Einschätzung zur Selbstdarstellung in sozialen Medien noch einmal äußern oder das Thema in einen größeren gesellschaftlichen Zusammenhang stellen.

Lösungsvorschlag

TEILAUFGABE 1

Einleitung

Basissatz

Die Persönlichkeitsentwicklung des Menschen läuft selten geradlinig. Aber müssen alle Umwege, Fehlentscheidungen oder Änderungen im Lebenslauf sogleich veröffentlicht werden? Was im Internet einmal geschrieben oder gepostet ist, lässt sich nicht mehr löschen. In seinem Kommentar „Der Selbstbetrug der digitalen Selbstverwirklichung – über das Elend des Nicht-vergessen-Könnens", erschienen am 5. August 2019 in der Neuen Züricher Zeitung, sucht der Autor Peter Strasser nach den **Gründen der kontinuierlichen Selbstinszenierung im Netz** und warnt vor den **Auswirkungen der Nachverfolgbarkeit**.

Argumentation und Position des Verfassers

These des Nicht-vergessen-Könnens

Als Ausgangspunkt zitiert der Autor die **These der Kulturwissenschaftlerin Kate Eichhorn**, dass „im Universum der sozialen Netzwerke nichts verloren geht" (Z. 3 f.) und man daher nicht in der Lage sei, „seiner Vergangenheit zu entkommen" (Z. 6). An einer **fiktiven, konstruierten Beispielperson**, Sam genannt, illustriert der Verfasser die möglichen Folgen (vgl. Z. 10–28): Ein scheinbar harmloses Foto des Sohnes – als Kleinkind nackt mit Mädchenperücke – wird von seinen Eltern auf Facebook hochgeladen. Mitschüler hänseln und mobben ihn, auch Personalabteilungen von potenziellen Arbeitgebern sehen das Foto, finden Details über die sexuelle Neigung des Vaters heraus – und nehmen von einer Einstellung Abstand. Sam engagiert sich in fundamentalistischen Kreisen zunächst gegen die LGBT-Bewegung, später bereut er seine Aussagen und bekennt, sich als Frau zu fühlen.

Umgang mit Brüchen im Lebenslauf

Peter Strasser stellt dar, dass Brüche zu der Entwicklung vom Kind zum Erwachsenen gehören. Das Problem bestehe darin, dass heutzutage **alle Kehrtwenden und neue Episoden im Lebenslauf sofort und dann für immer im Internet dokumentiert** werden. In der „präelektronischen Zeit" (Z. 31) konnten Peinlichkeiten oder bereutes Verhalten verschwiegen oder „im Lichte der Persönlichkeitsreifung neu gesehen und bewertet" (Z. 33 f.) werden. Der Verfasser behauptet sogar: „Das Modell der Selbstverwirklichung funktioniert nur, solange es weisse Flecken und formbare Erzählepisoden in der Biografie eines Menschen gibt." (Z. 34 f.) Weil es diese „Lücken" im Lebenslauf nicht mehr gebe, fühle sich der Mensch **genötigt, jede Änderung seiner Einstellung wieder öffentlich zu rechtfertigen**.

Gründe für die „Publizitätspsychose"

Strasser fragt nach den Gründen für diese „Publizitätspsychose" (Z. 42), für den krankhaften Drang also, sein Leben im Internet präsentieren zu wollen. Die „**Eitelkeit**" (Z. 43) sei eine Motivation, denn man könne sich wie ein prominenter „Weltsta[r]" (Z. 44) fühlen.

Entscheidender aber sei die „postmodern[e] Psychodynamik“ (Z. 45), die den Menschen antreibe, immer wieder „sich selbst neu zu erfinden“ (Z. 46 f.). Damit könne jedoch Authentizität – das Ziel der klassisch-humanistischen Bildung (vgl. Z. 47, 55) – nicht erreicht werden. Ein Vergleich mit einer Figur aus der griechischen Mythologie, Tantalus, soll verbildlichen, dass **durch den ständigen Wechsel die Persönlichkeitsentwicklung scheitere** und damit der Mensch nicht zu seinem Ziel der Selbstverwirklichung kommen könne. Strasser bezeichnet die ständig stattfindende Neuorientierung junger Menschen als „künstliche Neuformierung [des] Persönlichkeitsdesigns“ (Z. 59 f.). Dadurch wertet er sie ab, weil diese in seinen Augen **nicht intrinsisch motiviert** sei, sondern nur als oberflächlicher „Lebendigkeitsgewinn“ (Z. 60) gesehen werde. Wenn diese dann immer wieder als „Neu-Findung“ deklariert werde, mutiere der Mensch sogar zum „seelenlose[n]“ (Z. 60) „Digitalzombie“ (Z. 61).

Zwang zur Neuerfindung

Oberflächlichkeit der Selbstpräsentation

TEILAUFGABE 2

Auf Papier Geschriebenes lässt sich schreddern oder verbrennen, gesprochene Worte lassen sich verleugnen oder vergessen. Aber wehe, wenn dieser Geist einmal aus der Flasche gelassen ist: Das Internet vergisst nicht. Wie peinlich, beschämend und karriereschädigend kann doch manch digital festgehaltene und veröffentlichte Jugendsünde sein! Strasser sieht daher die **Selbstdarstellung im Internet als folgenschweren Selbstbetrug** an. Denn einerseits müsse diese Art der Präsentationen im Netz ständig aktualisiert werden, andererseits können Beiträge kaum gelöscht werden. Hat er mit seiner Behauptung recht, solche Selbstdarstellung mache die Selbstverwirklichung unmöglich?

kritische Auseinandersetzung

Überleitung

Strasser kritisiert richtigerweise die **unreflektierte Preisgabe von Daten im Netz:** Wenn Eltern gedankenlos Fotos ihrer Kinder in sozialen Medien wie z. B. Facebook oder Instagram veröffentlichen, dient dies tatsächlich nur ihrer eigenen Beweihräucherung. Kinder lernen dabei, wie wichtig die Außenwirkung ist. Dies kann zum Narzissmus erziehen: „Ich bin hübsch, begabt, erfolgreich und das muss die Welt wissen.“ Der **Wunsch, die Familie und sich selbst immer in das beste Licht zu rücken**, verführt zu Manipulation und Lüge. Fotos werden durch Photoshop oder Filter verschönert, Ereignisse werden nur harmonisch dargestellt: „Schaut, wie wunderbar unser Weihnachten war.“ Für diese Selbstdarstellung werden keine Schnappschüsse verwendet, sondern es wird eine Scheinwirklichkeit inszeniert. All die perfekten Körper, perfekten Familien und perfekten Erlebnisse erzeugen **unrealistische Idealvorstellungen**.

Pro Strasser: Erziehung zum Narzissmus

Verzerrung der Wirklichkeit in sozialen Medien

Ob die gänzliche Verweigerung von sozialen Medien die Lösung ist, erscheint jedoch fraglich: Manche Eltern sind heute vorsichtiger, teilweise auch überängstlich, was die Veröffentlichung der Fotos ihrer Kinder angeht. Sie erteilen der Schule z. B. **keine Genehmigung, ihr Kind zu fotografieren**. Ein Verbot der Aufnahmen ihres Kindes führt dann eventuell dazu, dass das Kind nicht in dem von der Schule veröffentlichten Jahrbuch erscheint. Wenn die Klasse einen Wettbewerb gewinnt und dies in der Zeitung veröffentlicht werden soll, darf das Kind nicht auf das Klassen-Siegerfoto, obwohl es auch zum Erfolg beigetragen hat. Diese Ausgrenzung könnte **zu einer geringeren Identifikation mit der Schul- oder Klassengemeinschaft führen**.

Kontra Strasser: mögliche Ausgrenzung bei Verweigern

Sinken des Gemeinschaftsgefühls

Wer sich mit der Botschaft „Ich bin aktiv, bewundernswert, erwähnenswert" darstellt, impliziert einen Vergleich mit anderen. Der ständig messende und wertende Blick auf den Menschen führt zu einer **Neidgesellschaft**. Wenn bei anderen der Weihnachtsbaum größer, das Auto teurer oder die Hochzeit prunkvoller ist, dann bedarf es schon Selbstbewusstsein, über diesem Konkurrenzkampf zu stehen. Auch derjenige, der die angeblich beneidenswerten Fotos postet, kann unter mangelndem Selbstvertrauen leiden, falls er nur auf Kommentare und Likes hinarbeitet. Eine solche **Abhängigkeit stört die gesunde Selbstwahrnehmung**. Das Urteil der anderen wird zu wichtig.

Pro Strasser: Gefahr durch vergleichenden Blick

Der Einfluss der anderen auf die eigene Psyche kann aber auch vorteilhaft sein. Im Internet werden nicht nur beschönigende und erfreuliche Ereignisse präsentiert. Mancher Eintrag ist ein **Hilferuf oder eine Bitte um Ratschläge**. Hier kann Schwarmwissen helfen – und warum sollte das nicht auch zur Selbstverwirklichung beitragen können? Es ist weniger die Gefahr, dass wir nach Strasser seelenlose Zombies (vgl. Z. 60 f.) werden, sondern im Gegenteil: Die Menschen offenbaren sich online zu sehr. Die Beschäftigung mit der Seele kann den **Blick auf das eigene Ich** hilfreich schärfen, erhöht jedoch das Risiko, es zu übertreiben.

Kontra Strasser: Hilfe bei seelischen Problemen

Selbstdarstellung hilft möglicherweise auch in Lebenskrisen, ohne dass direkte Antworten des Lesers nötig sind. Ein reales Beispiel: Ein 75-jähriger Rentner kümmert sich bis zur Selbstaufgabe um seinen mehrfach behinderten Bruder, der nun auch altersbedingt ein schwerer Pflegefall wurde. Mehrmals täglich postet er kurze Zustandsbeschreibungen, was passiert ist und wie es ihm dabei geht. Die Mitteilungen, Fotos und Filme sind trivial und banal, aber die **Freude darüber, dass seine Facebook-Freunde in diesem digitalen Tagebuch auch nur mitlesen**, ist seine Überlebenstherapie.

Beispiel für Beistand in sozialen Medien

Das Feedback von Lesern, Followern und Fans spornt an, mehr zu posten, was dazu führt, dass **Unmengen an Daten erzeugt** werden. **Das einzelne Foto hat kaum noch einen Wert**. Die ältere Generation erinnert sich an einige besondere Ereignisse anhand einzelner Fotos, jetzt gibt es zu viele Ereignisse und zu viele Dokumente. Hier kommen Schnappschüsse zum Zuge, obwohl sie unangemessen sein und unangenehme Folgen haben können. Masse statt Klasse: Wer ständig Neues posten will, unterwirft sich keiner Beschränkung, sortiert nicht vorher aus und lernt nicht, auch einmal zu schweigen.

Pro Strasser: Überfluss an belanglosen Beiträgen

Die von Strasser erfundene Person Sam, die mehrmals in ihrem Leben eine 180°-Wende vollzieht, wirkt sehr konstruiert. An diesem Beispiel zeigt Strasser seine Behauptung, dass es einen Zwang gebe, sich neu zu erfinden: Der Mensch müsse sich immer wieder neue Rollen zulegen und folglich Rechtfertigungen für abgelegte Verhaltensweisen mitteilen. Man könnte dagegen argumentieren, dass gerade das Internet die eigene Rolle stärkt, weil der Kreis der Freunde und Gleichgesinnten ständig präsent ist. Es ist im Gegenteil sogar **schwieriger, einen Bruch im Leben zu wagen, weil die frühere Identität nicht gelöscht werden kann**.

Kontra Strasser: Stärkung der eigenen Persönlichkeit

Ein weiteres Argument, Selbstinszenierungen zu verurteilen, ist die damit erzeugte **Angst, etwas zu verpassen**. Sowohl die eigene Darstellung als auch das Verfolgen anderer Posts können zu einer Abhängigkeit wie beim Drogenkonsum führen. Die Selbstkontrolle funktioniert nicht mehr, da die **Sucht** – das Gefühl, weitermachen zu müssen, weil man sonst nicht dazu gehöre – stärker ist. Doch die Befriedigung, ein Ziel erreicht zu haben, stellt sich nicht ein. Denn die Feeds in den sozialen Medien haben nun mal kein Ende.

Pro Strasser: Gefahr der Abhängigkeit

Einerseits bleibt die Präsentation oft innerhalb der eigenen Blase, bestehend aus einem Freundeskreis mit gleichen Interessen, einer Facebook-Gruppe oder einer Fangemeinde. Andererseits können auch Externe **persönliche Informationen abgreifen:** Fremde, Unternehmen bzw. deren Personalchefs, Presse, politische Gegner oder sogar der Geheimdienst können die Preisgabe missbrauchen. Der Nutzer kann zwar **versuchen, durch Einstellungen in den sozialen Medien die Freigabe der eigenen Daten einzuschränken**. Aber Prominente und solche, die es werden wollen, möchten gerade von allen sicht- und auffindbar sein. **Fotofälschungen und Fake News** sind weitere Gefahren, die ganze Lebensläufe zerstören können.

Missbrauch der persönlichen Daten

Auch in der Literatur wird der **Missbrauch und die Kontrolle des Privaten durch autoritäre Systeme** thematisiert: In George Orwells „1984“ oder Edward M. Forsters „Die Maschine steht still“ sind es feindliche Mächte, die alles beobachten. Dagegen geben in Dave

Warnung durch literarische Dystopien

Eggers' „Der Circle" die Personen ihre Daten freiwillig preis, weil ursprünglich eine harmlose, gut gemeinte Intention dahintersteckte. Diese Fiktionen führen auf erschreckende Weise vor Augen, wohin sich eine **gläserne Gesellschaft** entwickeln kann.

Die von Strasser angesprochene Problematik, dass der Druck zur Selbstproduktion die Persönlichkeitsentwicklung hemme, ist heute schon mehr im Bewusstsein. Es gibt **Gegenbewegungen wie Digitalfasten oder Minimalismus**. Durch den sparsamen Gebrauch von Facebook und Co. entziehen sich Menschen der Kontrolle durch Mitleser. Sie wollen das, was Strasser der heutigen Generation abspricht: „authentisch, also nicht entfremdet" (Z. 55) leben. Eine andere Möglichkeit, der andauernden Sichtbarkeit zu entgehen, ist z. B. der Dienst Snapchat, bei dem Fotos für Betrachter nur einige Sekunden abrufbar sind, bevor sie automatisch entfernt werden – ganz kann man sich darauf aber auch nicht verlassen, weil ein Wiederherstellen doch möglich ist.

Kontra Strasser: wachsendes Bewusstsein für die Problematik

Alternative: besser geschützte Plattformen

Das wichtigste Argument gegen diese Selbstinszenierung ist der hohe Preis. Denn die ständige Selbstpräsentation kostet vor allem eines: Zeit. Wer Meinungen oder Fotos in sozialen Medien veröffentlicht, **opfert eigene Zeit**. Und die Leser vernichten ihre Zeit, wenn sie die tägliche Fülle an Neuigkeiten durchscrollen, überfliegen oder genauer anschauen wollen. Zu viele Stunden verbringen Jugendliche täglich damit, im Netz etwas zu posten oder zu lesen.

Pro Strasser: Zeitverschwendung

Und doch ist die digitale Selbstdarstellung abschließend nicht nur negativ zu bewerten. Durch die Veröffentlichung von Fotos oder Statements ist es **heutzutage leichter, Gleichgesinnte kennenzulernen**. So kann ein überregionales oder sogar internationales Netzwerk entstehen. Das Medium Internet ist auch eine **Chance z. B. für ansonsten eher schüchterne Personen**.

Kontra Strasser: Aufbau und Pflege von Freundschaften

Wer seine Freunde über ein Erlebnis informieren oder ihnen ein Foto zukommen lassen möchte, kann dies in sozialen Medien **im Vergleich zum Brief papierlos, einfacher, schneller und billiger** tun. Mit einem Klick können sehr viele Adressaten erreicht werden. Auf diese Weise ist es mit wenig Aufwand verbunden, den Kontakt zu Freunden und Gleichgesinnten zu halten – insbesondere **über die Distanz hinweg**. In Zeiten von Pandemie, Kontaktbeschränkungen und Lockdown ist der digitale Austausch – auch in Form der Selbstpräsentation – ein Ersatz für persönliche Kommunikation und erzeugt ein **Gefühl von Gemeinschaft**.

geringer Aufwand und große Reichweite

Fazit

Sich ständig oder gar nicht im Internet zeigen – wie immer sind die Extreme keine Lösung. Die Pandemie hat es gezeigt und die Klimakrise wird es bestärken: Nicht immer sind persönliche Treffen nötig, oft kann der Austausch auch online stattfinden. Eine **moderate Selbstinszenierung im Netz** kann dazu der Unterhaltung dienen, Freude und Erkenntnis bereiten. Sie ist eine Erinnerung an Ereignisse und an Menschen, die vielleicht inzwischen aus dem Blickfeld geraten sind. Die Möglichkeit, über räumliche Entfernung und über kulturelle Grenzen hinweg Beziehungen zu stärken, ist letztlich ein Gewinn für unsere Gesellschaft.

Plädoyer für reflektierte Nutzung von sozialen Medien

INTERPRETATION EINES KURZPROSATEXTES

Thema: Brigitte Kronauer (1940–2019): Ihr Gesicht (2004)

Aufgabenstellung

Interpretieren Sie den Text.

Material Brigitte Kronauer: Ihr Gesicht

Hans Schneider, ich meine natürlich mich selbst, nenne mich nur so zur Erleichterung, Hans Schneider habe mir, Verzeihung, hatte sich angewöhnt, in den ruhigen Intervallen eines sonst etwas gehetzt verlaufenden Lebens, etwa auf Zugfahrten, unauffällig Gesichtsgymnastik zu machen, dazu gehört auch der schnelle Wechsel der Blickrichtungen von oben nach unten und diagonal, was wache, schöne, große Augen verleiht, sowie das Anspannen und Lockern der Arm- und Beinmuskulatur. Systematisch betrieben, schenkt es die unwiderstehliche Aura des Lauernden, auf dem Sprung Liegenden.

Man kann auf solchen Fahrten auch über den Sinn von allem nachdenken, aber davon wird man schläfrig, richtig dösig im Kopf, und es muß doch auch gar nicht sein. Es führt ja letzten Endes zu nichts, sagte sich Hans Schneider. Gerade vorher hatte ihn etwas gerührt, als er durch die Scheibe sah. Es war ein bestimmter, wenn auch namenloser Acker, ein verfallendes Maisfeld wohl, das er gestern, auf derselben Strecke von Hamburg nach Koblenz fahrend, gesehen und nun, obschon kein markantes Bauwerk oder Merkmal in der Nähe war, auf der Rückreise wiedererkannt hatte an der bescheidenen Miene, die es machte, dieses stille, kennzeichenlose Stückchen Erde. Die Bevölkerung von Landstrichen und die ganzer Bundesländer stellte er sich dagegen als schnaufenden, schnarchenden, flächendeckenden Pfannekuchen vor.

Da hörte er was mit dem linken Ohr. Ein Mann, der irgendwas dabei im Mund haben mußte, berichtete, daß man auf südafrikanischen Farmen den Löwen, den uralten König der Tiere, zu Tausenden züchte, um diese dann an Trophäenjäger zu verkaufen, die sie häufig mit Bauchschuß erlegten, damit das Kopffell nicht verletzt werde. Aber, so ein Zufall, gleichzeitig sah Hans, da seine Augen von rechts oben nach unten links schnellten im Verlauf der gymnastischen Übung, auf dem Gang ein dunkelhäutiges Kind, ein kleines afrikanisches Mädchen, das am eben Gesagten schuld zu haben schien, es stammte ja aus jenem Erdteil, und es trug auf dem Kopf zwanzig, dreißig Zöpfchen, die mit winzigen bunten Spangen gehalten wurden.

Es war nicht direkt ein Zufall, das nicht. Ein Ehemann, schräg gegenüber von Hans, hatte den Satz in die Welt geschickt. Bestimmt war es ihm eingefallen, weil auch er das schwarze Gesichtchen entdeckt hatte. Er fügte, noch immer kauend und friedlich mahlend, hinzu, man betreibe dort auch Lustjagden auf Leoparden mit Hunden, keine Chance für die Raubkatze. Die Frau neben ihm verzog keine Miene, sah ihre goldenen Sandalen an, dann wieder die Spangen der kleinen Schwarzen, die sprachlos das festliche Schuhwerk der Frau bestaunte.

Etwas größere Kinder stiegen ein. Sie teilten einander tiefernst mit, sie seien jetzt zweifellos Fernsehjournalist und Devisenanalystin. Das Ehepaar aber, Hans entging es keineswegs, lächelte zum ersten Mal, und zwar angesichts frisch eingetroffener Leute, die kurzfristig verzweifelt oder erbittert nach freien und reservierten Plätzen suchten, auch danach trachteten, sie zu erlisten, notfalls zu erkämpfen. Das Paar lächelte von Grund auf behaglich und schlief, auf gesicherter Heimstatt thronend, dann um so rascher ein.

Hans Schneider konnte sie nun, seine Gymnastik vergessend, ausgiebig studieren, ohne sich ein Gewissen daraus zu machen, aber auch ohne es extra darauf anzulegen. Sie ließen ihm keine Wahl, so ehebettlich ruhten sie in der Öffentlichkeit. Aus seinem Mund da, sagte sich Hans, sind eben die Sätze über Afrikas Großwild gekommen. Da träumen sie, zwei Eheleute zwischen fünfzig und sechzig Jahren, ordentlich gekleidet und auf dem Weg ans Meer. Wie rundum wohlgenährt! Schlafen hier nebeneinander wie auf den hohen Kissen ihres Bettes und von den Regelmäßigkeiten eines langen Ehelebens ausruhend. Man kann es ihnen nicht vorwerfen, und doch gehört es sich so keinesfalls, in dieser Nachahmung fünfundzwanzigjähriger Intimitäten, bei denen alle Triebe befriedigt, aber nie, niemals erleuchtet wurden. Es so ohne Scham in die Welt zu dünsten und auf mißvergnügte Perpetuierung setzend in irgendeinem Sylter Pensionsbett. Sie schlummerten in ganz gewöhnlicher Verdrossenheit schon jetzt darin: Den Stumpfsinn so wenig zu kaschieren!

Wie kam er bloß drauf?

Durch die Gesichter, in denen bei beiden die schmalen, zusammengekniffenen nach unten gebogenen Münder einsanken in die Wülste des umgebenden Fleisches, außer Kontrolle in die mürrische Gemeinsamkeit beharrlichen Zweierlebens gesackt. Ob sie einander damit küßten? Mit diesen Lippen, die im wachen Zustand der Gesichtsmasse den rechthaberischen Schliff verpaßten, jetzt aber, wie in den zahllosen Nächten, die sie nebeneinander verbracht hatten unter dicken Oberbetten und auf Paradekissen, ob aus Leinen oder Microfaser, das änderte nichts, in der Erschlaffung den zwillingshaften Niedergang ihrer dicken, ja speckigen Existenzen ans helle Tageslicht zerrten. Die beiden hätten niemals hier einschlafen dürfen. Das, was die in ihren Gesichtern zu erkennen gaben, durfte man nur dem Dunkel des Schlafzimmers zeigen.

Da tauchte wieder das schwarzhäutige Kind mit dem Köpfchen voller Plastikblüten auf und verehrte, dabei ein wenig in die Knie gehend, die Goldschuhe der Frau.

Mein Hans Schneider betrachtete die Kleine in großer Dringlichkeit. Er hoffte, sie würde noch etwas bleiben mit den zum Schimmern polierten Puppengliedern und der schwarzäugigen Bewunderung für die Sandaletten, grandios, am gemeinsam mit dem Kopf eingenickten Fuß. Wie von Hans Schneider gewünscht, lief sie nicht fort.

Es half aber nichts. Er empfand weder Zuneigung noch Interesse. Es rührte ihn selbst dieses Kind nicht. Es blieb ihm gleichgültig wie dessen Haarschmuck. Er verfügte über kein Mitgefühl, für sie alle nicht, nicht über das geringste.

Das aber gehörte sich nicht. Was war er, Hans Schneider, doch für ein mißratener Mensch unter diesen hier!

Die für ihr schreckliches Ende extra gezüchteten Löwen und Leoparden allerdings: Mit denen war es etwas ganz anderes. Etwas ganz anderes als mit den Menschen? Ja, und das gehörte sich aber noch weniger. Und doch verhielt es sich so. Wäre er klein wie die kleine Afrikanerin, hätte er die ganze Zeit ungestählt geweint über das Schicksal der schönen, verlorenen Tiere, der Geschöpfe aus dem Mund des Ehemannes. Jedoch: Ob der vielleicht log, ob es sie am Ende gar nicht so gab, wie er behauptete? Ob diese Leute hier gar nicht solche Teufel waren, wie unsere eigenen Herzen, meins oder wenigstens das von Hans Schneider, vielleicht nicht aus Stein?

Aus: Brigitte Kronauer: Die Tricks der Diva. Die Kleider der Frauen. Geschichten. Stuttgart: Reclam 2004, S. 34–37.

TIPP **Bearbeitungshinweise**

Wenn Sie sich für die Bearbeitung der Kurzprosa-Aufgabe entschieden haben, lautet die Anweisung: Interpretieren Sie den Text. Es kann helfen, sich darüber im Klaren zu sein, dass sich die Interpretation selten beim ersten Lesen einstellt und dass der Weg dorthin über eine gründliche Analyse des Textes führt – das heißt, über die Erklärung, wie das, worum es inhaltlich geht, sprachlich und formal dargestellt wird.

Die Liste der Kriterien, auf die Sie dabei achten können und sollen, ist Ihnen bekannt; es sind allerdings nicht alle für jeden Text gleichermaßen wichtig. Dass Sie relevante von weniger relevanten Aspekten unterscheiden können, ist die Voraussetzung für eine gelungene Interpretation. Bei dem vorliegenden Text „Ihr Gesicht" von Brigitte Kronauer spielt beispielsweise die anspruchsvoll gestaltete Erzählerfigur eine wichtige Rolle, die einer Erklärung bedarf.

Eine gelungene Kurzprosa-Interpretation enthält eine **Einleitung**, die das Thema das Textes benennt. Bei der Formulierung des Themas ist es wichtig, weniger auf die dargestellte Handlung einzugehen als das zugrunde liegende Problem anzusprechen. Es ist daher empfehlenswert, das Thema erst nach gründlicher Vorarbeit zur Texterschließung zu formulieren. Auf eine knappe **Inhaltsangabe** folgt der **Hauptteil**. Hier „sortieren" Sie anhand relevanter Aspekte die Handlung, indem Sie beispielsweise Erklärungen für Verhaltensweisen und Vorkommnisse geben (etwa für die Aufregung Hans Schneiders), Ähnlichkeiten und Unterschiede aufzeigen (etwa zwischen den verschiedenen Mitreisenden) und Muster nachweisen, die sich durch den Text ziehen (etwa Hans Schneiders fast besessene Beschäftigung mit dem Äußeren). Beziehen Sie sprachliche Besonderheiten ein, wobei Sie stets Funktion und Wirkung des jeweiligen Gestaltungselements erläutern sollten. Der **Schluss** bündelt Ihre Beobachtungen in einem Fazit. Eine prägnante Deutung des Dargestellten genügt hier vollkommen. Wenn es sich anbietet, können Sie auch einen Rückbezug zum Titel herstellen oder, sofern Sie einen ausführlicheren thematischen Einstieg gewählt haben, einen Bogen zum Anfang schlagen.

Durchgehend sollten Sie Ihre Aussagen am Text belegen, Sinnabschnitte setzen und gegebenenfalls ein separates Blatt für Anmerkungen nutzen, die Sie beim Korrekturlesen des Textes ergänzen möchten.

Es hat sich bewährt, methodisch folgendermaßen vorzugehen:

- **Lesen** Sie den Text mehrmals. Nach dem ersten Lesen notieren Sie erste Beobachtungen. Schreiben Sie hier unbedingt auch Dinge auf, die Sie zunächst irritieren oder die Ihnen unklar erscheinen. Oft erweisen sich gerade diese später als hilfreich für das Verständnis.
- **Bearbeiten** Sie den Text anschließend. Das beinhaltet, dass Sie Schlüsselbegriffe markieren, Sinnabschnitte erstellen und am Rand zusammenfassen sowie verschiedene Aspekte z. B. mithilfe verschiedener Farben markieren.

- Verschaffen Sie sich einen **Überblick** über den Zwischenstand. Dazu eignet sich eine Mindmap, in der Sie die wichtigen Analyseaspekte sammeln.
- Auf dieser Grundlage können Sie Ihre **Gliederung** verfassen. Hier legen Sie fest, wie Sie Ihre Deutung darstellen und begründen. Sie sollten die Gliederung ganz fertigstellen, bevor Sie mit dem Schreiben beginnen, und nicht zwischen dem Erstellen von Gliederungsabschnitten und dem Schreiben einzelner Teile hin- und herspringen.
- **Schreiben** Sie Ihren Aufsatz. Wenn Sie sich bei einer Formulierung unsicher sind, halten Sie sich nicht zu lang damit auf; markieren Sie die Stelle lieber mit Bleistift, um im nächsten Schritt darauf zurückzukommen.
- Lesen Sie Ihren Text **zwei Mal Korrektur:** Zunächst überprüfen Sie den Inhalt, dann die sprachliche Gestaltung.

Lösungsvorschlag

Einleitung
Thema

Vorschnelle Urteile zu fällen ist ein menschlicher Reflex. Menschen reagieren damit auf die Notwendigkeit, soziale Situationen zügig einzuschätzen und auf Unbekanntes zu reagieren. Bekanntlich unterlaufen uns dabei auch Fehler – falsche Einschätzungen, die darauf beruhen, dass es keine zwangsläufige Beziehung zwischen dem äußeren Erscheinungsbild eines Menschen und seinem Wesen gibt.

Autorin, Gattung, Titel, Erscheinungsjahr

Mit dieser Thematik befasst sich Brigitte Kronauers Kurzprosatext „Ihr Gesicht" aus dem Jahr 2004, in dem ein Zugreisender zunächst über andere Reisende und dann auch über sich selbst reflektiert.

Hauptteil
Inhaltsangabe

Auf einer **Zugfahrt** von Koblenz nach Hamburg verliert sich der **personale Erzähler**, der sich mit dem Pseudonym Hans Schneider eine zweite Identität gegeben hat, in Gedanken. Er beschäftigt sich zunächst mit mimischen Übungen, driftet aber gedanklich ab und stellt fest, dass er nicht über tiefere Sinnfragen nachdenken möchte, jedoch vom Anblick unscheinbarer Dinge, beispielsweise einem Acker, gerührt ist.

Ein essender **Mitreisender** lenkt durch Äußerungen über Löwenzucht und Trophäenjagd in Afrika die Aufmerksamkeit des Erzählers auf sich, seine Frau und ein **schwarzhäutiges Mädchen**, das ihrerseits den Mitreisenden und dessen Frau beobachtet. Der Erzähler nimmt zur Kenntnis, wie das Ehepaar bei der Beobachtung weiterer Passagiere ohne Sitzplatz offenbar schadenfroh einschläft. Ihm **missfällt das satte, schlafende Paar**. Er fühlt sich von ihren gut genährten Körpern, vor allem von ihren Gesichtern zunehmend provoziert, da sie ihm Intimitäten preiszugeben scheinen, die seiner Meinung nach hätten verborgen bleiben müssen.

Der Anblick des schwarzen Mädchens reißt den Erzähler dann abermals aus seinen Gedanken. Er hofft, durch die Betrachtung des Kindes ein Gefühl der Rührung in sich hervorrufen zu können, das sich aber nicht einstellt. Er ist in Anbetracht seiner eigenen **Empathielosigkeit** enttäuscht und macht sich deswegen ähnliche **Vorwürfe** wie zuvor dem Ehepaar.

Schließlich denkt der Erzähler an die Äußerung des Mitreisenden über die afrikanischen Raubkatzen zurück, die er gern bedauern würde. Es kommen ihm allerdings **Zweifel am Wahrheitsgehalt** der Information, die dazu führen, dass er auch seine anderen Überlegungen hinterfragt und auf diese Weise den vorangegangenen **Text relativiert**.

Aufbau

Kronauers Erzählung ist nahezu **achsensymmetrisch** aufgebaut: Die Z. 44 – 64 bilden dabei das Zentrum des Textes, an dem sich die Beobachtungen des Erzählers gewissermaßen symmetrisch spiegeln. Er kommt vom Acker, der ihn rührt, über die Beobachtung der Mitreisenden zu deren harter „Verurteilung“ (Z. 44 – 64), dann wieder über die Beobachtung des Mädchens zurück zu Gedanken über seine Fähigkeit, sich rühren zu lassen. Von diesem Aufbau ausgenommen ist der **letzte Abschnitt**, der auch inhaltlich gewissermaßen neben dem übrigen Text steht, weil er den **Wahrheitsgehalt des Erzählten hinterfragt**.

die verdoppelte Erzählerfigur

Bevor man sich genauer dem Inhalt des Textes widmen kann, ist es nötig, die **Figur des Erzählers** einzuordnen. Er stellt sich gleich im ersten Satz vor, wechselt dabei jedoch zwischen der ersten und dritten Person Singular, was er durch eine Correctio betont: „Hans Schneider, ich meine natürlich mich selbst, nenne mich nur so zur Erleichterung […].“ (Z. 1) Der Großteil des Textes ist in der **dritten Person** verfasst, wobei der Erzähler punktuell in die Innensicht des Hans Schneider wechselt (vgl. Z. 44 – 64) oder zwischen **erlebter Rede und Erzählerkommentar** zu schwanken scheint (vgl. Z. 21 f., 27 f., 54). Dieses **Spiel mit der Erzählerstimme** kommt neben den ersten Sätzen auch gegen Ende der Erzählung zum Ausdruck, etwa in der Wendung „[m]ein Hans Schneider“ (Z. 67) oder der Unterscheidung zwischen „mei[n] [Herz] oder wenigstens das von Hans Schneider“ (Z. 82 f.).

indirekte Charakterisierung des Erzählers

Zunächst bleibt festzuhalten, dass der Erzähler angibt, sich „zur Erleichterung“ (Z. 1) so zu nennen. Das könnte bedeuten, dass er eine zweite Identität als entlastend wahrnimmt – möglicherweise, weil sie ihm ermöglicht, **Distanz zwischen sich und seiner Umwelt** aufzubauen. Er scheint sich im Umgang damit jedoch noch nicht besonders sicher zu sein, muss er sich doch gleich im folgenden Satz noch einmal korrigieren: „Hans Schneider habe mir, Verzeihung, hatte sich angewöhnt […].“ (Z. 2)

Obwohl Hans Schneider sein Leben als „etwas gehetzt verlaufen[d]“ (Z. 3) beschreibt, ist es ihm offenbar selbst in den ruhigeren Momenten wichtig, an seiner **Außenwirkung** zu arbeiten. Diesen Rückschluss lassen seine Ausführungen über die „Gesichtsgymnastik“ (Z. 4) zu, die er im Zug betreibt. Er möchte damit nicht auffallen (vgl. Z. 3), strebt aber „wache, schöne, große Augen“ (Z. 5) und „die Aura des Lauernden, auf dem Sprung Liegenden“ (Z. 7) an. Diese **Oberfläche** ist ihm wichtig. **Existenzielle Gedanken**, auch wenn sie sich ihm aufdrängen, möchte er **vermeiden**. So verwirft er die Möglichkeit, auf der Fahrt „über den Sinn von allem“ (Z. 8) nachzudenken, mit gleich mehreren Begründungen, die dadurch wie Rechtfertigungen wirken (vgl. Z. 8–10). Er erteilt sich gleichsam selbst Absolution, dass dies nicht nötig sei: „[...] und es muß doch auch gar nicht sein.“ (Z. 9)

Stattdessen stellt er fest, dass ein „durch die Scheibe“ (Z. 11) gesehener Acker in ihm Rührung hervorruft, an den er sich gerade seiner Schlichtheit wegen von der Hinfahrt her erinnert. Personifizierend stellt er dem „kennzeichenlose[n]“ (Z. 15) Stück Land mit der „bescheidenen Miene“ (Z. 14 f.) die Bevölkerung großer Gebiete entgegen, die er mit einem „schnaufenden, schnarchenden, flächendeckenden Pfannekuchen“ (Z. 17) vergleicht. Die Natur wird zu etwas Menschlichem auf-, die Menschen dagegen zur Sache abgewertet. Indirekt **bevorzugt** der Erzähler hier die **Natur**, die sich durch **Unauffälligkeit** auszeichnet, gegenüber den Menschen, welche durch den Vergleich zudringlich und unangenehm wirken.

die Mitreisenden: Ehepaar und schwarzes Mädchen

Der Eindruck, dass Hans Schneider sich mit seinen Mitmenschen schwertut, verstärkt sich, wenn er auf seine Mitreisenden aufmerksam wird. „[M]it dem linken Ohr“ (Z. 18) hört der offenbar trotz seiner visuellen Ablenkung angespannt lauschende Hans Schneider einen Mitreisenden von afrikanischer Trophäenjagd berichten, von Löwen, die allein zum Zweck ihrer Jagd gezüchtet würden (vgl. Z. 19–21). Fast zeitgleich fällt dem Erzähler ein **anscheinend afrikanischstämmiges Mädchen** auf, das, so vermutet er, den Mitreisenden zu der Aussage veranlasst haben könnte (vgl. Z. 24 f., 28 f.). Der Gedankengang verrät **rassistische Vorurteile**, indem er das schwarzhäutige Kind sofort mit der Heimat der Löwen, Afrika, in Verbindung bringt. Den **Mann** charakterisiert Schneider dann genauer als „Ehemann“ (Z. 27), der neben seiner zunächst nur durch ihre „goldenen Sandalen“ (Z. 31 f.) gekennzeichneten **Frau** sitzt und isst, während er weitere Informationen zur Raubtierjagd in Afrika ergänzt (vgl. Z. 30 f.), die sich an niemand Bestimmten zu richten scheinen.

Die Mitreisenden (Ehepaar – Mädchen) sind **kontrastiv**, regelrecht stereotyp dargestellt. Das **Paar** wirkt doppelt gesättigt – sowohl durch das **Essen** (vgl. Z. 18, 29 f.) als auch durch den **materiellen Wohlstand**, auf den die goldenen Sandalen hindeuten – und **selbstbewusst**. Der Mann präsentiert sich als Kenner, was sich etwa an Wendungen wie: „keine Chance für die Raubkatze" (Z. 30 f.) zeigt, und setzt wie selbstverständlich interessiertes Publikum für seine Äußerungen voraus. Seine Frau „verzog keine Miene" (Z. 31) und ist mit ihrem Äußeren beschäftigt. Dieses Äußere bewundert das **Mädchen**, den beiden als **Einzelne** gegenübergestellt, „sprachlos" (Z. 32). Der Erzähler stellt hier einen überzeichneten **kolonialistischen Gegensatz** her zwischen dem **staunenden, exotischen Kind**, das sich nicht verständigen kann, und dem **satten westlichen Paar**. Im Gegensatz zu dem raumgreifenden Auftreten des Mannes ist das Kind durch **Diminutive** charakterisiert: Das Mädchen trägt „Zöpfchen" mit „winzigen bunten Spangen" (Z. 26), hat ein „Gesichtchen" (Z. 29) und ein „Köpfchen" (Z. 65) sowie „poliert[e] Puppengliede[r]" (Z. 68). Es wirkt bescheiden, klein, unauffällig – fast erinnert die Wirkung, die das Kind auf den Erzähler hat, an den Acker, von dem er zuvor berichtet.

kontrastierende Figurenzeichnung: Klischees von Nord und Süd

Obwohl die bisherigen Vorgänge alltäglich sind, nimmt sie Hans Schneider mit großer **Genauigkeit** wahr und **protokolliert sie**. Es gibt ihm, um seine eigenen Worte zu verwenden, die durch seine Gesichtsgymnastik ja bezweckte „Aura des Lauernden, auf dem Sprung Liegenden" (Z. 7). Diese Haltung verleiht ihm Attribute, die an die **Raubtiere** erinnern, von denen der Mitreisende spricht. Zwar meint er, Rücksicht nehmen zu müssen (vgl. Z. 42), doch gibt er seinem **voyeuristischen Bedürfnis** „ausgiebig" (Z. 41) nach, als das Ehepaar eingeschlafen ist. Trotzdem rechtfertigt er sich für seine Gedanken: „[S]ie ließen ihm keine Wahl […]." (Z. 43). Die Darbietungsform wechselt an dieser Stelle in die erlebte Rede (vgl. Z. 44–64).

zudringliche Beobachtung des Paares und Wirkung auf den Erzähler

Auf ihn wirkt das wohlhabende, selbstgerecht schlafende (vgl. Z. 45–48) Ehepaar, als liege es im **Ehebett**. Diesen Vergleich wiederholt Hans Schneider zunehmend fassungslos (vgl. Z. 43, 47, 51 f., 64). Zu Beginn wendet er zwar noch ein: „Man kann es ihnen nicht vorwerfen […]" (Z. 48), widerspricht sich jedoch noch im gleichen Satz: „[…] und doch gehört es sich so keinesfalls […]" (Z. 48 f.). Das abstrakte Pronomen „man", mit dem er schon an anderer Stelle (vgl. Z. 8) Distanz zwischen sich und das Geschehen zu bringen versucht hat, gibt er im Folgenden immer weiter auf, je mehr er sich emotional von dem Gesehenen **betroffen** fühlt.

Es stellt sich die Frage, was das „es“ ist, das Hans Schneider in zunehmende **Aufregung** versetzt. Er benennt es selbst nicht, ereifert sich aber über die Tatsache, dass das Paar „rundum wohlgenährt“ (Z. 46) ist und seine „fünfundzwanzigjährige[n] Intimitäten“ (Z. 49) durch das öffentliche Schlafen nach außen trage. Dass die beiden ihre Körperlichkeit nicht verstecken, kann er kaum ertragen. Dies wird unter anderem an der Vielzahl **negativ konnotierender Bewertungen** deutlich, die er förmlich abfeuert: „ohne Scham“ (Z. 50), „mißvergnüg[t]“ (Z. 51), „gewöhnlicher Verdrossenheit“ (Z. 52), „Stumpfsinn“ (Z. 53). Die Ausrufe transportieren seine **höhnische Verachtung für diese Form der Zweisamkeit**.

moralische Empörung des Erzählers

Die Frage, wie er auf diesen Gedanken gekommen sei, beantwortet er gleich selbst mit der Erklärung: „Durch die Gesichter […]“ (Z. 55). **Aus dem Äußeren** zieht Hans Schneider also umstandslos **Rückschlüsse auf das Innere**, den Charakter des Ehepaares, dem, so seine Einschätzung, zwar im Ehebett „alle Triebe befriedigt, aber nie, niemals erleuchtet wurden“ (Z. 49 f.). Der „Stumpfsinn“ (Z. 53) des spießbürgerlichen, von Leidenschaft freien Daseins, das er ihnen unterstellt, ist für Hans Schneider kaum zu ertragen.

Rückschlüsse vom Äußeren auf den Charakter

Hier lässt sich ein **Bezug zum Titel** herstellen: Die **Ehepartner** sind einander äußerlich wie innerlich so **ähnlich**, dass ihre Gesichter für Hans Schneider zu einem einzigen verschmelzen – zu „[i]hr[em] Gesicht“. Der Titel spielt mit der grammatikalischen Form, da sich das Possessivpronomen nicht auf die dritte Person Singular, sondern auf die zweite Person Plural bezieht und den **Ehepartnern damit ihre individuellen Züge abspricht**.

Die Beschreibung der Gesichter ist **nicht neutral**, weil das Äußere für Hans Schneider nicht vom Wesen zu trennen ist. So ist die Schilderung durchzogen von **Verachtung** für die geistige Lethargie, auf die er aus der äußeren Formlosigkeit schließt (vgl. Z. 55–57). Er spricht **abwertend** von „Gesichtsmasse“ (Z. 58), „Erschlaffung“ (Z. 61) und „zwillingshafte[m] Niedergang“ (Z. 61 f.). Die Beschreibung findet ihren Höhepunkt in der bildlichen Feststellung, dass diese „dick[e], ja speckig[e] Existenz“ (Z. 62) „nur dem Dunkel des Schlafzimmers“ (Z. 64) hätte gezeigt werden dürfen, nicht aber der Öffentlichkeit im Zug.

Die von außen betrachtet harmlose Situation – ein schlafendes Paar im Zug – wird so für ihn zu einer unerhörten Begegnung, die ihn zu eben den existenziellen Gedanken veranlasst, die er doch hatte vermeiden wollen (vgl. Z. 9).

Das zweite Auftreten des **Mädchens** holt Hans Schneider aus seinen Gedanken und ist der Anlass dafür, dass sein Fokus sich von dem Paar abkehrt. Das Kind „verehr[t]“, „ein wenig in die Knie gehend“, die Sandalen der Frau (Z. 66). Erneut wird hier das **Stereotyp einer kolonialistischen Beziehung** zitiert und durch das symbolische Verneigen der Kleinen noch verstärkt.

Betrachtung des Kindes als Auslöser für Beschäftigung mit sich selbst

Der Erzähler hofft, dass das Mädchen noch ein wenig bleibt. Sein Ziel ist es, zu überprüfen, ob sich beim Anblick des Kindes irgendeine Art von **Gefühlsregung** einstellt (vgl. Z. 71 f.) – dies erinnert an die Rührung durch den Acker zu Beginn der Geschichte. Schneider fühlt jedoch nichts. Der **Mangel an Empfindung** wird durch die Häufung der Negationen (vgl. Z. 71–73) auch sprachlich betont. Hans Schneider ist erneut entrüstet, nun aber über sich selbst: „Das aber gehörte sich nicht! Was war er, Hans Schneider, doch für ein mißratener Mensch unter diesen hier!“ (Z. 74 f.) Seine **Selbstvorwürfe** ähneln den Vorwürfen, die er zuvor dem Paar gemacht hat. Hans Schneider setzt sich auf eine Stufe mit denjenigen, die sich in seinen Augen zuvor moralisch disqualifiziert haben.

Der Text könnte hier enden. Er tut es aber nicht, denn es folgt eine Art **separater Schluss**, der alles **Vorangegangene hinterfragt**. Ausgangspunkt dafür sind die Raubtiere, auf die Hans Schneider nun zurückkommt mit der Überlegung, bei ihnen sei „es etwas ganz anderes […] als mit den Menschen“ (Z. 77). Gleichwohl „gehörte sich [das] aber noch weniger“ (Z. 78). Erneut stellt sich die Frage, worauf „das“ und „es“ Bezug nehmen. Der Text legt nahe, darin eine Gegenüberstellung der perfekten, auf Makellosigkeit und Anmut gezüchteten Tierkörper und dem empathielosen Dahinvegetieren des Ehepaares und letztlich auch Hans Schneiders zu erkennen. Das zu beweinende „Schicksal“ (Z. 79) wäre dann das tragische Ende der Tiere und damit die Feststellung, dass auch ein **makelloses, kontrolliertes Äußeres keine Garantie für ein sinnstiftendes Leben** bietet.

Infragestellung der eigenen Wahrnehmung

Hans Schneider schickt diesem Gedanken allerdings einen weiteren Einwand hinterher, der seine vorherigen Überlegungen relativiert: Der Mitreisende könnte gelogen haben, und dann wäre es auch möglich, dass „diese Leute hier gar nicht solche Teufel waren, wie unsere eigenen Herzen, meins oder wenigstens das von Hans Schneider, vielleicht nicht aus Stein?“ (Z. 81 ff.) Der Erzähler, der erneut auf Distanz zu Hans Schneider geht, denkt nun doch „über den Sinn“ (Z. 8) von etwas nach. Auch wenn es hier nicht um den Sinn „von allem“ (ebd.) geht, reflektiert er zumindest die **Grenzen seiner Erkenntnisfähigkeit**, wenn er die Möglichkeit in Betracht zieht, sich in seinem Urteil über andere und über sich selbst getäuscht zu haben.

Schluss

übergreifende Deutung

So deuten die **grammatikalischen und erzählerischen Brüche**, die aus dem unbeholfenen Wechsel zwischen den beiden Erzählerstimmen im Text entstehen, auf eine **Unsicherheit** hin, die sich im Schluss des Textes bestätigt. Hier kommen dem Erzähler schließlich Zweifel an der eigenen Selbstgerechtigkeit, an der Sicherheit und der Härte, mit der er bis dahin Rückschlüsse vom Äußeren auf das Innere seiner Mitmenschen gezogen hat und mit der er auch mit sich selbst ins Gericht gegangen ist.

Damit problematisiert die Erzählung die Gewissheit von Deutungen. Auf den Text selbst bezogen ließe sich folgern, dass der Erzähler seinen **Eindruck des „Gesichtes" des Ehepaares hinterfragt** und den Gedanken zulässt, dass hinter dem vermeintlichen Einheitsgesicht möglicherweise mehr und andere Eigenschaften und Geschichten stecken, als er zu sehen in der Lage war. Die unterstellte Empathielosigkeit, die in das Bild des steinernen Herzens (vgl. Z. 83) gefasst wird, muss also nicht zutreffen. Als nächster Schritt könnte die Erkenntnis folgen, weniger streng mit der Bewertung anderer, aber auch mit der Beurteilung von sich selbst zu sein.

Allgemeiner gesprochen erwächst daraus schließlich die Einsicht, dass sich nur derjenige einen Bezug zu Fremdem und Neuem aufbauen und sich von seinem Gegenüber „rühren" lassen kann, der **sich auf das Lebendige und seine Vieldeutigkeit einlässt** und Gesichter einfühlsam zu entziffern versucht.

INTERPRETATION EINES GEDICHTES

Thema: Ingeborg Bachmann (1926–1973): [Die Welt ist weit] (1952)

Aufgabenstellung

Interpretieren Sie Ingeborg Bachmanns Gedicht „[Die Welt ist weit]" unter besonderer Berücksichtigung des Reisemotivs.

Material **Ingeborg Bachmann (1926–1973): [Die Welt ist weit]**

Die Welt ist weit und die Wege von Land zu Land,
und der Orte sind viele, ich habe alle gekannt,
ich habe von allen Türmen Städte gesehen,
die Menschen, die kommen werden und die schon gehen.
Weit waren die Felder von Sonne und Schnee,
zwischen Schienen und Straßen, zwischen Berg und See.
Und der Mund der Welt war weit und voll Stimmen an meinem Ohr
und schrieb, noch des Nachts, die Gesänge der Vielfalt vor.
Den Wein aus fünf Bechern trank ich in einem Zuge aus,
mein nasses Haar trocknen vier Winde in ihrem wechselnden Haus.

Die Fahrt ist zu Ende,
doch ich bin mit nichts zu Ende gekommen,
jeder Ort hat ein Stück von meinem Lieben genommen,
jedes Licht hat mir ein Aug verbrannt,
in jedem Schatten zerriß mein Gewand.

Die Fahrt ist zu Ende.
Noch bin ich mit jeder Ferne verkettet,
doch kein Vogel hat mich über die Grenzen gerettet,
kein Wasser, das in die Mündung zieht,
treibt mein Gesicht, das nach unten sieht,
treibt meinen Schlaf, der nicht wandern will …
Ich weiß die Welt näher und still.

Hinter der Welt wird ein Baum stehen
mit Blättern aus Wolken
und einer Krone aus Blau.
In seine Rinde aus rotem Sonnenband
schneidet der Wind unser Herz
und kühlt es mit Tau.

Hinter der Welt wird ein Baum stehen,
eine Frucht in den Wipfeln,
mit einer Schale aus Gold.
Laß uns hinübersehen,
wenn sie im Herbst der Zeit
in Gottes Hände rollt!

Aus: Ingeborg Bachmann: Sämtliche Gedichte.
München Zürich: R. Piper & Co. Verlag 1982, S. 32 f.

TIPP **Bearbeitungshinweise**

Gedichte sind Formen eines extrem verdichteten Ausdrucks. Daher ist es wichtig, im **ersten Zugang** zum Text sich nicht sofort in einer kleinteiligen Wahrnehmung von Textdetails zu verlieren, sondern das **Ganze des Textes** zu erfassen. Ein guter Ansatz ist die **Atmosphäre**. Welche Stimmung herrscht vor? Wie verändert sie sich? In welcher Situation ist das lyrische Ich? Ausgehend von diesen Fragen lässt sich eine **grobe Gliederung** des Textes vornehmen, die im vorliegenden Falle dreiteilig angelegt ist (emphatische Schilderung der Welt, zweifelnd-düsteres Innehalten, erhabenes Schlussbild; Rückblick – Gegenwart – Zukunft).

Die **Aufgabenstellung** sollte immer genau geklärt werden. Sie kann im Falle von Gedichten ganz offen gestellt („Interpretieren Sie das Gedicht.“) sein, oft gibt sie aber auch einen Hinweis zur Bearbeitung. Im vorliegenden Falle richtet ein lenkender Bearbeitungshinweis die Aufmerksamkeit auf das **Reisemotiv**. Daher ist es sinnvoll, zu fragen, welche Vorstellungen des Reisens hier dominieren und ob das lyrische Ich sich in einer bestimmten Situation des Reisens befindet. Man wird sofort erkennen, dass es am Ende der Reise steht und zurück- und vorausblickt. Zugleich wird schnell klar, dass aufgrund der Allgemeinheit der Situation und der religiösen Aufladung am Ende des Gedichts das **Reisen als existenzielle Metapher des Lebenslaufs** zu verstehen ist.

Auf Grundlage dieser Deutungshypothesen lassen sich die einzelnen Bilder und Formulierungen genauer in den Blick nehmen. Auch hierbei sollte nicht einfach additiv Vers für Vers vorgegangen werden; dies führt oft zu kleinteiligen, bisweilen umständlichen Deutungen, denen der rote Faden abhandenzukommen droht. Fragen Sie sich auch hier: Was sind die möglichen **Aussagen einzelner Teile** (z. B. Strophen) für das Ganze des Textes? Wie werden diese Aussagen im Text realisiert? Welche **sprachlichen und formalen Mittel** stützen diese Aussagen? Zentral für den Operator „interpretieren“ ist es, nicht bei formalen Beschreibungen des Textes stehen zu bleiben, sondern Analysen immer **funktional** auf mögliche Aussagen zu beziehen. Sie können Ihren Text nach **leitenden Aspekten** planen (z. B. Gliederung, Wortfelder, sprachliche Mittel, formaler Aufbau), sollten aber immer deren Bedeutung herausarbeiten. Notieren Sie Ihre Beobachtungen und Analysen fachsprachlich genau und belegen Sie diese durchgehend am Text.

Die **Einleitung** sollte Interesse wecken und zu Text und Thema hinführen. Dabei sollten die **wesentlichen Informationen** zum Text (Titel, Autorin, Entstehungszeit) eingeflochten werden. Ein Basissatz ist als Minimallösung denkbar, aber sicherlich nicht die beste Option. Hilfreich ist es, zu Beginn einen **kurzen gliedernden Überblick** über den Text zu geben. Dazu kann, wenn sie passt, auch die Form genutzt werden. Die Darstellung der wesentlichen Ergebnisse sollte aspektorientiert erfolgen. Ein rein chronologischer Durchgang ist möglich, aber oft nicht unproblematisch (s. o.).

Eine **Epochenzuordnung** ist nicht zwingend und für den vorliegenden Text auch nicht übermäßig ergiebig. Dennoch kann sie erhellend sein und wird als besondere Leistung gewürdigt.

Am Ende sollten Sie Ihre wesentlichen **Ergebnisse bündeln** und prägnant auf die herausgearbeiteten Kernaussagen beziehen. Vermeiden Sie hier in jedem Falle geschmäcklerische Wertungen des Textes. Auch eine aktualisierende Deutung sollte lieber vermieden werden, da sie leicht den Text verfehlt.

Lösungsvorschlag

Einleitung

Schmerzfrei ist die Heimkehr von einer Urlaubsreise eigentlich nie: Man blickt auf das Erlebte zurück, erinnert sich an großartige Höhepunkte und eigenartige Besonderheiten, an Freuden und Freiheiten. Die Aussicht auf den Alltag ist meist schal. Der Moment der Heimkehr verbindet als Moment des Überganges immer ambivalente Empfindungen.

Dies verschärft sich noch, wenn man die **Reise als Metapher des Lebens** nimmt. Der Rückblick auf das große Ganze verklärt nicht nur Groß- und Eigenartiges, sondern trauert vielleicht auch den verpassten Lebenschancen nach. Im Hinblick auf die Zukunft herrscht alles andere als vertraute Gewissheit, sondern die Frage, was und gar ob nach dem Tod etwas kommt; mag sein, dass die Zukunft für religiöse Menschen in der Spannung einer Zuversicht auf ein besseres Jenseits steht.

Inhalt und korrespondierende Struktur

„Die Fahrt ist zu Ende“ (V. 11 u. 16). Das **lyrische Ich** in Ingeborg Bachmanns Gedicht „[Die Welt ist weit]“ aus dem Jahre 1952 reflektiert seinen **inneren Zustand am Ende der Lebensreise**, blickt positiv auf die Gesamtheit seiner Welterfahrungen zurück und voraus auf ein Dasein „[h]inter der Welt“ (V. 23 u. 29), das von religiöser Heilserwartung geprägt ist. Die **Struktur** des Gedichts folgt der zeitlichen Abfolge von **Vergangenheit** (Strophe I), **gegenwärtiger Situation des Übergangs** (Strophen II und III) und **Zukunft** (Strophen IV und V).

Strophe I: Darstellung der Welt in ihrer Fülle als Bewegungsraum

Der Rückblick in **Strophe I** stellt die **Fülle der „Welt“** (V. 1) heraus (vgl. V. 1–6), zeigt sie als Quelle der **dichterischen Inspiration** (vgl. V. 7 f.) sowie als Ort des Genusses und der Harmonie (vgl. V. 9 f.). Die Fülle der Welt wird herausgestellt durch ihre räumliche Weite (vgl. V. 1 u. 5), durch Allaussagen (vgl. V. 2 u. 3) und durch Kollektivnennungen (vgl. V. 1–4: „Wege“, „Orte“, „Städte“, „Menschen“). Es dominieren **komplementäre Gegensatzpaare:** Die Welt erscheint als Bewegungsraum, der vor allem in seiner horizontalen

Ausbreitung (Wege, Weite) erscheint, aber auch vertikal durch den Überblick „von allen Türmen“ (V. 3) erweitert wird. Die Welt wird zunächst als **Kulturraum** dargestellt, der durch die „Wege“ (V. 1), „Schienen und Straßen“ (V. 6) für die „Menschen“ (V. 4) erschlossen und durch „Städte“, „Türm[e]“ (V. 3) und „Felder“ (V. 5) geprägt ist. Mit den Feldern kommt komplementär die **Natur** in den Blick, deren Gesamtheit herausgestellt wird: durch „Berg und See“ (V. 6) vertikal und horizontal und in Bezug auf die Aggregate fest und flüssig, durch „Sonne und Schnee“ (V. 5) hinsichtlich der Jahreszeiten und des Wetters. Das Kommen und Gehen (vgl. V. 4) kann als Bewegung und Tätigkeit der Menschen verstanden werden und verweist dann auf den Bereich der Kultur; es kann aber auch auf den natürlichen Wechsel von Leben und Tod bezogen werden, der auf das Ende der „Fahrt“ (V. 11/16) hindeutet. Der Assonanzreichtum der Strophe – neben dem durchgehenden Paarreim auch in den Alliterationen in V. 1 und 6 oder die e-Assonanz in „Berg und See“ (V. 6) – stützt die Vorstellung eines **umfassenden, harmonischen Ganzen**, die Länge der Verse mit bis zu sieben Hebungen die Anmutung der Weite.

Inspiration des lyrischen Ichs durch die Welt

Die Personifikation der **Welt**, die in der Synekdoche des „Mund[es] der Welt“ (V. 7) zum Ausdruck kommt, zeigt sie als eine **auf das lyrische Ich hingeordnete Totalität**. Dies wird deutlich im Bild der „vier Winde“ (V. 10), die der überwiegenden Passivität des Sprechers – lediglich in V. 9 ist von einem Handeln die Rede – aktiv begegnet. Die Welt spricht in einer nochmals wiederholend hervorgehobenen Weite und Fülle (vgl. V. 7) zu ihm und inspiriert es zu „Gesänge[n]“ (V. 8), d. h. zu **hymnischem Sprechen** eines enthusiastischen Ichs – so, wie es sich in diesem Gedicht in dem **hohen Ton** oder der beschwingten, von **Daktylen und Anapästen** geprägten Metrik niederschlägt.

Welt als entgegenkommender Ort für das lyrische Ich

Das lyrische Ich genießt die Welt nicht nur in vollen Zügen, sondern steigernd „in einem Zuge“ (V. 9). Die „Beche[r]“ (V. 9) verweisen auf einen geradezu **rauschhaften Genuss**. Zudem kommt die Welt dem lyrischen Ich dienend entgegen, indem sie sein „nasses Haar“ (V. 10) trocknet. Worin genau die Hilfe oder vielleicht sogar der **Trost** besteht, dessen das Ich bedürftig ist, bleibt angesichts der Vieldeutigkeit der Metapher offen; liest man sie als Vorausdeutung auf die Wassermetapher in V. 19 f., gewänne die Welt eine über den Gedanken an den Tod hinwegtröstende Kraft.

Strophe II: Gegenwart des Endes als Erfahrung der Selbstverschwendung

In den **Strophen II und III** wendet sich das lyrische Ich der Gegenwart des bevorstehenden „Ende[s]“ (V. 11) zu. Zunächst steht das Gefühl der **Unabgeschlossenheit des Daseins** im Vordergrund; „nichts“ erscheint dem lyrischen Ich „zu Ende“ (V. 12) gebracht. Die

Welt in ihrer Gesamtheit – betont durch das anaphorische „jeder", „jedes", „in jedem" (V. 13 ff.) – wird von ihm als Ort der Aufzehrung, ja der **Selbstverschwendung** empfunden, die in Verben der Zerstörung, des Verbrennens (vgl. V. 14) und Zerreißens (vgl. V. 15) ausgedrückt wird. Zugleich wird eine **Lösung von der Welt** deutlich, indem die Bindungen an sie in einer **Antiklimax** dargestellt werden: von der inneren Bindung im „Lieben" (V. 13) über die sinnliche Wahrnehmung des Sehens (vgl. V. 14) bis hin zum „Gewand" (V. 15) als äußerlicher Grenzschicht, die schon eher abgrenzt als verbindet. Damit wird auch der Widerspruch zwischen den Erfahrungen des Verlusts und der Unvollendetheit gemildert. Das lyrische Ich erfährt, dass gerade der Umstand, „mit nichts zu Ende gekommen" (V. 12) zu sein, es davor bewahrt, sich in der Welt aufzulösen. Damit ermöglichen die menschliche Unvollkommenheit und Unabschließbarkeit ein **Ich-Bewusstsein**.

resignative Wendung in Strophe III

Wird die Situation des Lebensendes in Strophe II noch vom Rückblick dominiert, wendet sich das lyrische Ich in **Strophe III** dem **Ausblick auf die Zukunft** zu. Während zunächst nur das Temporaladverb „[n]och" (V. 17) indirekt auf die Zukunft verweist, bestimmen die nächsten Verse diese negativ dadurch, was noch nicht eingetreten ist, weil das lyrische Ich „die Welt" noch „näher und still" „weiß" (V. 22). Man kann diese Feststellung resignativ als Ausdruck des Gefühls der Ausweglosigkeit deuten. Allerdings zeigt schon der Hebungsanprall in der Mitte von V. 22 die latente Brüchigkeit dieser Perspektive. Der weite Sehnsuchtsraum der Welt, von dem die erste Strophe so emphatisch gesprochen hat, wird in dem Oxymoron, das lyrische Ich sei mit „jeder Ferne verkettet" (V. 17), jetzt als **Ort der Unfreiheit** gesehen. In **Naturbildern** formuliert das lyrische Ich zunächst einen Befreiungswunsch: Es möchte von einem „Vogel" (V. 18), traditionell assoziiert mit Leichtigkeit und Freiheit, aber auch mit der Seele, „über die Grenzen" (V. 18) des Diesseits hinaus mitgenommen und dadurch „gerettet" (V. 18) werden. Dieser **Erlösungshoffnung** wird mit dem Bild des Wasserstromes (vgl. V. 19–21) eine ambivalentere Aussicht entgegengesetzt. Das **Wasser** erscheint weniger als Lebensmotiv denn als überwältigende **tödliche Flut**, in der das lyrische Ich wie eine Leiche mit dem „Gesicht […] nach unten" (V. 20) passiv treibt. Jenseits der „Mündung" (V. 19) als Ziel und Ende des Flusses wartet das Meer als Ort der Entgrenzung und Auflösung. Mehrdeutig ist auch das Paradoxon des „Schlaf[s], der nicht wandern will" (V. 21). Zum Ausdruck kommt hier die **Beharrung des lyrischen Ichs**, das im Moment des Todes noch keine Vision von einem Jenseits hat; Träume und „Gesicht" sind noch „nach unten", d. h. auf Erde, Enge, Ende gerichtet.

Die Naturbilder dieser Strophe können gleichwohl als Vorausdeutung auf die **beiden letzten Strophen** gesehen werden, die geprägt sind von einem weitgespannten, **vielschichtigen Bild eines Baumes im Abendrot** (vgl. V. 26). Der Blick wendet sich nach oben, in die **Zukunft** – das **Tempus** wechselt nach einem Pendeln zwischen Präteritum, Perfekt und Präsens in den ersten Strophen jetzt ins Futur – und der Sphäre „[h]inter der Welt" (V. 23/29) zu. Der Baum wird in Strophe IV als **Weltenbaum** beschrieben „mit Blättern aus Wolken/und einer Krone aus Blau" (V. 24 f.). Das Bild ist von den klaren **Farben** Weiß (vgl. V. 24), „Blau" (V. 25) und Rot (vgl. V. 26) dominiert, die es emotional aufladen. Die Darstellung eines in die Rinde geschnittenen Herzens, traditionelles Zeichen jugendlicher Liebe, wird gebrochen. Denn die emotionale Erhitzung, die mit der Sonne korrespondiert, wird durch „Wind" (V. 27) und „Tau" (V. 28) gekühlt – eine Wiederaufnahme der gleichgewichtigen Harmonie von „Sonne und Schnee" (V. 5). Zudem ist es hier der Wind selbst, der das Herz in die „Rinde [...] schneidet" (V. 26 f.). D. h. er ist nicht nur Agent einer dem lyrischen Ich dienenden Natur (vgl. V. 10), sondern bringt das Innere des Ichs überhaupt erst zur Darstellung.

Strophe IV:
Das finale Bild
des Weltbaumes

Die **Heilsdimension** des Schlussbildes, in Strophe IV noch eher latent, gewinnt in **Strophe V** eine manifeste **religiöse** Bedeutung. Im Zentrum steht nun die reife „Frucht" (V. 30) als Zielpunkt, der durch die vertikale Gliederung des Bildes zugleich als Höhepunkt markiert wird. Die „Schale aus Gold" (V. 31) könnte Assoziationen zu einem Füllhorn und kultischen Gefäß wecken, wahrscheinlicher erscheint hier, dass die Schale der Frucht selbst gemeint ist, die durch das „Gold" (V. 31) zum **Symbol eines höchsten Wertes** und der Erfüllung wird. Mit ihr verbindet sich die **Hoffnung auf eine Erlösung** „in Gottes Hände[n]" (V. 34) am Ende der Lebensreise.

Strophe V:
religiöse Erlösung
am Ende der
Lebensreise

Das lyrische Ich kommt zur **Ruhe**. Zwar bleibt es durchaus emotional, was im hohen Ton wie in den unregelmäßig bleibenden Metren spürbar ist, aber die Verse werden in Strophe IV und V kürzer, der komplexe und hypotaktische Satzbau der ersten Strophen weicht einer **parataktischen** Beruhigung. Die Entwicklung des lyrischen Ichs zeigt sich auch im Abnehmen der Assonanz- und Reimdichte (am Ende lediglich noch Schweifreime V. 25/28, 29/32, 31/34). Der Übergang zu einem **verallgemeinernden Wir** (vgl. V. 27 u. 32) zeigt, dass das lyrische Ich – nun im Gegensatz zur in Strophe III noch beklagten Selbstauflösung in der Welt – seine Individualität hinter sich lassen kann; zudem betont das Wir den Anspruch des Textes, eine **allgemeine Reflexion über das Lebensende** zu geben.

Zur-Ruhe-
kommen

Dies fügt sich in den Kontext der Nachkriegslyrik, in der oft nicht die aktuelle geschichtliche, sondern die **existenzielle Grundsituation** des Menschen im Mittelpunkt steht. Dies geschieht oft in **symbolischer Verdichtung** bis hin zu **hermetischer Rätselhaftigkeit**; hier sind die Bilder des Übergangs in Strophe III und das Jenseitsbild Beispiele einer solchen Verdichtung. Gerade die Bedeutung des Lebensendes hat angesichts der **Kriegserfahrung** Gewicht, bei Ingeborg Bachmann spielt aber auch ihre philosophische Auseinandersetzung mit Martin Heidegger eine Rolle. Sie stellt sich in diesem Gedicht ein Stück weit dem herrschenden Aufbruchsoptimismus der frühen 1950er-Jahre entgegen. Der emphatische Rückblick auf die Welt in der ersten Strophe ist nur in seiner kosmopolitischen Weite möglich, die alle politischen und kulturellen Grenzen hinter sich lässt. Die Möglichkeiten einer technisch beschleunigten, allgemein verfügbaren Mobilität werden im Gedicht verdeutlicht als **Erfahrung von Unbehaustheit** und Vorläufigkeit, die der Nachkriegsgeneration sehr präsent ist. Zeittypisch ist auch der Rückgriff auf die **Naturmetaphorik**, die im vorliegenden Text mit dem Reisemotiv verschmolzen ist; entsprechend ist die Erlösungshoffnung als Naturbild gestaltet.

„[Die Welt ist weit]“ als Text der Nachkriegslyrik

Das Reisemotiv, die „**Fahrt**“ (V. 11/16) **als Lebensreise**, ist die zentrale **Leitmetapher** des Gedichts, die sich mit einer ausgeprägten Naturmetaphorik verbindet. Die traditionelle Bildlichkeit der Lebensreise prägt die Darstellung des Lebensendes. Das lyrische Ich blickt zurück auf eine Welt, deren Fülle als Bewegungsraum gestaltet ist, in dem sich die Gegensätze ergänzen. Sehnsuchts- und genussvoll sieht sich das lyrische Ich an die Welt gebunden, was ihm dann aber in der Gegenwart des Lebensendes als Selbstverschwendung erscheint. Nach einem Durchgang durch ein düster-resignatives Innehalten kommt es zuletzt bei einem stilisierten Erlösungsbild zur Ruhe.

Bedeutung des Reisemotivs zusammengefasst

MATERIALGESTÜTZTES SCHREIBEN EINES ARGUMENTIERENDEN TEXTES (KOMMENTAR)

Thema: Sprache und Höflichkeit

Aufgabenstellung

Eine überregionale Tageszeitung hat eine Reihe zum Thema „Höflichkeit im Wandel – Der Verlust des guten Tons?" gestartet, in der über mehrere Wochen hinweg verschiedene Aspekte des Themas diskutiert werden. Im Rahmen dieser Reihe werden Sie als Vertreter der Schülerschaft gebeten, einen Kommentar zu diesem Thema zu schreiben.

Verfassen Sie auf der Grundlage der Materialien 1 bis 5 sowie Ihres eigenen Wissens zu diesem Thema einen Kommentar (Umfang ca. 1 000–1 500 Wörter). Formulieren Sie eine geeignete Überschrift.

Material 1 Susanne Donner: „Hallo herr meier ich bin es"

Durch die zunehmenden Klagen über den Verfall der Manieren hat die Höflichkeitsforschung einen neuen Schub erfahren. Welches Zeugnis stellen Wissenschaftler den Jugendlichen aus?

Die meisten Forscher berufen sich auf die Definition von Höflichkeit der Linguisten Penelope Brown und Stephen Levinson von 1987. Demnach bezeichnet Höflichkeit ein Verhalten, bei dem das Gesicht des Gegenübers gewahrt wird. Dieser Respekt vor dem anderen befriedigt zwei grundlegende Bedürfnisse: zum einen das Verlangen nach Ungestörtheit und Handlungsfreiheit, zum anderen das nach Anerkennung. Handlungsfreiheit wird beispielsweise eingeräumt, wenn man in einer Warteschlange ausreichend Abstand hält. Berührt man den Vordermann aus Versehen und entschuldigt sich dafür, so trägt man dessen Bedürfnis nach Anerkennung Rechnung.

Die meisten Studien untersuchen die Höflichkeit der Sprache, aber nur wenige das Verhalten der Jugendlichen. Der Freiburger Soziologe Baldo Blinkert hat 2 405 Schüler aus dem Landkreis Waldshut im Schwarzwald nach ihrem Benehmen befragt. Zum Beispiel: „Hast du schon einmal Dinge von anderen zerstört?" oder „Hast du schon einmal andere verspottet?" Die vorgegebenen Antworten ordnete er einer Skala von „zivilisiert" bis „unzivilisiert" zu. Das Ergebnis nimmt die Jugend aus der Schusslinie: Die meisten Schüler lehnen Gewalt ab, haben ihre Impulse unter Kontrolle und gehen würdig mit Mitmenschen um. Bloß fünf Prozent beantworteten die 17 Fragen so, dass Blinkert sie als unzivilisiert einstufte.

Weniger erfreulich sieht es bei der Sprache aus. Untereinander pflegen Jugendliche einen Umgangston, der nach den Kriterien von Brown und Levinson hochgradig unhöflich ist. Dies dokumentierte Martin Hartung vom Mannheimer Institut für Gesprächsforschung, als er die Dialoge von acht bis zwölf Jugendlichen aufzeichnete, die sich regelmäßig trafen. Damit bereicherte er die Forschung um eine Studie, die als erster Beleg für einen abweichenden Höflichkeitsstil unter Jugendlichen gilt. […]

Als die Linguistin Carmen Spiegel von der Pädagogischen Hochschule Karlsruhe mit der Züricher Sprachwissenschaftlerin Ulla Kleinberger Universitätsdozenten und Lehrer zur Höflichkeit von E-Mails aus deren Umfeld befragte, wurden beide mit einer Litanei überschüttet. […]

„Die E-Mail als neue Form der Kommunikation verursacht eine Vermischung von Privatem und Geschäftlichem", urteilt Spiegel. „Die Distanz gegenüber Statushöheren wird dadurch aufgelöst. Und es fehlen Muster, die den Heranwachsenden verdeutlichen, wie sie sich per E-Mail an einen Professor oder an eine Lehrkraft wenden." Während es für Briefe inzwischen Bücher und zuhauf vorformulierte Standardschreiben gibt, fehlen bei E-Mails entsprechende Vorlagen. Bis vor einem halben Jahr fand Spiegel im Internet sogar noch Ratgeber, die als Anrede ‚Hallo' empfahlen. „Das geht in vielen beruflichen Situationen gar nicht", kritisiert sie. […]

Die Bilanz solcher Studien: Die neuen Medien tragen zu einem Wandel der alltäglichen Höflichkeit bei. Der Trend zum Informellen ist ein gesamtgesellschaftliches Phänomen.

Aus: Susanne Donner: Hallo herr meier ich bin es. In: Bild der Wissenschaft 19. Februar 2013, http://www.wissenschaft.de/gesellschaft-psychologie/hallo-herr-meier-ich-bin-es/ (letzter Zugriff am 04. 08. 2021)

Material 2 Claus Ehrhardt und Bernd Müller-Jacquier: Kompliment und Komplimentieren

Wenn Höflichkeit auf der Ebene von Sprechhandlungen lokalisiert werden soll, dann werden regelmäßig höflichkeitssensitive Sprechakte wie Danken, Sich entschuldigen und eben Komplimente als Beispiele dafür angeführt, dass in einigen Fällen sprachlich vollzogene Handlungen höflich sind und eben nicht (nur) die Verwendung bestimmter Strukturen oder Ausdrücke. Vor allem Komplimente fehlen in so gut wie keiner Aufzählung von Handlungen, die man vollziehen kann und sollte, wenn man höflich sein möchte […]. […]

„Von einem guten Kompliment kann ich zwei Monate leben", hat Mark Twain geschrieben. Er verweist darauf, wie wichtig Komplimente für die soziale Interaktion sind. Es ist sicher übertrieben zu sagen, dass sie überlebenswichtig sind, es ist aber intuitiv sofort einleuchtend, dass Kommunikation ohne Komplimente weniger angenehm wäre. Ebenso klar ist, dass Komplimente eng mit Kulturen zusammenhängen und dass es in Bezug auf Komplimente, ihre Form, Funktion, Frequenz und ihren Inhalt große Unterschiede zwischen verschiedenen Sprachen und Kulturen gibt […].

Und – eine dritte intuitive Einsicht: Wenn man Komplimente macht, geht es nicht so sehr um den Wahrheitsgehalt der Aussagen: Es ist durchaus akzeptabel, dass man einem Gastgeber ein Kompliment für den schönen Abend macht, obwohl das Abendessen eine Katastrophe und die eingeladenen Gäste fürchterliche Langweiler waren. Solche Komplimente gehören zu den „prosozialen Lügen" (Meibauer 2014, Hornung/Meibauer 2016)[1]. Wer immer sich über die moralische Verwerflichkeit oder Gebotenheit von Lügen Gedanken macht […], kommt am Kompliment als Gegenstand nicht vorbei. Ebenso wichtig ist aber das von Meibauer gewählte Adjektiv: Manche Lügen und sehr viele Komplimente haben eine gesellschaftsstiftende Wirkung, sie dienen dem Aufbau, Ausbau oder der Erhaltung von Beziehungen. […]

Komplimente sind eine ausgesprochen delikate Angelegenheit. Wer ein Kompliment macht, der riskiert, dass er sich damit in die Nesseln setzt. Auch innerhalb einer Kultur ist es nämlich durchaus nicht unumstritten, was als Kompliment zählen kann und was nicht – was also eine Höflichkeitsbezeugung ist und wo eine als solche geplante Handlung ins Gegenteil umschlägt.

Aus: Claus Ehrhardt und Bernd Müller-Jacquier: Kompliment und Komplimentieren. In: Claus Ehrhardt und Eva Neuland (Hrsg.): Sprachliche Höflichkeit. Historische, aktuelle und künftige Perspektiven. Tübingen: Narr/Francke/Attempto 2017, S. 149 f.

Anmerkung

1 (Meibauer 2014, Hornung/Meibauer 2016): Quellennachweis des Zitats.

Material 3 Detlev Wilhelm Klee: Am semantischen Nullpunkt. Vom Duzen und Siezen

Die über Gruppen, Schichten und Klassen ausgewogen verteilte Form des Siezens und Duzens, wie sie die deutsche Sprache ermöglicht, gehört zu den identitätsstiftenden Distinktionen[1] – wird sie geschleift oder egalitaristisch[2] plattgemacht, ist dies ein Symptom kulturellen Niedergangs. […]

Je weniger Anredemöglichkeiten die Kommunikation eröffnet, umso eintöniger wird sie; daraus folgt naturgemäß der Umkehrschluß: Je mannigfaltiger und diffuser unsere Anredemöglichkeiten, desto komplexer und riskanter wird die Kommunikation. […]

Ein unvorhersehbarer, unerwarteter und abrupter Wechsel vom Siezen zum Duzen und umgekehrt schließt der Normalfall oder das soziale Normmuster aus. Warum? Nun, mit einem Wildwuchs von Irregularität und Spontaneität steigern wir auch den Grad an Unsicherheit und möglicher Verwirrung.

Das Muster oder der Normalfall: Der Lehrer duzt die minderjährigen Schüler, die Kinder siezen den Lehrer. Das Liebespaar duzt sich, würde die Geliebte mitten in der zärtlichen Umarmung den Liebhaber zu siezen beginnen, wäre die Verwirrung und Verunsicherung auf seiner Seite denkbar groß.

Die Klischees, Stereotypen, Formeln der Anrede oder allgemein gesprochen des verbalen Austauschs sehen harmloser aus, als sie in Wahrheit sind: Denn sie vermindern die fühlbare Kontingenz[3] der sozialen Situation. Der Ausdruck für die unterhalb der Wahrnehmungsschwelle bleibende oder ungefühlte und aus dem Bewußtsein ausgeblendete Kontingenz und Unwahrscheinlichkeit eben dieser Situation ist unser Eindruck, es müsse so sein, alles gehe mit rechten Dingen zu oder sei natürlich und selbstverständlich. […]

„Er hat mich nicht gegrüßt!" – „Die Verkäuferin, sie könnte meine Tochter sein, hat mich einfach geduzt!" – Mit solchen und anderen geläufigen Irritationen über eine uns zugemutete Verletzung sozialer Gepflogenheiten drücken wir die Erwartung des sprachlichen Musters oder den in uns tief verwurzelten Wunsch nach einer Reibungen, Konflikte und Mißverständnisse dämpfenden sozialen und hierarchischen Ordnung aus. […]

Die Verwendung der Personalpronomen dient sowohl der Verortung der Teilnehmer in der Topographie der sozialen Interaktion als auch der Selbstvergewisserung. Jemand, der ich sagt, tut dies im Horizont […] eines virtuellen „wir"; ebenso vernimmt das Echo eines virtuellen „wir", wer du sagt. Wir duzen und wir siezen Mitglieder der Eigengruppe („wir"); wir duzen aber nicht ohne weiteres Mitglieder einer Fremdgruppe („sie").

Dass Du und das Sie, das wir in der Anrede gebrauchen, wirft jeweils einen anderen Schatten auf das Ich, das redet; die Form der Anrede strahlt auf den Redenden reflexiv zurück.

Aus: Detlev Wilhelm Klee: Am semantischen Nullpunkt. Vom Duzen und Siezen. http://www.luxautumnalis.de/semantischen-nullpunkt/ (letzter Zugriff am 04. 08. 2021)

Anmerkungen

1 Distinktion: Unterscheidung, Abgrenzung
2 egalitaristisch: gleichmacherisch
3 Kontingenz: Zufälligkeit, hier auch im Sinne von Unberechenbarkeit

Material 4 Hoo Nam Seelmann: Die hohe Schule der richtigen Anrede

Jede Kultur besitzt eine eigene Art der gegenseitigen Anrede. Hierin besteht eine erstaunlich grosse Vielfalt, und die Unterschiede in den Anredeformen verraten viel über das Innenleben einer Kultur. Sie sind mehr als blosse Konventionen, die es zu erlernen und zu beachten gilt. Denn Formen der Anrede zeigen, wie das kommunikative Miteinander organisiert ist. Sie prägen, regeln und kanalisieren wesentlich die zwischenmenschlichen Beziehungen und üben so auch Einfluss darauf aus, wie Identitäten geformt werden. […]

Korea gehört zu jenen Ländern, die ein kompliziertes Geflecht von Anredeformen ihr eigen nennen. Ein deutlich erkennbares Schema ist nicht auszumachen. Ist jemand nicht in Korea sozialisiert worden, hat er es schwer, sich in diesem Dschungel von vielfachen Möglichkeiten zurechtzufinden. Die Gefahr ist gross, Fehler zu machen und ins Fettnäpfchen zu treten. Es sind hauptsächlich drei Gründe, warum das System kaum durchschaubar und für Aussenstehende nur schwer zu begreifen ist. […]

Die konfuzianische Tradition, denjenigen, die altersmässig über einem stehen, mit Respekt zu begegnen, hat in der Sprache Spuren hinterlassen. Es entstand ein hochdifferenziertes System von Honorativen[1], die keine Entsprechung in den europäischen Sprachen kennen und darum nicht übersetzbar sind. Die Honorative betreffen hauptsächlich Verben, deren Formen nach dem Grad der Höflichkeit variieren. […]

Es gilt daher als eine hohe Kunst, bei einer neuen Begegnung eine der jeweiligen Situation angemessene Anrede für das Gegenüber zu finden, um die Kommunikation in Gang zu bringen. Man muss in der Lage sein, den eigenen Status gegenüber dem anderen richtig zu taxieren. Häufig kann man Rituale beobachten, wie die Koreaner, wenn sie sich zum ersten Mal begegnen, Visitenkarten austauschen und gegenseitig auch nach dem Alter, dem Schulbesuch oder dem Heimatort fragen. Man benötigt einen Anknüpfungspunkt, um eine annehmbare Anrede zu finden. Alter und sozialer Status spielen eine wichtige Rolle, natürlich auch der Name, der Titel sowie Berufs- oder Amtsbezeichnungen. Gewisse Anredeformen sind nur Frauen vorbehalten.

Aus: Hoo Nam Seelmann: Die hohe Schule der richtigen Anrede. NZZ 06. 08. 2016, https://www.nzz.ch/feuilleton/schauplatz/namen-und-identitaeten-in-der-koreanischen-kultur-die-hohe-schule-der-richtigen-anrede-ld.109365 (letzter Zugriff am 04. 08. 2021)

Anmerkung

1 Honorativ: Form der höflichen Anrede

Material 5 Manifest des Bayrischen Landeslehrerverbandes

Wir Lehrerinnen und Lehrer und viele Pädagogen beobachten mit größter Sorge, wie sich die Stimmung, die Kommunikation in den sozialen Netzwerken und die alltäglichen Umgangsformen in unserer Gesellschaft verändern.

Wir *erleben* eine Aggressivität, eine Sprache des Hasses, der Geringschätzung und Diskriminierung, persönliche Beleidigungen, bewusste Kränkungen und Ausgrenzung in Wort und Handeln.

Diese *Verrohung* des Umgangs miteinander wirkt sich auch auf unsere Kinder und Jugendlichen aus. Als Lehrerinnern und Lehrer, die täglich mit allen Kindern und Jugendlichen *dieser Gesellschaft* arbeiten, sehen wir uns deshalb in der Pflicht, auf diese Entwicklung hinzuweisen und ihr entgegenzuwirken.

In Artikel 1 des Deutschen Grundgesetzes heißt es: „Die Würde des Menschen ist unantastbar. Sie zu achten und zu schützen ist Verpflichtung aller staatlichen Gewalt."

Wir Lehrerinnern und Lehrer sehen diesen Grundkonsens bedroht. *Wir beobachten*, wie unsere Gesellschaft gespalten und Menschen emotional aufgehetzt werden sollen. *Extreme Gruppierungen und Personen* […] tragen zu dieser Verrohung des Umgangs maßgeblich bei.

Damit wird der Boden bereitet für Zwietracht, Verfolgung und physische Gewalt. Hass, Aggressionen und Angst aber zerstören Gemeinschaft – egal, ob im Klassenzimmer, in der Schule oder zwischen den Nationen Europas. Sachliche und respektvolle Kontroversen, wie wir sie in der Gesellschaft und im privaten Leben brauchen, werden dadurch zunehmend erschwert.

Wir wollen, dass unsere Kinder in einer weltoffenen Gesellschaft leben. Unsere Kinder sollen Respekt, Wertschätzung und Interesse für die anderen Menschen erleben und leben – unabhängig davon, welcher Religion sie angehören, welche Hautfarbe sie haben, welche Muttersprache sie sprechen und welche Meinung sie vertreten.

Als besorgte Lehrerinnen und Lehrer appellieren wir deshalb an alle, *unsere Gesellschaft* vor Spaltung, Brutalität, Rücksichtslosigkeit und Radikalisierung zu *schützen* und so unsere Demokratie zu bewahren. Lassen wir uns nicht einschüchtern und setzen wir uns selbstbewusst und kompromisslos ein. Für unsere Demokratie: Haltung zählt.

Aus: https://www.bllv.de/themen/weitere-themen/haltung-zaehlt/ (veröffentlicht 2016; letzter Zugriff am 04. 08. 2021)

TIPP **Bearbeitungshinweise**

Der **Kommentar** ist als **meinungsbildende Textsorte** definiert. Er nimmt zu einem strittigen Thema Stellung; der Schreiber bzw. die Schreiberin bringt Argumente für die von ihm / ihr vertretene Sicht und entkräftet Argumente der Gegenseite. Dabei sind **Differenziertheit oder Urteilsfähigkeit** wichtig, daneben gilt es, die Leserschaft auch durch die **stilistische Gestaltung** von der eigenen Meinung zu überzeugen. Ein Kommentar kann also auch **Wortspiele** verwenden, **ironisch** sein und sich selbst reflektieren. Die **Adressatenorientierung**, also hier die Sprechersituation als Schüler*in, sollte ausgeprägt sein.

In jedem Fall gilt: Ihr Kommentar muss etwas anderes sein als eine Erörterung. Er muss eine **klare These** haben, die Sie dem Leser bzw. der Leserin von Anfang an einhämmern. Am Ende jedes Absatzes sollten Sie in irgendeiner Form (wenn auch sprachlich variabel) darauf zurückkommen. Damit dieser konsequente Thesenbezug gelingt, muss er vorher trainiert werden.

In Ihrer Ausarbeitung sollte **jedes Material des Dossiers wenigstens einmal genannt** werden. Wie stark es einbezogen werden muss, ist allerdings nicht festgelegt. Bevor Sie mit der Ausarbeitung Ihres Kommentars beginnen, empfiehlt es sich, die **angebotenen Materialien gründlich zu sichten**. Unterstreichen Sie dabei zentrale Stellen und notieren Sie die Kernaussagen der einzelnen Texte. Hilfreich ist es, Passagen zu markieren, die sich für direkte Zitate anbieten.

Erstellen Sie im nächsten Schritt einen **Schreibplan**, in dem Sie skizzieren, wie Sie Ihren Kommentar aufbauen möchten. Darin können Sie außerdem vermerken, an welchen Stellen Sie welches Material einflechten wollen. Halten Sie bei Ihrer Ausarbeitung die vorgegebene **Wortanzahl** ungefähr ein. Ist ein Kommentar zu lang (deutlich mehr als 1 500 Wörter), verliert er seine Würze. Ist er zu kurz (weniger als 1 000 Wörter), verliert er seine Schlagkraft. Die Aufgabenstellung verlangt zudem, dass Sie eine **geeignete Überschrift finden**. Sie muss nicht bloß den Leser anregen. Sie muss das Thema auch auf einen Begriff bringen, also gut verständlich sein, und bereits den eigenen Standpunkt offenlegen.

Wie können Sie sich auf das Format *Kommentar* vorbereiten? Kriterien wie die Adressatenorientierung, die Schlagkraft und die Offenlegung der eigenen Meinung sind schnell benannt. Sie sollten **vor der Abiturprüfung mindestens zwei Kommentare geschrieben haben** – oder zumindest einzelne Bausteine wie eine hinführende Einleitung oder ein großes Argument mit Dossierbezug. Holen Sie das Feedback Ihrer Lehrkraft dazu ein und überarbeiten Sie die Passage daraufhin. Motivierend kann es darüber hinaus sein, **gelungene Kommentare** im Netz oder in gedruckten Medien zu **lesen**. Bei den Texten der Feministin und Spiegel-Kolumnistin Margarete Stokowski ist etwa die Originalität, Klarheit und gedankliche Schärfe zu bewundern. Wenn Sie zwischendurch nicht mehr lesen wollen: Auch von Einschätzungen im **Video-Format** von meinungsfreudigen Bloggern kann man Tricks für ein ausgewogenes Urteil lernen.

Lösungsvorschlag

„Mit Verlaub, Sie sind ein Arschloch!“
Warum Höflichkeit sich wandelt – und doch wichtig bleibt

Ich liebe meine kleine Schwester. Sie ist zwar erst drei, will aber alles wissen. Diese Neugier ist nicht nervig, aber manchmal ist es ihr Ton. „Waaas?“, fragt sie mich dann. Wenn ich sie darauf hinweise, dass es höflicher sei, „Wie bitte?“ zu sagen, ignoriert sie mich. Dabei weiß sie, wo mein Problem liegt. Sie ist ja keine zwei mehr. Drehe ich den Spieß um, antworte auf ihr „Was?“ gut Mannheimerisch mit „Hää??“, lacht sie nämlich. Sie merkt, dass ich ihre unhöfliche Nachfrage gerade noch unhöflicher gekontert habe.

szenischer Einstieg

Sprache ändert sich, das sagen die Deutschlehrkräfte. Und sogar Gefühle ändern sich, das habe ich in Geschichte gelernt in einer Stunde zur „Erfindung der Mutterliebe im 18. Jahrhundert“. Trotzdem sollte der **gute Ton nicht verschwinden**. Denn wenn wir uns ein kleines bisschen Mühe geben, macht er uns zu besseren Menschen.

Thema: Wandel des guten Tons?

Aber was ist „**Höflichkeit**“ überhaupt? Die Journalistin Susanne Donner zitiert in ihrem 10 Jahre alten Bericht über das Thema in der „Bild der Wissenschaft“ eine 35 Jahre alte linguistische Definition. Diese liefert keine konkreten sprachlichen Beispiele, sondern wählt zur Erklärung eine psychologische Metapher: Höflichkeit bedeute, das „Gesicht des Gegenübers“ zu wahren, den anderen also zu **respektieren** und seinen **Bedürfnissen nach Ungestörtheit und Anerkennung** Rechnung zu tragen. Höflichkeit wird hier also nicht als sprachlich-formaler Code verstanden, sondern als dessen **moralisches Fundament**. Dass eine bloße Höflichkeitsform nicht unbedingt nett gemeint sein muss, dass sie im Gegenteil auch böse wirken kann, leuchtet sofort ein. Mein Englischlehrer hat wieder darauf bestanden, mich Vokabeln abzufragen. Drei Wochen vor dem Abi! Wie immer vor allen, an der Tafel, benotet. Ich wollte schon ablehnen mit den Worten: „Mit Verlaub, Herr Dr. X., Sie sind ein Arschloch.“ Natürlich war ich nicht so mutig.

Definition von Höflichkeit (Bezug zu M 1)

Eine Steigerung der Höflichkeit ist das **Kompliment**. „Dein neues Tattoo sieht klasse aus!“ Das älteste Argument gegen diesen Akt der Höflichkeit liegt auf der Hand. Er sei nicht ehrlich gemeint oder – was nicht höflicher, aber wissenschaftlicher klingt – eine „**prosoziale Lüge**“. In dem Kapitel „Kompliment und Komplimentieren“ ihres 2017 erschienenen Buches zum Thema schreiben Claus Ehrhardt und Bernd Müller-Jacquier dem Medikament namens „Kompliment“ eine „**gesellschaftsstiftende Wirkung**“ zu. Es unterstütze den

Bedeutung von Komplimenten

(Bezug zu M 2)

„Aufbau, Ausbau oder [die] Erhaltung von Beziehungen", erleichtere also das zwischenmenschliche Miteinander. Klingt nach einem Allheilmittel, doch es kann unangenehme Nebenwirkungen haben: Wie die Autoren zugeben, birgt jedes Kompliment das Risiko, ins **Fettnäpfchen** zu treten. Wer höflich sein will, so lässt sich das verstehen, sollte besser schlau sein. So kommt man ja auch bei Lehrkräften weiter. Nur wenn man sie auf glaubwürdige, nicht überzogene Weise lobt, kriegt man was. Die bessere Note zum Beispiel. An dieser Stelle schon mal ein herzliches Dankeschön, dass Sie diesen Kommentar bis hierhin gelesen haben.

Wie vielfältig die **Kunst der Höflichkeit** ist, wird schlagartig klar, wenn man ins **Ausland** fährt. Fremde Londoner U-Bahnfahrer entschuldigen sich bei mir, nachdem ich ihnen im Gedränge auf die Füße gestiegen bin – und sogar Busse bedauern, wenn sie einen nicht mitnehmen können: „Sorry, out of service". „Jede Kultur besitzt eine eigene Art der gegenseitigen Anrede", ergänzt die gebürtige Südkoreanerin Hoo Nam Seelmann in einem Beitrag für die Neue Zürcher Zeitung 2016. Sie erklärt, dass sich eine **Kultur** gerade darin zeige, **wie Menschen einander ansprechen**. Kurios mag für uns klingen, dass viele Koreaner so lange Visitenkarten austauschen, bis sie einschätzen zu können, wie sie die Gesprächspartner adressieren sollen. Denn auf Koreanisch gibt es viele verschiedene „Honorative", also Anredeformen, sie variieren nach Geschlecht, Alter, Beruf, Heimatort oder sozialem Stand. In Korea ist der weise Konfuzius der philosophische Leitstern, der die Gesellschaft auf gegenseitige Achtung einschwört. Deutschland vertraut da eher auf Rumpelstilzchen – zumindest könnte man das denken, wenn man sich in der Rush Hour nach Ludwigshafen verirrt: Eine Sekunde zu lang stehen geblieben, schon droht ein Sturm der Entrüstung.

kulturelle Unterschiede

(Bezug zu M 4)

Die aggressive Stimmung spiegelt sich nicht zuletzt darin, dass wildfremde Leute anfangen, sich ungefragt zu **duzen**. Wie Detlev Wilhelm Klee in einem Netzartikel ausführt, schafft gerade die bewusste Wahl des vertrauten „du" bzw. der Höflichkeitsanrede „Sie" **Orientierung im sozialen Miteinander**. Wählt man die im jeweiligen Kontext richtige, d. h. **erwartete Anrede**, stützt man nämlich eine „Reibungen, Konflikte und Mißverständnisse dämpfend[e] sozial[e] und hierarchisch[e] Ordnung". Und auch wenn manche Unternehmen und schwedische Möbelhäuser eine Du-Kultur pflegen, verlangt der gute Ton im allgemeinen Umgang immer noch, dass gesiezt wird, um **Rangfolge und Respekt sprachlich auszudrücken**.

Bedeutung der Anredeform

(Bezug zu M 3)

Höflichkeit ist stark abhängig vom jeweiligen **Medium**. In einem Brief höflich zu sein, erfordert andere Formen als in einer E-Mail. Laut einer von den Sprachwissenschaftlerinnen Carmen Spiegel und Ulla Kleinberger durchgeführten Umfrage beklagen viele Universitätsdozenten und Lehrer **mangelnde Höflichkeit und fehlende Distanz in E-Mails** – erkennbar zum Beispiel an der zwanglosen Anrede „Hallo". Die wissenschaftliche Schlussfolgerung daraus? Wir Jugendliche hätten zu wenig Vorlagen, die uns zeigen, wie man es „richtig" macht. Dabei geht es **in der digitalen Welt generell informeller** zu als in der altmodischen Korrespondenz per Brief. Nur wollen viele aus der älteren Generation das nicht verstehen und machen sich lächerlich, indem sie E-Mails nach ihren Briefvorlagen von 1980 formulieren. Früher ist schließlich alles besser gewesen.

Bedeutung des kommunikativen Kontextes

(Bezug zu M 1)

Die Klage, dass alles und vor allem die Manieren den Bach runtergehen, begleitet Jugendliche während der ganzen Schullaufbahn. Vor einigen Jahren hat die Vertretung der Lehrkräfte aus Bayern uns diese Kulturkritik auch noch schriftlich gegeben. In einem „Manifest" genannten Dokument aus dem Jahr 2016 schreiben die Pädagogen und Pädagoginnen an gegen die **angebliche Verrohung der Sitten** in der gesamten Gesellschaft, die sie auch für die Zerstörung der europäischen Gemeinschaft verantwortlich machen. Dabei erwecken sie den Eindruck, wir Schüler und Schülerinnen müssten vor dieser Seuche geschützt werden, weil wir ihr sonst hilfreich ausgeliefert seien. Wie bitte? Dieser Aufruf ist einfach nur cringe oder, damit es auch Erwachsene verstehen: übertrieben, lächerlich und peinlich.

Infragestellen der Kulturkritik

(Bezug zu M 5)

Dabei verkennen die Autoritätspersonen leicht, dass wir Jugendlichen **mit den sprachlichen Registern spielen** und sehr wohl wissen, dass man mit dem besten Freund („Platz da, Digga!") anders umgeht als mit dem Personalchef beim Vorstellungsgespräch („Darf ich Ihnen die Tür aufhalten?"). Wir Jugendlichen grenzen uns von Älteren ab, indem wir unsere **eigene Sprache** und unsere eigenen Regeln für Höflichkeit verwenden. Wen ich im Freundeskreis wie nenne und wie ich das meine, das bleibt also bitte mir und den jeweiligen Adressaten überlassen.

eigene Regeln in Peergroups

Als ebenso „besorgte" Schülerinnen und Schüler plädieren wir deshalb auf unschuldig: Nicht überall, wo Unhöflichkeit draufsteht, ist auch Rohheit drin. Diese Behauptung ist sogar wissenschaftlich gestützt, nämlich durch die Studie des Soziologen Baldo Blinkert, der das Benehmen (zivilisiert) und den Umgangston (eher rustikal) von uns Jugendlichen untersucht hat. Nur sollte der **gute Ton trotzdem gepflegt** werden – und zwar mit dem **Verständnis für Zwischentöne**, Ironie, Nuancen. Alles andere wäre eintönig. **Höflichkeit**

Aufruf zu mehr Differenzierung

(Bezug zu M 1)

wandelt sich. Und alle, die das Phänomen untersuchen, brauchen dafür feine Ohren.

Aber warum sollte man, abgesehen vom eigenen Vorteil, noch höflich sein? Ganz einfach: **weil es sich gut anfühlt**. Von jemandem intelligent gelobt zu werden ist wie eine heiße Dusche, nur ohne das fiese Frieren hinterher. Das Du und das Ich sind dabei, wie Detlev Wilhelm Klee festgestellt hat, nicht so leicht zu trennen. Denn „die **Form der Anrede strahlt auf den Redenden reflexiv zurück**". Leider vergessen das Autofahrer, Lehrer und andere Mitbürger manchmal, die zwar fordern, dass die Jüngeren sie respektvoll behandeln, aber glauben, die Abmachung gälte andersherum nicht für sie. Sich-Bedanken, Sich-Entschuldigen, Komplimentieren sind **Sprechakte**, also nicht nur leere Worte, sondern Handlungen, die etwas bewirken. Nicht selten geht verbale Gewalt der physischen voraus. Ein höflicher Umgangston kann dagegen **Rücksichtnahme und ein friedliches Miteinander** fördern.

positive Auswirkungen von Höflichkeit

(Bezug zu M 3)

Höflichkeit ist nicht mehr das, was sie mal war. Aber, um hier aus dem Lieblingsfilm meines Vaters zu zitieren: „Wenn wir wollen, dass alles so bleibt, wie es ist, dann ist es nötig, dass sich alles verändert." Der gute Ton klingt heute anders als vor hundert Jahren, aber er ist immer noch wichtig für die Harmonie der Gesellschaft. Die Welt wird wärmer, wenn Jüngere mit Älteren und Ältere mit Jüngeren **achtsam umgehen**, in Gedanken, Worten und Werken. Wir tun das auf unsere Weise.

Schlussgedanke

ANALYSE UND ERÖRTERUNG EINES PRAGMATISCHEN TEXTES

Schwerpunkt: Erörterung

Thema: Roberto Simanowski: Kommunikationsutopien (2017)

Aufgabenstellung

- Stellen Sie den Argumentationsgang und die Intention des Textes dar. (ca. 30 %)
- Erörtern Sie Simanowskis Position zu den Folgen audiovisueller Kommunikation für Sprache und menschliches Selbstverständnis. (ca. 70 %)

[Bitte beachten Sie, dass der Schwerpunkt der Gewichtung auf der zweiten Teilaufgabe liegt.]

Material **Roberto Simanowski: Kommunikationsutopien (2017)**

[…]

Verstummtes Kommunizieren

Das beschreibungslose Bezeugen des Erlebten verkündete Zuckerberg[1] bereits auf Facebooks Entwicklerkonferenz 2011 unter dem Schlagwort „frictionless sharing"[2]. Konkret heißt dies, dass zum Beispiel der Song, den man auf Spotify hört, und der Film, den man auf Netflix sieht, automatisch den Facebook-Freunden angezeigt wird, wenn man die Funktion dafür aktiviert hat. Man muss die Nachricht nicht begründen und auch nicht mehr formulieren. Man beschreibt seine Aktivitäten nicht mehr nachträglich und bedeutungsvoll wie einst im Brief und Tagebuch als früheren Formen der Selbstdarstellung: „Habe heute ein Buch gelesen, das mich aus folgendem Grund sehr beschäftigt …". Inzwischen teilen sich die Aktivitäten selbst mit. Die neue Losung heißt nicht etwa „I share therefore I am"[3], sondern „*Es* postet, also bin ich" und hat, weil dem Vorgang das bewusste Zutun fehlt, nicht mehr viel mit Descartes'[4] Selbsterkenntnisformel zu tun.

Das Verstummen beginnt allerdings schon, wenn man noch selbst den Auslöser drückt, wie bei all den Fotos, mit denen wir spontan und reflexartig unsere Erlebnisse ans Netzwerk melden. Seit Snapchat die Fotos nach dem Ansehen löscht, sagt man noch weniger, was man tut oder wie man sich fühlt, und schickt umso mehr Schnappschüsse: Ich im Gym, ich nach dem Training, ich im Restaurant, ich vor dem Fernseher …

Eifrige Snapchatter wissen am Abend zwar kaum noch, was alles sie auf diese Weise während des Tages kommuniziert haben, aber das ist auch egal. Genau darum geht es.

Man kann die Visualisierung der Kommunikation als technische Antwort des 21. Jahrhunderts auf die Krise der Repräsentation[5] im 20. Jahrhundert verstehen: Die Unzuverlässigkeit der Sprache wird mit nichtverbalen Mitteln kuriert. Ein Bild sagt nicht nur mehr als tausend Worte, man muss vor allem kein einziges mehr finden. Die Dinge teilen sich selbst mit, wenn sie fotografiert oder automatisch registriert werden. Deswegen nannte Siegfried Kracauer[6] die Fotografie 1927 „das Vabanque-Spiel[7] der Geschichte“: Zum einen befreit die Selbstanzeige der Dinge von menschlicher Verzerrung, zum anderen macht die mechanische Reproduktion der Realität deren bewusste Erfassung überflüssig. In dieser Rolle der Fotografie als „Streikmittel gegen die Erkenntnis“ sah Kracauer das historische Risiko.

Automatische Autobiografie

90 Jahre später erhöht sich der Einsatz durch die Selbstanzeige nicht nur der Dinge, sondern auch des Menschen an dessen Bewusstsein vorbei: Auf Facebook und in anderen sozialen Netzwerken ‚beschreiben‘ wir unser Leben, indem wir es leben, und produzieren so eine Autobiografie, die nie durch unser Hirn ging. Zugleich registrieren die Algorithmen aber sehr genau, was geschieht. Zuckerbergs Angestellte tüfteln derzeit, inspiriert durch Microsofts *captionbot*[8], an AI-Technologien[9], die alle Gegenstände auf einem Bild erkennen und als Information verarbeiten können. Damit sind nicht nur Zeit und Ort des Fotos klar, sondern auch, was im Restaurant auf dem Teller lag und welcher Film im Fernseher lief. Die dazugehörigen Daten zu Nährwert und kulturellem Kapital[10] holt sich der Algorithmus leicht aus dem Internet – und weiß so durch das, was wir übermitteln, schließlich mehr über uns als wir selbst.

In dieser Wissensschere liegt das Problem. Während wir den Algorithmen immer mehr Daten liefern, verarbeiten wir selbst immer weniger davon. Je mehr das Sagen, Benennen, Beschreiben durch das automatische Registrieren und audiovisuelle Kopieren verdrängt wird, umso weniger müssen wir uns reflektierend mit der Welt und unserer Rolle in ihr auseinandersetzen. Sprache ist das Medium, mit dem man Distanz zur Welt einnimmt, um sie klarer zu sehen und zu verstehen. Jeder Versuch, über Sprache hinauszugehen, riskiert zugleich den Verlust an Erkenntnis.

Aus diesem Grund ist der BBC-Slogan[11] „We don’t just report a story, we live it“[12] recht problematisch – und mehr noch, dass Zuckerberg sich genau so die Zukunft des Journalismus vorstellt: „mehr immersiver Inhalt[13] wie VR“[14] mehr „rich content“[15] statt „just text and photos“[16]. „Wir betreten das goldene Zeitalter der Videos“, sagt Zuckerberg im Frühjahr 2016 und ist sicher, dass in fünf Jahren das meiste, was Menschen täglich auf Facebook mitteilen, Videos aus ihrem Alltagsleben sein werden. […] Wir lassen die Objekte sprechen, damit die Leere, die unser Verstummen hinterlässt, gefüllt ist; je detaillierter umso besser.

Die Kommunikationsutopie des Mark Zuckerberg zielt auf die Anwendung dieses Modells auf den Menschen selbst: die Selbstanzeige des Subjekts vorbei am eigenen Bewusstsein. Wie Zuckerberg zum konstatierten Video-Trend betont, es handelt sich nicht um inhaltlich und ästhetisch bearbeitete Filme, sondern um das begehrte „Rohmaterial" des sozialen Lebens. Das paradoxe Resultat ist eine automatische Autobiographie, die wir ‚schreiben', *indem* wir leben; eine posthumane[17], algorithmische Autobiografie. […]

Aus: Roberto Simanowski: Abfall. Das alternative ABC der neuen Medien. Berlin: Matthes und Seitz 2017, S. 158–163.

*Roberto Simanowski (*1963) ist ein deutscher Medien- und Literaturwissenschaftler.*

Anmerkungen

1 Mark Zuckerberg (*1984): Gründer und Vorstandsvorsitzender des Unternehmens Facebook
2 frictionless sharing (engl.): automatisches, nicht kommentiertes und nicht bewusst bewilligtes Teilen von Inhalten in den sozialen Medien, sobald sie aufgerufen werden
3 „I share therefore I am" (engl.): im Sinne von: „Ich teile, also bin ich."
4 René Descartes (1596–1650): französischer Philosoph, Mathematiker und Naturwissenschaftler, der den lateinischen Satz prägte: „Cogito ergo sum." (deutsch: „Ich denke, also bin ich.")
5 Krise der Repräsentation: Gemeint ist hier die Sprachkrise des ausgehenden 19. und des beginnenden 20. Jahrhunderts, in der sich der Zweifel ausdrückte, dass die Wirklichkeit objektiv erkennbar und mithilfe von sprachlichen und literarischen Mitteln darstellbar sei. Die traditionelle Aufgabe der Sprache wurde dadurch fragwürdig.
6 Siegfried Kracauer (1889–1966): deutscher Journalist, Soziologe, Filmtheoretiker und Geschichtsphilosoph
7 Vabanque-Spiel (frz.): mit hohem Risiko verbundene Vorgehens- und Verhaltensweise
8 captionbot (engl.): künstliche Intelligenz, die Bildinhalte erkennt und benennt
9 AI-Technologien (engl.: artificial intelligence): Technologien, die auf künstlicher Intelligenz basieren
10 kulturelles Kapital: nicht-ökonomisches Kapital, die Bildung einer Person betreffend
11 BBC-Slogan (engl.): Werbespruch der British Broadcasting Corporation, einer öffentlich-rechtlichen Rundfunkanstalt in Großbritannien
12 We don't just report a story, we live it (engl.): Wir berichten keine Geschichte, wir leben sie.
13 immersiver Inhalt: Inhalt, der auf Immersion (Eintauchen) in eine künstliche Welt beruht
14 VR (engl.): Virtual Reality, durch Computer erzeugte Wirklichkeit
15 rich content (engl.): unterschiedliche Medienformate, die zu gleicher Zeit und am gleichen Ort verwendet werden
16 just text and photos (engl.): nur Text und Fotos
17 posthuman: die besondere Stellung des Menschen negierend

TIPP **Bearbeitungshinweise**

Bevor Sie sich dem vorliegenden Sachtext widmen, sollten Sie zunächst die **Aufgabenstellung erfassen**, um sich einen Überblick über die Anforderungen zu verschaffen. Die Aufgabe ist in zwei Bereiche untergliedert: In einem ersten Schritt sollen Sie den **Argumentationsgang** und die **Autorintention** darstellen. In einem zweiten Schritt folgt dann die **Erörterung der Position des Autors**. Der Schwerpunkt liegt dabei auf der Erörterung.

Bevor Sie mit dem Schreiben beginnen, sollten Sie den Text mehrfach lesen und seine **Kernaussagen festhalten**. Hilfreich ist es zudem, Schlüsselwörter zu markieren.

In der **Einleitung** Ihres Aufsatzes nennen Sie die **Basisinformationen** zum Text (Titel, Autor, Erscheinungsdatum und -ort) und formulieren knapp den Hauptinhalt. Eine vorangestellte **Hinführung zum Thema** ist keine Pflicht, sorgt aber für einen positiven ersten Eindruck von Ihrem Aufsatz.

TEILAUFGABE 1: Versuchen Sie, **im ersten Abschnitt des Hauptteils** die Darstellung des Argumentationsgangs **objektiv** zu gestalten, auch wenn Simanowskis Text dazu verleiten kann, subjektiv zu werden. Wichtig ist zudem, dass Sie die Aussagen des Autors **in Ihren eigenen Worten** und in **indirekter Rede** (mit Konjunktiv I) wiedergeben. Leiten Sie am Ende Ihrer Darstellung eine **Problemfrage** aus dem Text ab, die Sie nachfolgend behandeln.

TEILAUFGABE 2: Im **zweiten Teil** der Aufgabe sollen Sie die Position des Autors zu den Folgen audiovisueller Kommunikation für Sprache und menschliches Selbstverständnis erörtern. Überlegen Sie sich vor dem Schreiben, ob Sie Ihre **Erörterung** nach dem **Sanduhrenmodell** (erst Argumente der Gegenposition, dann eigene Position) oder nach dem **These-Gegenthese-Modell** (abwechselnd Gegenargument und eigene Position) aufbauen möchten. Ihre Wahl dürfen Sie nach Ihren eigenen Präferenzen treffen. Im vorliegenden Lösungsvorschlag wurde das These-Gegenthese-Modell verwendet. Den Abschluss der Erörterung sollte Ihre eigene Position bilden. Heben Sie sich deshalb Ihr wichtigstes und einprägsamstes Argument bis zum Schluss auf.

Runden Sie Ihre Ausführungen mit einem **Fazit** ab, in dem Sie die Ergebnisse Ihrer Erörterung zusammenfassen und/oder in einen größeren Zusammenhang einordnen.

Lösungsvorschlag

TEILAUFGABE 1

Einleitung

Hinführung zum Thema

Dass das Internet mit seiner Fülle und Tiefe an Informationen unsere Welt bestimmen und definieren würde, hätten sich die meisten Menschen noch vor 25 Jahren nicht vorstellen können. Im Hinblick auf die **Errungenschaften und Herausforderungen der Digitalisierung** gehen die Positionen neurologischer, pädagogischer und sozialwissenschaftlicher Fachleute auseinander. Das Thema polarisiert: Auf der einen Seiten stehen die **Befürworter**, die die Effektivität und Vielfalt der digitalen Medien loben. Auf der anderen Seite mahnen die **Kritiker** zur Vorsicht, weil im Zuge der dauerhaften Nutzung Sozialer Medien zum Beispiel wichtige neuronale Strukturen im Gehirn anders ausgeprägt würden, weil wesentliche Lerninhalte auf der Strecke bleiben würden und weil sich soziale Interaktion ändere.

Basisinformationen zum Text

Im vorliegenden Text *Kommunikationsutopien* von Roberto Simanowski, der seinem 2017 erschienenen Werk *Abfall. Das alternative ABC der neuen Medien* entnommen ist, vertritt der Autor eine **kritische Position** zu der teils automatisch erfolgenden **Verbreitung audiovisueller Inhalte** in Sozialen Medien. Zudem stellt er eine Verbindung zu einer negativen **Veränderung der Sprachkultur** und zu einem **Verlust an Reflexionsfähigkeit** her.

Argumentationsgang und Intention des Textes

1. Absatz: automatisches Teilen (bildlicher) Inhalte in Sozialen Netzwerken

Ausgangspunkt von Simanowskis Überlegungen ist Mark Zuckerbergs Idee einer **automatisierten Dokumentation des medialen Handelns** des Einzelnen, die er im ersten Absatz (Z. 1–13) beschreibt. Die Bedeutung dieser 2011 geäußerten Vision des Facebook-Gründers erläutert der Autor mithilfe von Beispielen, etwa, dass Online-Freunde automatisch über die Filme informiert würden, die ein Nutzer gesehen hat (vgl. Z. 4 f.). Das habe zur Folge, dass für ein Posting **keine Begründung oder kommentierende Botschaft** mehr notwendig sei. Diese Form der modernen Mediennutzung kontrastiert Simanowski mit dem Verfassen eines Briefes oder Tagebuchs, wobei er das rückblickende schriftliche Festhalten als Tätigkeit charakterisiert, die dem Erlebten Bedeutung verleihe, und somit Zuckerbergs Vision herabstuft. Damit kritisiert er, dass die **bewusste Handlung des Schreibens immer weiter abnehme**. Im letzten Teil des Abschnitts nutzt Simanowski den Ausspruch „I share therefore I am" (Z. 11), um das Ungleichgewicht zwischen Zuckerbergs Idee, bei der „das bewusste Zutun fehl[e]" (Z. 12), und der „Selbsterkenntnisformel" (Z. 12 f.) des Philosophen Descartes hervorzuheben.

Im darauffolgenden Absatz (Z. 14–30) äußert der Autor die These, dass die **Nichtkommunikation** bereits beim Aufnehmen von Fotos beginne, die dann automatisch in Sozialen Netzwerken geteilt würden (vgl. Z. 14 ff.). Beispielhaft verweist er auf die zahlreichen **Bilder** auf der Plattform Snapchat, **die banale Alltagstätigkeiten zeigen** und nach einmaligem Ansehen von selbst gelöscht werden. Simanowski behauptet, abends könnten sich die Menschen zwar nicht mehr an die Inhalte ihrer Postings erinnern, dies spiele für die Nutzerinnen und Nutzer aber auch keine Rolle. Als **Grund** für den Trend zur „Visualisierung der Kommunikation" (Z. 21) nennt der Autor die im vorigen Jahrhundert vermehrt kritisierte „**Unzuverlässigkeit der Sprache**" (Z. 22 f.), die man umgehen wolle, indem man Worte durch Bilder ersetze. Durch Fotografie oder automatisches Teilen **informieren** Simanowski zufolge **Objekte oder Ereignisse** ohne menschliche Sprachvermittlung **über sich selbst**. In diesem Zusammenhang verweist der Autor auf Siegfried Kracauer, der bereits vor rund 100 Jahren vor der Fotografie als „Vabanque-Spiel der Geschichte" (Z. 26 f.) gewarnt habe. Einerseits könne man durch die mechanische Erfassung der Umwelt bei der Bilderstellung menschliche Verfälschung vermeiden, andererseits **lasse** die automatische Reproduktion und Beschreibung der Realität eine **bewusste Wahrnehmung verzichtbar erscheinen**.

2. Absatz: massenhaftes Posten von Bildern ohne Text in Sozialen Medien

Ursachen und Folgen

Im dritten Absatz (Z. 31–42) führt Simanowski Kracauers Einschätzung fort: Inzwischen würden sich nicht nur die Dinge selbst mitteilen, sondern sogar die **Erstellung menschlicher Autobiografien geschehe unbewusst**, nämlich durch automatische Beiträge in Sozialen Netzwerken (vgl. Z. 33 ff.). Einen Beleg für seine These liefert Simanowski nach, indem er auf von Facebook entwickelte **Algorithmen** eingeht, die exakt erkennen können, was auf den geteilten Fotos abgebildet ist. Dadurch wüssten Algorithmen mehr über das Leben einer Person als diese selbst.

3. Absatz: Erstellung von Autobiografien mithilfe von Algorithmen

Aus dieser Überlegung zieht Simanowski im vierten Absatz (Z. 43–49) die generalisierende Schlussfolgerung, je mehr Daten Computer verarbeiten würden, desto weniger müssten Menschen selbst denken. Dadurch würden **Reflexion und Weltverständnis**, die über eine durch Sprache hergestellte Distanzierung von Dingen und Geschehnissen ermöglicht würden, massiv **abnehmen**. Seine Argumentation in diesem Absatz beschließt Simanowski mit einem allgemeingültigen Grundsatz: Ein Verlust von Sprache führe zu einem „**Verlust an Erkenntnis**" (Z. 49).

4. Absatz: Folgen der aktuellen Entwicklung

Im Folgenden (Z. 50–57) **problematisiert** der Autor einen BBC-Slogan sowie Zuckerbergs in die gleiche Richtung gehende **Vision von zukünftigem Journalismus**, bei der auf den vermehrten Einsatz von Videos und Virtual Reality statt auf Texte und Bilder gesetzt

5. Absatz: Betrachtung möglicher zukünftiger Entwicklungen

werden solle. Simanowski glaubt, darin eine Strategie zu erkennen, die darauf abziele, die **Dinge für sich selbst sprechen zu lassen**, um „die Leere, die unser Verstummen hinterlässt“ (Z. 56), auszufüllen.

Abschließend (Z. 58–64) unterstellt Simanowski, dass Zuckerberg eine „**Kommunikationsutopie**“ (Z. 58) propagiere, die in ein „paradoxe[s] Resultat“ (Z. 62) münde: Durch das elektronische Dokumentieren des Lebens mithilfe von algorithmisch ausgewerteten Alltagsvideos, das mehr oder weniger nebenbei geschieht, entwickelt sich laut Simanowski eine „**posthumane** […] **Autobiografie**“ (Z. 63 f.), die ohne bewusstes Zutun des betreffenden Menschen erstellt werde.

6. Absatz: Rückbezug auf Textbeginn und Fazit

Insbesondere die letzten Absätze des Textausschnitts wirken belehrend oder stimmen nachdenklich. Darin lässt sich Simanowskis Intention erkennen, die Leserschaft auf die neue Medienkultur **aufmerksam zu machen** und von seiner These **zu überzeugen**, dass unter dieser Form des nonverbalen Mitteilens zunächst die Sprache und anschließend die Reflexionsfähigkeit des Menschen leide. Simanowski beabsichtigt also, seine Leserschaft zu einem **bewussteren Umgang mit modernen Medien** zu erziehen und ihnen den **Wert einer sprachlich reflektierten Auseinandersetzung mit der Welt** nahezubringen. Dieses Ziel versucht er durch eine **einseitige Argumentation** zu erreichen, die die Gegenposition weitgehend außer Acht lässt und dadurch die Meinung der Rezipienten im Sinne des Autors beeinflussen soll.

Intention des Textes

Zusammenfassend lässt sich aus Simanowskis Äußerungen folgende **Erörterungsfrage** ableiten: Ist die im Textausschnitt problematisierte neue Form der Kommunikation tatsächlich so belanglos, oberflächlich, spracharm und ziellos, dass die Menschen, wie vom Autor behauptet, ihre eigenen Erlebnisse weniger reflektieren?

Überleitung zur Erörterung

TEILAUFGABE 2

Es ist unbestreitbar, dass es Menschen gibt, die zwanghaft jedes Detail ihres Lebens in Sozialen Netzwerken mitteilen müssen und jeden Moment fotografieren, statt ihn zu genießen. Betrachtet man solche **Extremfälle**, ist es offensichtlich, dass man dabei nicht mehr von einem gesunden Konsum Sozialer Medien sprechen kann, sondern von einer Art **Suchtverhalten** ausgehen muss. Verdeutlicht wird dies durch die Unwichtigkeit und Alltäglichkeit der Informationen, die gepostet werden. Die Beispiele in Simanowskis Ausführungen (vgl. Z. 18) beschreiben hierbei nur die Spitze des Eisbergs an Banalitäten, die man fotografisch oder per Video festhalten und in den Sozialen Medien ohne weiteren Kommentar massenweise teilen kann.

Erörterung
Gegenposition:
zwanghaftes Teilen von Alltäglichkeiten in Sozialen Medien

Gleichzeitig scheinen solche einfachen Darstellungen des Alltags viele Menschen zu unterhalten. Sicherlich darf man die Frage stellen, inwiefern solche **Unterhaltungsformen** qualitativ hochwertig sind. Ihr Ziel ist es jedoch nicht, bedeutsame Erkenntnisse zu vermitteln, sondern **beim Entspannen und Abschalten zu unterstützen**. Wir alle kennen Fernsehsendungen oder -serien, deren Konzept nicht unseren persönlichen Geschmack trifft, von denen aber andere Menschen begeistert sind. Ebenso verhält es sich mit Inhalten in Sozialen Netzwerken: Was der eine belanglos findet, ist für den anderen unterhaltsam. Ein weiteres Beispiel ist der Lieblingssport im europäischen Raum: Fußball. Es ist objektiv gesehen zwischen „Zuschauen-wie-andere-hinter-einem-Ball-herrennen" und „Von-anderen-gepostete-Alltagsbilder-ansehen" kein großer Unterschied feststellbar, was die Qualität der Unterhaltung betrifft. Was Menschen entspannt und erfreut, ist nun einmal **individuell verschieden** und kann nicht verallgemeinert werden. Dabei darf man nicht den **Fehler** machen, **vom Unterhaltungsgeschmack** eines Menschen **auf dessen Intelligenz** und Reflexionsfähigkeit **zu schließen**, wie es Simanowski unterschwellig tut.

eigene Position: Unterhaltungsfunktion von Inhalten in Sozialen Netzwerken

Betrachtet man jedoch die sprachliche Komponente des Postens, ist durchaus ersichtlich, dass mit der Reduktion auf ein Bild oder Video und die damit verbundene quantitative Sprachverminderung auch ein **Absinken der Sprachqualität** in diesem Medium einhergeht. Ein Beispiel für eine solche Entwicklung sind Messenger-Gruppen, in denen Freunde und Bekannte ganze Alben von Urlaubsbildern posten. Oftmals bleiben diese **Bilder unkommentiert** und der Konsument muss sich den Sinn der geteilten Fotos selbst erschließen. Der zunehmende Sprachverzicht wird außerdem deutlich, wenn bei einem Gespräch das thematisierte Geschehen als Video gezeigt wird, statt die Begebenheit in Worten zu schildern. Es ist zu befürchten, dass durch den Ersatz von sprachlichen durch visuelle Mittel die Kommunikation simpler und banaler wird. Darunter könnte wiederum die Fähigkeit leiden, schwierige Zusammenhänge auszudrücken und sie dabei zu reflektieren. Sollten die Videos und Bilder dann auch noch automatisch und ohne menschliche Vorauswahl gepostet werden, kann man Simanowskis Befürchtungen, dass es zu einem „**Verstummen**" (Z. 14) **in Kommunikationsprozessen** kommt, gut nachvollziehen.

Gegenposition: Verminderung des Sprachvermögens

Hier verallgemeinert Simanowski allerdings stark: Die Kommunikation, die er beschreibt, ist **nur ein Teil der täglichen Sprachnutzung**. Das persönliche Gespräch unter Bekannten und engen Vertrauten erfreut sich weiterhin großer Beliebtheit. Insbesondere in der Corona-Zeit wurde dies spürbar. Die Überbrückung von Entfernun-

eigene Position: Pflege von mündlicher Kommunikation außerhalb der Sozialen Medien gen mit digitalen Mitteln war zwar temporär eine sinnvolle Kommunikationsform, konnte jedoch das tatsächliche Beisammensein nicht ersetzen. Im Gegenteil: Der **Wert der direkten Kommunikation** und des gemeinsamen Miteinanders wird durch den zeitweisen Verzicht nun deutlich höher geschätzt. Es ist deswegen ein Irrtum, von den Gepflogenheiten in Sozialen Medien auf die Gesamtheit der Kommunikation zu schließen.

Gegenposition: Missverständlichkeit unkommentierter Bilder und Videos

Simanowski spricht von der „Unzuverlässigkeit der Sprache", die man „mit nichtverbalen Mitteln" (Z. 22 f.) zu beheben versuche. Jedoch birgt auch das **unkommentierte Teilen** von Fotos und Videos die **Gefahr von Missverständnissen**. Möglicherweise ist die Bildaussage nicht so eindeutig wie beim Posten angenommen. Das Selfie vor einem Kinoplakat könnte beispielsweise als Aufforderung verstanden werden, sich den Film anzuschauen, obwohl es eigentlich als Dokumentation des eigenen Besuchs geplant war. Womöglich möchte die betreffende Person den Film wegen seiner schlechten Qualität gar nicht weiterempfehlen. Besonders, wenn **unterschiedliche kulturelle Prägungen** vorliegen, können Bildaussagen komplett verschieden verstanden werden. Zudem besteht das **Risiko, mehr preiszugeben als beabsichtigt**, denn ein Foto oder Video setzt sich aus unzähligen Einzelinformationen zusammen, von denen jeder Betrachter andere als vorrangig wahrnimmt. Scheinbar harmlose Schnappschüsse können deshalb in den Sozialen Medien einen **Shitstorm** auslösen. Das Video vom Spiel mit der kleinen Schwester verkommt beispielsweise schnell zu einer Lehrstunde in Kindererziehung. Schlichte sprachliche Mitteilungen anstelle von Bildern oder Videos hätten diese Probleme vermieden.

eigene Position: Missverständlichkeit von Sprache

Auf der anderen Seite ist **auch sprachliche Kommunikation nicht frei von Missverständnissen**, insbesondere wenn sie wie in den Sozialen Medien schriftlich erfolgt und somit weitere Informationen wie Mimik und Gestik des Gegenübers fehlen. Der häufige Gebrauch von **Emojis** zeigt, dass es notwendig ist, **sprachliche Botschaften visuell zu verdeutlichen**, beispielsweise um Ironie zu kennzeichnen. Zudem sind sprachlich formulierte Posts in der globalen Welt des Internets nur für diejenigen verständlich, die der verwendeten Sprache mächtig sind. Die **Bildsprache** hingegen stellt eine **Verbindung zwischen Menschen unterschiedlicher sprachlicher Hintergründe** her und schließt auch Personen ein, die nicht in der Lage sind, sich sprachlich auszudrücken oder schriftlich zu kommunizieren. Somit **fördert** die visuelle Kommunikation eine inklusive **Gemeinschaft, an der alle teilhaben können**. Da der Mensch ein soziales Wesen ist, stellt Kommunikation einen wichtigen Pfeiler des menschlichen Selbstverständnisses dar. Simanowskis Ausführungen vermitteln den Eindruck, der Begriff Kommunikation

Kommunikation durch Bilder als Mittel der Inklusion

sei mit Sprache gleichzusetzen. Jedoch gehört auch die Verwendung visueller Mittel zur Verständigung dazu.

Gegenposition: Gefahr des Verlusts menschlicher Reflexion

Hingegen hat Simanowski zweifelsfrei recht, wenn er beschreibt, dass beim automatischen Posten von Inhalten das **menschliche Reflexionsvermögen keine Rolle mehr spiele**, anders als bei bewusst und sprachlich festgehaltenen Erinnerungen, beispielsweise in Briefen oder Tagebüchern. Selbstverständlich kann eine vollkommen automatisch erzeugte digitale Autobiografie nicht unterscheiden, welche Erlebnisse wichtig oder unwichtig sind. Genau hierin liegt die Gefahr: Während unser **Gehirn** die unzähligen Eindrücke eines jeden Moments **filtert**, damit nur die wesentlichen Inhalte aktiv verarbeitet werden müssen, ist eine **Maschine dazu nicht in der Lage**. Sie sammelt Daten auf Vorrat, ist bei deren Verarbeitung aber auf die Urteilsfähigkeit des Menschen angewiesen. Ist man sich dessen nicht bewusst, **versinkt** man schnell **in Unwichtigkeiten**. Neigt man beispielsweise dazu, Videos von Influencern zu konsumieren, kann sich schnell eine mediale Abhängigkeit entwickeln, bei der man zunehmend der Filterfunktion des eigenen Gehirns weniger Gehör schenkt als den Algorithmen, die das nächste Video heraussuchen, das einem auch gefallen könnte. Dadurch wird **Unmündigkeit gefördert** und es besteht die Gefahr, dass die Reflexion als wichtiger Teil des menschlichen Selbstverständnisses verloren geht.

eigene Position: menschliche Empfindungen nicht durch Algorithmen dokumentierbar

Simanowski fügt hinzu, dass gerade in der „Wissensschere [zwischen dem Menschen und dem Computer] das Problem" (Z. 43) liege. Er meint damit, dass **Algorithmen** beim automatischen Posten von Ereignissen **zusätzliche Informationen beifügen** können, sodass der Computer „schließlich mehr über uns [weiß] als wir selbst" (Z. 42). Dies ist zwar quantitativ richtig, **qualitativ** gesehen jedoch **falsch**. Ein Algorithmus kann beispielweise zu einem Restaurantbesuch automatisch den Ort, die Zeit, die Beteiligten, die Kalorienzahl des Essens und eine Liste der gespielten Musik ergänzen, er wird jedoch nicht die Gesprächsatmosphäre, den Grad der Anspannung oder Entspannung, das **Empfinden** des Geschmacks beim Essen oder das Nachklingen der Musik im Ohr hinzufügen können. Die Elemente, die Geschehnisse erst zu einem besonderen, menschlichen Moment machen, sind **nicht mess- und fassbar**. Die Überwältigung, die man auf dem Gipfel eines Berges gespürt hat, wird man nicht besser beschreiben können, indem man die Luftfeuchtigkeit, die Art des Gesteins oder die Anzahl bisheriger Besucher hinzufügt. Hierin liegt der große Unterschied: Ein Bild, ein Video, ein Gegenstand oder ein kurzer Text gewinnt erst dann einen **persönlichen Wert**, wenn man mit ihm eine **Emotion oder eine Erinnerung** verbindet. Darum wirken gepostete Bilder vom Restaurantbesuch anderer seltsam auf einen unbeteiligten Betrachter. Die Teilnehmenden können dies jedoch vollkommen anders wahrnehmen, weil für sie die Fotos mit einem realen Erlebnis verknüpft sind. Eine „posthumane, algorithmische Autobiografie" (Z. 63 f.) liegt also nur dann vor, wenn man selbst nicht beteiligt ist. Für alle anderen können die automatisch dargestellten Erlebnisse einen **emotionalen und damit menschlichen Wert** haben.

Fazit

Einseitigkeit von Simanowskis Darstellung

Simanowskis Ausführungen im vorliegenden Textauszug stellen eine sehr **einseitige negative Sichtweise** auf die Thematik des (automatischen) Postens audiovisueller Inhalte dar. Auch wenn die Konsequenzen der Digitalisierung bisher noch nicht in allen Facetten erforscht sind, muss man anerkennen, dass Computer aller Art ebenso wie Algorithmen und die Sozialen Netzwerke aus unserer Gesellschaft nicht mehr wegzudenken sind. Neben den von Simanowski aufgezeigten Risiken bringt die **moderne Kommunikationstechnik auch viele Vorteile** mit sich. Die extreme Position, die in digitalen Medien ausschließlich positive Entwicklungstendenzen sieht, ist deshalb meines Erachtens genauso unzutreffend wie die gegenteilige Meinung, Computer möglichst wenig zu verwenden. Der Königsweg liegt vermutlich – wie bei so vielen Dingen – in der Mitte. Es ist wichtig, die **Vorteile** neuer digitaler Möglichkeiten zu **nutzen** und sich gleichzeitig der damit einhergehenden **Gefahren bewusst zu sein**.

differenziertes Urteil über Soziale Medien

Deutsch (Baden-Württemberg) ▪ Abiturprüfung 2023
Leistungsfach

Um Ihnen die Prüfung 2023 schnellstmöglich zur Verfügung stellen zu können, bringen wir sie in digitaler Form heraus.

Sobald die Original-Prüfungsaufgaben 2023 freigegeben sind, können sie als PDF auf der Plattform **MyStark** heruntergeladen werden (Zugangscode vgl. Innseite des Umschlags).

Aktuelle Prüfung

www.stark-verlag.de/mystark